铁血文库

— HOT-BLOOD SERIES —

005

宋毅◎主编

時代文藝出版社

图书在版编目（CIP）数据
铁血文库. 5 / 宋毅主编. —长春：时代文艺出版社，2015.12
ISBN 978-7-5387-4881-9
Ⅰ. ①铁… Ⅱ. ①宋… Ⅲ. ①战争史－世界 Ⅳ. ①E19
中国版本图书馆CIP数据核字（2015）第224257号

出品人 陈 琛
产品总监 郭力家
责任编辑 方 伟
助理编辑 胡 军
装帧设计 孙 利
排版制作 杨纪云

铁血文库 005
宋毅 主编

出版发行 / 时代文艺出版社
地址 / 长春市泰来街1825号 时代文艺出版社 邮编 / 130011
总编办 / 0431-86012927 发行部 / 0431-86012957 北京开发部 / 010-63108163
网址 / www.shidaicn.com
印刷 / 北京市梨园彩印厂
开本 / 710mm × 1000mm 1 / 16 字数 / 246千字 印张 / 13.5
版次 / 2015年12月第1版 印次 / 2015年12月第1次印刷 定价 / 39.80元

内容简介

在世界历史上，每个有历史的国家都拥有众多的帝王。这些帝王中的佼佼者往往都被人们称为大帝（The Great）。据统计，全世界迄今为止总共出现过近200个大帝，而这些大帝大部分都集中在比较大的国家之中。可令人惊奇的是，就在东南欧巴尔干的一隅之地，有个小国名叫保加利亚，在中世纪也竟然出现了一个大帝，他的名字就叫西美昂一世大帝。《君士坦丁堡的噩梦——西美昂一世大帝》一文记叙了这位大帝最经典的埃迪尔内战役、大普雷斯拉夫战役、保加罗塞永战役、卡塔斯尔泰战役与波斯尼亚高地战役等，其中穿插马扎尔人的迁徙、保加利亚军事改革、教皇承认西美昂一世成为皇帝等重要历史事件。为人们全面了解这位并不著名的伟人的一生做了完美的诠释。

日本战国时代的军神上杉谦信，一般通说其为大义的化身，一生只为义而战，乃终生不败之名将。但是查证史料却发现，真实的谦信多行杀戮，经常残害荼毒无辜生民，且在战场上多次失利；两度于臼井城下受挫，导致关东诸豪族皆望风归附北条氏；又苦苦哀求佐竹义重出动援兵一起救援关宿城，没想到战败，导致上杉家在关东的势力直溃退到上野厩桥；甚至出阵加贺时，因遭到一股土寇的袭击而大败……而最为人津津乐道的所谓手取川大捷，竟然还是近世学者捏造的。《“军神”神话的破灭——上杉谦信的真相》，向你呈现一个与传统通说中形象截然相反的上杉谦信……

公元前506年，弱小的吴国向强大的楚国发起了致命的挑战。吴王阖闾与大臣伍子胥、将军孙武等，以从蔡国借道的方式迂回并迅速进入楚国腹地，在柏举以三万吴军大败约十万楚军，之后连战连胜并一举攻克楚国郢都，楚昭王逃亡。楚国王子申、王子结、申包胥等人众志成城，终于在第二年得以复国。《天时怼兮威灵怒——吴入郢都之战》便记叙了这段精彩的历史！

15世纪后期，围绕着英国王权的最终归属而爆发了玫瑰战争。这场战争因文学巨匠莎士比亚的著名剧本《亨利六世》而闻名于世。兰开斯特家族为了保住自己的王权而与挑战者约克家族进行了长达三十二年的战争，最终两败俱伤，两个王朝先后覆灭。而作为后起之秀的都铎王朝终于一统王权。过去，人们总是着眼于战争背后的政治较量和家族情仇，现在，《血腥的王冠——英格兰玫瑰战争》一文则从战争本身入手，看看这场塑造了英国近代历史的内战是怎么从政治、军事等诸多方面来影响后来的英国的。

主编简介

宋毅：《铁血文库》系列 MOOK 主编，中国散文协会会员，上海作协会员，著名历史、军事作家，曾获《现代兵器》杂志 2009 年度优秀作者一等奖等荣誉。出版有《战争特典：隋唐英雄》《壬辰 1592 ：决战朝鲜》《祖先的铁拳：历代御外战争史》等多部畅销历史、军事著作。

CONTENTS

目 录

君士坦丁堡的噩梦

——西美昂一世大帝

作者：李楠

在世界历史上，每个有历史的国家都拥有众多的帝王。在这些帝王中的佼佼者们往往都被人们称为大帝（The Great）。据统计，全世界迄今为止总共出现过近 200 个大帝，而这些大帝大部分都集中在比较大的国家之中。可令人惊奇的是，就在东南欧巴尔干的一隅之地，有个小国名叫保加利亚，在中世纪也竟然出现了一个大帝，他的名字就叫西美昂一世大帝（Symeon I，约 864—927 年）。说起这位大帝，他的最大成就恐怕就是让保加利亚成为了拜占庭的最大噩梦。

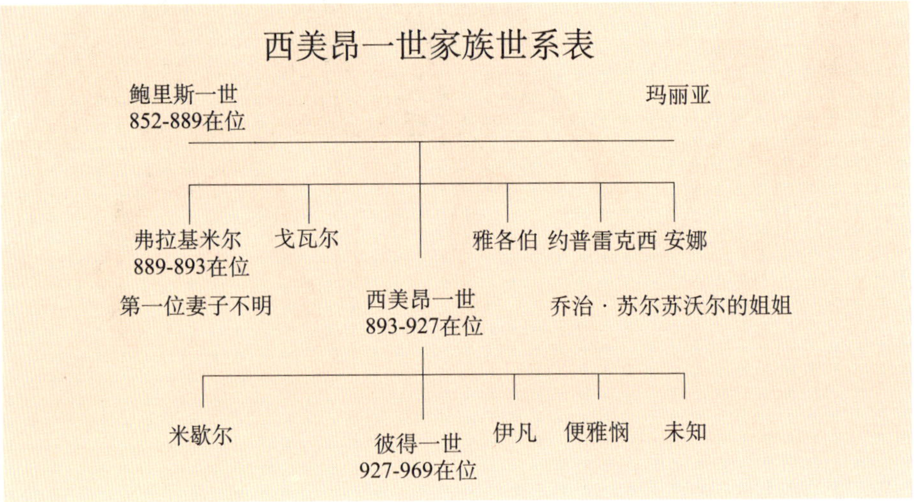

⊙ 西美昂一世家族世系表

一、脱去圣袍的使者

早期生活

西美昂所在的时代是被称为保加利亚第一帝国（681—1018 年）的时代，该帝国领土基本以今天的保加利亚为中心，最大疆域曾包括除伊斯坦布尔外的所有巴尔干土地。该帝国由保加尔人首领阿斯巴鲁赫可汗（Asparuch，约 646—701 年）建立，且一直与拜占庭帝国比邻而居。作为后起者，他们一方面大量接受拜占庭帝国的文化，另一方面也与拜占庭帝国冲突不断。特别是从克鲁姆王朝（803—997 年）开始，保加利亚第一帝国国力迅速上升，成为拜占庭帝国在北方的最大心腹之患。

到西美昂王子登上王位（893 年），代表着保加利亚历史进入了一个新的时期。这是保加利亚历史上最伟大的扩张时代，是保加利亚经济、文化和教育全面发展的时代。与拜占庭的战争，几乎贯穿着这位帝王的始终，而正是战争使其强盛，也使其灭亡。

西美昂一世是保加利亚第一帝国国王鲍里斯一世（Boris I，852—889 年在位）的第三个儿子。在鲍里斯一世时期，保加利亚第一帝国全面接受东正教信仰，并基本完成拜占庭化过程。为了表示自己的虔诚，他于 864 年接受洗礼，成为保加利亚第一位东正教徒。而他的第三个儿子西美昂恰巧于那时出生。作为一个意外的礼物，鲍里斯一世让他一同受了洗，并带他去了君士坦丁堡涂了圣油，目的就是希望他成为一个真正的东正教徒。

⊙ 保加利亚建立者阿斯巴鲁赫雕像，位于今保加利亚斯特雷尔恰

⊙ 保加利亚国王鲍里斯一世

878 年当西美昂 14 岁之时，鲍里斯一世带他去见了君士坦丁堡大教长弗提乌斯（Photios，858—867 年，878—886 年在位）。此时正值巴西尔一世（Basil I，867—886 年在位）在位时期。得到老朋友的许可后，他将西美昂留在君士坦丁堡，由弗提乌斯来教育他。据说，西美昂曾在君士坦丁堡大学学习德摩斯梯尼的修辞学、亚里士多德的三段论，以及其他一些法学和宗教学知识。在完成学业后，他便被安排到修道院，成为一名修士。同时，弗提乌斯则是他的教父。不久，在鲍里斯一世的要求下，他又师从隐修士阿森纳继续学习宗教学。这时的西美昂虽然并不十分喜欢宗教，但还是一如既往地遵从父亲的教训，努力学习各种知识。从这里可以看出，鲍里斯一世希望西美昂成为未来保加利亚的精神领袖，为东正教在境内的继续传播和发展做出贡献。其实最重要的目的还是要稳固保加利亚的王权，即与西美昂的哥哥弗拉基米尔一个当国王，另一个当主教，因此他才会如此不惜血本地培养西美昂，使他受到保加利亚人有史以来从未得到过的最优秀教

⊙ 鲍里斯一世的洗礼，来自于12世纪约翰·斯基利泽斯的编年史，现存西班牙马德里国家图书馆

⊙ 西美昂一世的诞生与洗礼，保加利亚圣尼古拉斯大教堂彩窗

⊙ 巴西尔一世（左）与利奥六世（右）

育。西美昂没有辜负父亲的希望，他勤奋地学习拜占庭人的知识，在各个方面都很出众。这点让鲍里斯一世感到非常欣慰。正如西美昂自己所说的："通过长时间的学习，我感到自己已经从一个保加利亚人转变成了半个希腊人和半个保加利亚人的结合体。"

故国奋起

巴西尔一世死后，利奥六世（Leo VI，886—912 年在位）继承了皇位。大教长弗提乌斯再次被流放。西美昂感觉不能再在君士坦丁堡待了，便开始违抗父亲鲍里斯一世的意愿，希望回到保加利亚。另外，由于保加利亚的教会在数十年的经营后，希腊语和斯拉夫语的教育者已经很多，他们的教育在经济和宗教方面都取得了非常多的成就。同时，原本邀请保加利亚加入天主教社会的罗马教皇并未给予保加利亚任何协助，反而不如君士坦丁堡给得更多。西美昂知道，回到保加利亚绝对能有他的用武之地。在 887 和 888 年交会之时，西美昂回到了保加利亚。回来后，他首先到教堂见到了圣基里尔和梅塞迪乌斯的弟子们，他们当时正在将《圣经》翻译为斯拉夫人使用的口语（即古教会斯拉夫语）。西美昂借着这个机会快速学习斯拉夫语语法和修辞，重新将自己“塑造成”一个保加利亚人。这段时间，西美昂作为一个“镀过金”的修道士，住在保加利亚的修道院中。因为他的希腊语非常好，因此能够更快、更顺利地完成《圣经》的翻译。此时的他已经成为保加利亚新的“梅塞迪乌斯”，协助父亲主持了斯拉夫语教育的深化与改革。不久后，鲍里斯一世认为已经基本完成拜占庭化过程，便宣布退位进入修道院，由长子弗拉基米尔继承王位，西美昂则成为整个保加利亚的宗教领袖。

889 年，西美昂的哥哥弗拉基米尔（Vladimir，889—893 年在位）即位。他是个彻底的保加利亚人，认为保加利亚无论政治还是宗教都是古代的好，因此一即位便立刻终止了父亲鲍里斯一世的改革。他重新确立了保加利亚贵族的位置要比斯拉夫贵族高一等，同时废除东正教，重新信奉保加利亚原始宗教。这些举措一时弄得人心惶惶。由此，西美昂发现自己应该另换一个适合自己的舞台了，便脱去了法袍，寄希望创造一个新的“圣乔治奇迹”（即仿效圣乔治杀龙，西美昂认为保加利亚原始宗教是龙，拥有基督教权力的自己是圣乔治），他开始暗中收拢被其哥哥废黜的政治和宗教名人，偷偷培植起自己的力量。正当他如此做时，竟然发生了一件令他朝着国王宝座更近一步的事，那就是由于弗拉基米尔对鲍里斯一世亲拜占庭政策的全面违背。于是 893 年鲍里斯一世舍弃修道院生活，重新将权力握在自己手中。他下令将弗拉基米尔打入地牢，永远不许放出来，直到其去世，而弗拉基米尔的党羽也被杀戮殆尽。中世纪一位保加利亚历史学家曾在其著作《保加利亚第一帝国史》中详细记载了这件事，但因为太过血腥而闪烁其词，因为他不想将一位保加利亚的明主写成杀人犯，以永远维持其慈祥与英明的形象。随后，鲍里斯一世在大普雷斯拉夫召开了贵族会议，将西美昂从后台推到了前台，成为保加利亚新的国王。随后，鲍里斯一世再次进入修道院，一直到他 907 年去世为止。

⊙ 圣乔治杀龙

二、英雄崛起之时

与拜占庭的首次战争

893 年，西美昂从幕后走向了前台，史称西美昂一世。正如我们所知道的，在父亲有计划的 20 余年的锻炼后，西美昂一世对拜占庭的一切都了如指掌，完全具备了将保加利亚国家政府和教会统一在自己统治下的能力。当然，拜占庭皇帝在知道了这个看似平静的让位后，心里不免也起了一丝波澜。其原因是，在东正教进入保加利亚的最初数十年间，往往是由拜占庭指派希腊传教士到保加利亚教会任职，等于是保加利亚的东正教会是从属于拜占庭的。但到了西美昂一世刚即位之时，斯拉夫人已经有很多教会主教人选，希腊人不再具有绝对的权威性，所以很可能保加利亚教会会在西美昂时期独立出来，而未来事实也确实如此，从而证明了拜占庭人的忧虑不无道理。利奥六世与他的臣僚们发现西美昂一世即将侵夺君士坦丁堡的教会利益，便于 893 年 9 月西美昂登基时抛出反对的呼声。同时，他们重申斯拉夫语是蛮族语言，不能作为神圣的教会语言，只有希腊语、拉丁语和希伯来语才能与上帝直接对话，是神圣的语言。西美昂一世立即予以反击，他命令身边的斯拉夫学者们撰写文章，表明斯拉夫文字是来自于希腊文的，也是有神圣来源的，以此来捍卫斯拉夫语的正统性，因此君士坦丁堡的抗议是无效的。当然，君士坦丁堡政府不会就此罢休。利奥六世又想到了一招，那就是将已经进行了 100 余年的拜占庭—保加利亚商贸从君士坦丁堡搬到了拜占庭第二大城市塞萨洛尼基。也就是说，保加利亚商业不再允许进入君士坦丁堡，只能在次一等的城市塞萨洛尼基经营商业，而且还指派两个希腊商人操纵市

塞萨洛尼基全景

场，处处刁难保加利亚商人。他不知道，这一措施的进行不仅影响到周边各国的贸易，而且还造成了更加可怕的后果。

⊙“利奥六世的悔悟”，圣索菲亚大教堂镶嵌画

拜占庭皇帝利奥六世有四个妻子，分别为赛奥法诺、佐伊、尤利西亚以及黑眼睛佐伊（Zoe Karbonopsina，914—919年摄政）。其中前三任都没有儿子，到黑眼睛佐伊成为他的妻子时，才有了皇位继承人君士坦丁七世。黑眼睛佐伊的父亲名斯提连努斯·扎乌奇斯，是一个军事贵族，也是利奥六世的亲信，是他向利奥六世提出这个建议，即将保加利亚商人的市场从君士坦丁堡移到塞萨洛尼基。其实这个做法是斯提连努斯·扎乌奇斯的一个近臣，名叫穆思卡的奴隶太监建议的。这个奴隶太监在塞萨洛尼基结识了两个希腊商人，两人承诺如果能让对保加利亚的贸易转到他们手上，就会给他和他的主子一笔不菲的好处。在贪婪的驱使下，斯提连努斯·扎乌奇斯才借这个时机提出了该建议。利奥六世听后深以为然，马上派遣他去专职办理此事。在塞萨洛尼基，斯提连努斯·扎乌奇斯与这两个希腊商人为保加利亚人规定了货站，并课以过去数倍的重税。这一行为使保加利亚商人不堪重负，因此许多人带有怨言地向保加利亚长官汇报了这个问题。这个消息传到西美昂一世耳中，令他十分恼怒，当即与利奥六世接洽，希望恢复原来从716年保加利亚特尔维尔可汗（Tervel，702—718年在位）与拜占庭皇帝查士丁尼二世（Justinian II，685—695年，705—711年在位）所签订的条约里就规定的在君士坦丁堡的商站。可是利奥六世并未同意，西美昂一世立刻开始有了别的打算。

894年秋，一支保加利亚军队突然袭击拜占庭帝国的北方各军区。这时候拜占庭帝国正在两线进行战争，即分别与阿拉伯人和伦巴第人战斗。因与保加利亚边境已经有长久的和平，该地区的精兵已经悉数派到他地，造成拜占庭与保加利亚接壤地区基本处于空虚状态。因此，这样的情况无疑会使保加利亚人打一个漂亮仗。这次战争由西美昂一世亲自率领军队，因为一般保加利亚与拜占庭的战争都由保加利亚王储与博亚军事贵族一起率军出征，可是西美昂一世刚刚宣誓抛弃宗教法衣，并没有任何可以率军出征的继承人，而且他也确实信不过这些曾在前任国王也就是他哥哥在位时的那些异教徒。其实更重要的原因是因为他比任何保加利亚人都更熟悉拜占庭人的战略。

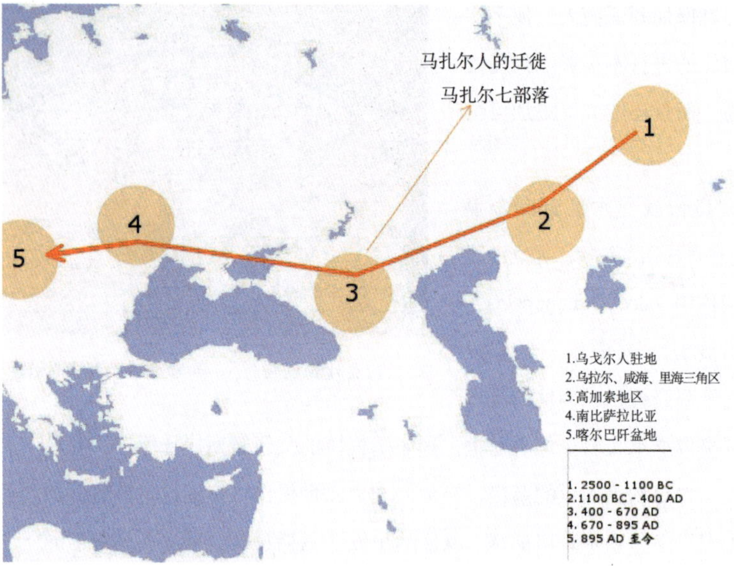

⊙ 马扎尔人西迁轨迹图

旋即，西美昂一世将军队指向马其顿地区，当利奥六世惊讶地发现保加利亚人的动向时，已经为时已晚。他急忙要求附近的军队回援，同时将身边的警卫部队和驻扎在君士坦丁堡的其他部队汇集起来，由将军执政官库尔尼特（Krinit）统领准备迎击敌人。然而，这种反抗注定是不会成功的。在马其顿附近的战场上，可能是埃迪尔内（Edirne），拜占庭军队彻底战败，执政官库尔尼特战死，大部分雇佣兵，如哈扎尔人（Khazar）都被围歼。试想，如此辉煌的胜利下，西美昂一世一定会带兵大举进攻君士坦丁堡。可是，他却没有这样做，似乎是有一个重要的原因才使他放弃进攻，他眼看着哈扎尔人从的他围困中逃走，带给利奥六世这个“罗马人的耻辱”消息。原来，他收到信息，在保加利亚的北部边境马扎尔人（Magyars）正在大举进攻。不得已，西美昂一世只得回援，从而放弃了这次攻打君士坦丁堡的机会。

马扎尔人原本生活在更遥远的里海附近，但由于强盛的哈扎尔人（Khazars）与乌泽斯人（Uzes）的进攻，他们只能逃到多瑙河以北地区。可是在这里他们又遇到了一个敌人——佩切涅格人（Pechengs），佩切涅格人原本生活在咸海附近，后来在889—890年也被哈扎尔人挤压西迁成为了马扎尔人的邻居。从此，这些从哈扎尔汗国分离出来的民族成为了拜占庭、保加利亚和摩拉维亚的新邻居，在未来的事务中发挥着不可限量的作用。但其实，哈扎尔人还是希望马扎尔人成为他们的盟友，从而可以两面加攻佩切涅格人。而马扎尔人害怕佩切涅格人对他们劫掠，其实也想和哈扎尔人联盟。此时的他们已经成为拜占庭和保加利亚附近“最文明”的蛮族，正处于从散乱的部族联盟向中央集权发展的初级阶段。因此，哈扎尔人为了自己的利益，还是用重金将马扎尔人收为盟友，夹击佩切涅格人。在此之前，马扎尔人只是一个统称，其实他们各自属于不同的部落，各有自己的君长，只有在战争之时，他们才会选举一个共同的首领进行统辖。佩切涅格人的出现，使他们共同的首领逐渐转变为一个国王的角色。这一转变正在随着马扎尔人选举出新可汗开始，他们的人民寄希望于可以胜过不断涌入的佩切涅格人。只有一个严密的组织，并拥有一个完整的继承制度，马扎尔人才能在这里求得一个立足之地。哈扎尔人为他们选择了卡巴尔部的酋长阿尔姆斯（Almus）的儿子阿尔帕德（Arpád，889—907 年在位）成为他们的可汗。阿尔帕德在马扎尔人中早有盛名，在其父死后便统领本部取得了不少胜利。从此，马扎尔人进入君主时代。不久后，阿尔帕德便率领 2 万名弓骑兵远征到达库班河谷一带。但是，哈扎尔与马扎尔的联盟却不是那么紧密，马扎尔人的注意力主要集中在富庶的西部，东部并不是他们想要的。

随后在 892 年，阿尔帕德的军队作为雇佣军参加了东法兰克国王阿努尔夫（Arnulf，？—899 年）与大摩拉维亚王国国王斯维亚托波尔克（Svartaa Polk，870—894 年在位）的战争。阿努尔夫志在夺取摩拉维亚，所以利用各种好处诱惑马扎尔人参与战斗，并取得了一定的成效。894 年夏，大摩拉维亚国王斯维亚托波尔克去世，两个儿子争立，最终分裂了国家。一个仍旧占有大摩拉维亚帝位，另一个则建立了捷克王国。阿努尔夫虽然把握住机会继续开战，可是不仅没得到任何好处，反而处于失败的境地。所以他立即邀请阿尔帕德一起进攻大摩拉维亚。马扎尔人在战争中大肆抢劫，蹂躏了整个潘诺尼亚，并将人民迁居于此。3 个月后，马扎尔人接到拜占庭人的请求，迅速从潘诺尼亚南下，正好进入保加利亚的中心地区。这时候保加利亚人正在与拜占庭人恶战，大部分军队也调到了南部地区。马扎尔人又趁这个机会大捞了一把。正是他们对保加利亚腹地的进攻，令西美昂一世不得不迅速结束与拜占庭的战争，回援自己国家。

⊙ 阿尔帕德雕像

无论这场战争是胜是负，利奥六世都感觉到了凉意，从蛮族入侵结束后，很久没有军

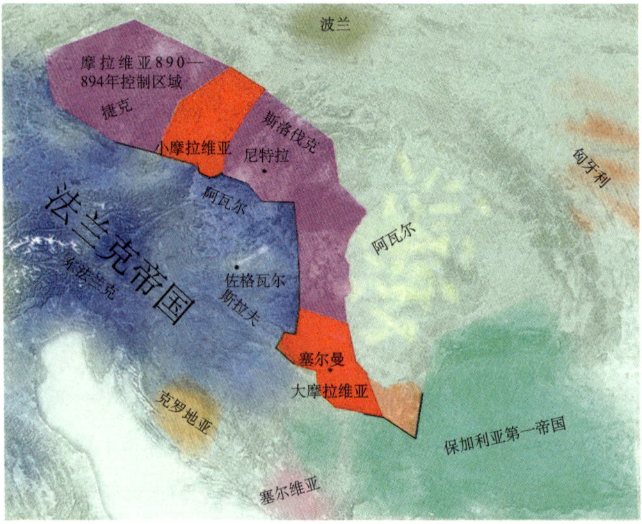

⊙ 9世纪末的大摩拉维亚

⊙ 斯维亚托波尔克

队能如此旁若无人地深入到拜占庭如此之远的地方，而之后的事，却令其更加惊恐。因为马扎尔人的突然侵袭，西美昂一世也非常愤怒，所以他将俘虏的哈扎尔人全部肢解，送还给利奥六世，以泄愤怒之情。利奥六世自然希望能对西美昂一世进行报复，可是随后他便被卷入与阿拉伯人的战争之中，根本无暇顾及北方战场。所以他只能改变“战术”，选择与保加利亚人实现和平。这次联合马扎尔人的成功，令拜占庭人好像抓到了救命稻草，寄希望于能够两面夹击保加利亚人。

在894年底到895年初，拜占庭人绰号“硬汉”的大臣尼基塔，率领几艘船与马扎尔人在多瑙河口会面。他成功地完成了使命，并见到了马扎尔首领阿尔帕德。在船上，他们约定结成同盟，在保加利亚的战争中可以平分战利品。之后，阿尔帕德杀了一只山羊，两人饮血盟誓。接着，利奥六世利用马扎尔人的关系，将原本已和保加利亚人结盟的东法兰克人分割开来，他寄希望于马扎尔人能在保加利亚联盟的德意志人到来之前就解决问题。利奥六世派阿纳斯塔西携带礼物到了雷根斯堡，虽然我们并不知道阿纳斯塔西去的目的到底为何，以及携带了什么礼物，但很显然，利奥六世是希望与德意志人讲和。从某种意义上来说，阿努尔夫与马扎尔人的联盟，和拜占庭人与马扎尔人的联盟意义是相同的。阿纳斯塔西也完成了任务。

僵持的战争

895 年初，阿拉伯人在小亚细亚开始反攻，利奥六世不得已将于 891 年就在意大利战场指挥战斗的将军迪米斯提克 · 尼基弗鲁斯调回君士坦丁堡。尼基弗鲁斯回到君士坦丁堡，就开始制订作战计划，他决定兵分两路，一路海军到达多瑙河口协助马扎尔人从北面进攻，南面则由拜占庭部队守卫。这个计划相当成功。拜占庭将军老尼基弗鲁斯 · 福卡斯率领拜占庭舰队到达多瑙河口，与马扎尔人接应，其他人则到达保加利亚南部边境，按兵不动。西美昂一世得到了拜占庭人的动向报告，马上命令继续进攻尼基弗鲁斯的军队，而置北方强敌于不顾。很奇怪，这场战争并未打起来。君士坦丁堡的利奥六世皇帝竟然撤离了那些已经严阵以待的军队，与保加利亚人签订了和平条约。拜占庭政府的这种行为，完全令人不解。但如果我们仔细看一下之前的情况，就能够解释为何会如此了。

在这之前，拜占庭政府为了让马扎尔人拖住保加利亚人，又一次提高了贡奉。他们的目的是将保加利亚打垮，而不是如此战争一直拖下去。对于保加利亚国王西美昂一世，拜占庭帝国的皇帝利奥六世和尼基弗鲁斯将军没有兵力，自然也并没有任何把握打胜，帝国东部边界的战争早已将其消耗得焦头烂额。实际上，利奥六世与马扎尔人结盟也是暂时性的，而保加利亚人竟然同意讲和，自然就应该放弃与马扎尔人的联盟。事实上，利奥六世自己也不愿意打仗，尼基弗鲁斯将军作为主战派，他一定会继续打，可是利奥六世的目的却是让尼基弗鲁斯的战斗意识将保加利亚人拖回到谈判桌之上。拜占庭帝国此时多面作战的尴尬情况已经令帝国捉襟见肘。所以，尼基弗鲁斯的远征其实只是为和平条约做准备。同时，这样也可以掩盖拜占庭帝国正与马扎尔人联盟，否则马扎尔人很可能会被保加利亚人先期干掉，那时就没有更好的盟友协助了。但西美昂一世作为一个长久在君士坦丁堡留学的人，非常清楚拜占庭人的狡猾与欺骗，所以他选择了不相信拜占庭人。他下令用绳索和铁链将拜占庭舰队阻挡在多瑙河口外。

此时，拜占庭海军上将优斯特提乌斯已经率领舰队到达多瑙河口，正在指定地点等待马扎尔人。他的第一次尝试是失败的，这是因为他们驶入了保加利亚人设立的障碍，根本

⊙ 西美昂一世时期所有战争示意图

无法靠岸。不过，一个名叫迈克尔·维卡勒斯的人跳下了船，去切断绳索。之后，另外两个水手也跳下去一起切断。在这些人齐心合力下，不久就将保加利亚人的阻挡解除了，他们也得以将盟友从多瑙河北岸接到河南岸的多布罗加来。

马扎尔人为首的是阿尔帕德的儿子鲁纳廷（Liuntin），当拜占庭人将他们运过河后，这些人就开始大肆抢劫起来。

西美昂一世知晓马扎尔人再次出现在北部边境时，立即带兵去回援防止马扎尔人再次对保加利亚破坏，只留下了很少的部队与南边尼基弗鲁斯部队对峙。回到保加利亚后，西美昂一世采用与拜占庭战斗中常用的大部队行军模式，希望能震慑住这些入侵者。但是令他失望的是，马扎尔人在他的大军赶来后，立刻将骑兵部队改变为50人一组的小型游击部队，在保加利亚各处不厌其烦地骚扰，西美昂一世花了很长时间才将这些小型部队剿灭。此后，他开始注意北方边境，预防这些散兵游勇的再次进攻。这西美昂一世发动的第二次战争，保加利亚没有获得什么好处，相反被马扎尔人多次侵袭，反倒有些损失。可是西美昂一世也是在多次追赶马扎尔人后才收复了多布罗加，而马扎尔人竟然大胆地向保加利亚首都大普雷斯拉夫进攻，西美昂一世大惊失色，立即率军队转向首都，但首都已被攻陷，西美昂一世只好暂时在附近的城堡内指挥战斗，随即没多久便全歼了马扎尔人。接着，马扎尔人表示向保加利亚人投降，不过他们秘密地向利奥六世请求，希望他能帮助赎回马扎尔人俘虏。利奥六世派一名官员前来协助他们，但这个人根本就是个奴隶贩子，他从马扎尔人手中买走了保加利亚俘虏，之后就不再去管马扎尔人的死活。

西美昂一世现在已经陷入了一场不可结束的战争：北方马扎尔人仍然猖獗，海上有优斯特提乌斯舰队的阻隔，南部边疆有尼基弗鲁斯的军队严阵以待。西美昂一世介于这种状况，立即表示可以与优斯特提乌斯讲和。我们并不知道他是用什么方法将优斯特提乌斯拉到谈判桌上来的，但是他同意将抓获的马扎尔人遣送给他们，使马扎尔人停止向南侵，从而保证北部边疆的和平。优斯特提乌斯立即向利奥六世报告，希望获得同意。利奥六世表示完全同意，至少已经将西美昂一世正式拉过来，而且是他们“被迫”寻求拜占庭给予他们的和平。优斯特提乌斯将利奥六世的和平愿望传达给西美昂一世，尔后马扎尔人用大笔赎金将被保加利亚人俘虏的战俘全部换了回去，保加利亚人也用金钱将自己的战俘换了回去，从而拜占庭人又大吃了一笔。几天后，从拜占庭来了一位使者，名叫赫埃罗斯法克特，他的主要任务是与西美昂一世交涉，将从894年开始的战争中双方的俘虏进行交换，然后便是结束这场对谁都没有好处的战争。

895年夏，停战协议生效，利奥六世下令尼基弗鲁斯与优斯特提乌斯撤回君士坦丁堡。随后的一个月，拜占庭军队和保加利亚军队分别从对峙状态改为和平状态，恢复到战争之前的状况。

奇特的通信

在马扎尔人和拜占庭人开始撤退之时，西美昂一世有了一个想法，他将赫埃罗斯法克特囚禁起来，并没让他回去。首先，对于保加利亚人所受的损失，他准备报复马扎尔人；其次，他要让拜占庭人与马扎尔人之间没有任何联盟存在。所以，西美昂一世并不准备兑现与利奥六世承诺的义务，而且赫埃罗斯法克特也成为人质，然后发送信件给利奥六世，表示与拜占庭人的和平将会一直持续下去。但是他对内则告诉大家，马扎尔人将在没有任何拜占庭人的援助下失败。人们说，西美昂一世与利奥六世达成了和解，其实真正的原因是西美昂一世在拜占庭人撤出后，已经有足够的能力先解决马扎尔人这个后顾之忧了。优斯特提乌斯与尼基弗鲁斯撤出后，他开始了对马扎尔人的报复。西美昂一世时期，保加利亚的军力已经足够强大，所以他才会对拜占庭人宣战。当拜占庭人撤走后，他立即派人与比马扎尔人更北的佩切涅格人接洽，表示可以协助这个马扎尔人的仇敌，一起打击马扎尔人的狂妄。完成协议后，保加利亚人与佩切涅格人各自进行准备。不过，他没有将自己的这个打算告诉拜占庭的使者，也没有一个字从保加利亚人的口中流向拜占庭那里。他希望将这件事做得隐秘，因为，如果让拜占庭知道，将会影响刚刚签订的和平协议；如果对马扎尔人出兵，拜占庭人一定不仅不会讲和，而且还会对保加利亚产生不利的影响。从这两个方面考虑，西美昂一世才选择了这么做。不久，利奥六世向西美昂一世发了这样一封信："前一年，你的即位是令我惊讶的。我听说，在天上日食和月食的产生，它们无论时、分、秒都是来自于围绕着的一个主要的星星实现的。所有人都知道这个星星是什么。如果这些属实，我内心认为，您能接收到战俘，完全是我们给予您的好处。祝好！"

在这封信随后的部分中，西美昂一世被要求执行一个条件，即利奥六世作为其教父。但是，具有讽刺意味的是，一个即将成为教父的人，竟然将战俘的问题直接托付给自己的"敌人"，认为西美昂一世会和他站在同一条战线之上。

西美昂一世随即给利奥六世回了一封信："据悉，您是我们所有王中最伟大的一个。我们互相传递着我们之间的友谊，你从君士坦丁堡发送我们的俘虏，是我最大的荣幸。我们送给您礼物以赎回我们的士兵，您正在模仿我们的天父一样为我们和解。祝好！"在信中，西美昂对利奥六世采取卑躬屈膝的奉承，其主要目的是将保加利亚俘虏赎回，接着便可以开始下一步的战争。其实，利奥六世也能明白他根本不打算和平，完全就是缓兵之计，但为了暂时性的和平，还是派遣尼基弗鲁斯将保加利亚俘虏归还给保加利亚人。

不久，利奥六世又收到了西美昂一世的一封信："我并不承认您的天文官们能够掌握更准确的天象，其实一切都是事在人为。而且那些俘虏的送回并不是他们送的，而是您的旨意，对吧？祝好！"从信中我们可以发现，西美昂一世并不相信天象，他更愿意相信自己的力量，尽管利奥六世不希望他挑起新的战争，但未来的事实完全给了利奥六世一个响亮的嘴巴。

为了稳住西美昂一世，利奥六世开始将信件的内容从讨论天文改为讨论语法。他回信说："我觉得你在信中对我的崇敬，那个称我为'最伟大的一个王'中间应当加一个逗号，这样才能表示出对我的尊敬。而且我知道未来，而你不知道。不要总说你自己能掌握未来。"之后，他还对于上一封信的措辞写了不少意见，表示西美昂一世的国家并不能与拜占庭相比。同时，建议可以与西美昂一世讨论一下希腊语的构词和写作问题，彻底挫败西美昂一世欲在来往信件中高他一头的目的。

接着，他们在一年时间中又互相发送了至少 10 封信，信中几乎全部都是在讨论语法问题，根本对于最重要的交换战俘与赔偿金问题只字不提。这其中也有两人对于对方的不信任与拖延——利奥六世在等待阿拉伯人的战争结束；西美昂一世在等待马扎尔人战争的结束，其主要目的还是保持边境的暂时和平，等蓄积到一定力量时，再一较高下。

三、拜占庭帝国的噩梦

马扎尔人的"失踪"

时间变换到 896 年春，佩切涅格人从草原带来一个消息：马扎尔人举国出动，大部分军队已经离开本土，去劫掠更北方的斯拉夫人的土地，潘诺尼亚谷地处于空虚状态。西美昂一世于 2 月接到消息后，立即率领大军北上，进入马扎尔人的领地。在一个月的时间内，保加利亚人与佩切涅格人将马扎尔人的土地横加蹂躏，马扎尔部落被分散，不少留在家的马扎尔人成为他们的俘虏。当进攻斯拉夫人的马扎尔人成群结队返回后，发现自己的家已经化为一片焦土。他们知道不能再在这里停留，便向西迁徙到多瑙河中游与萨蒂河附近。当年 3 月，利奥六世派出的与马扎尔人商讨联合事宜的使者回来告诉他，马扎尔人突然从北方消失了。这时利奥六世才意识到事情的严重性，他被迫停止了与西美昂的信件往来，派遣更多的人去寻找马扎尔人。西美昂一世的计策已然成功，此时可以准备下一步对拜占庭的报复了。

西美昂一世回到首都大普雷斯拉夫，他写信给利奥六世说："我感到了胜利的骄傲，我要求你用金币赎回那些马扎尔俘虏。"塞奥多拉作为使者到达君士坦丁堡，将这封信递交给了利奥六世。这时，马扎尔人的使者也到了利奥六世的宫廷，希望能协助赎回马扎尔俘虏。利奥六世知道现在已经说什么都晚了，便同意了西美昂一世的要求。接着，他和阿拉伯人订立了和约，约定休战。阿拉伯人获得了好处后，暂时停止了对拜占庭的进攻。但和平没有维持多久，第二年阿拉伯人就又率大军回到了小亚美尼亚。

十余万保加利亚俘虏从拜占庭回到保加利亚，比之更多的马扎尔俘虏也被送到拜占庭。一纸绝对不可能实现的和约被签订下来，拜占庭决定给保加利亚一些金币以保证和平的可能性。

保加罗塞永战役

896 年夏，西美昂一世发动了对拜占庭帝国的第二次战争，史称保加罗塞永战役（The Battle of Boulgarophygon）。西美昂一世的军队攻城略地，几乎没有遭受任何损失就到达了色雷斯，距君士坦丁堡仅十余公里之遥。这时，拜占庭名将尼基弗鲁斯已经去世，措手不及的利奥六世只好由普罗科皮奥斯 · 克里尼特斯（Prokopios Krenites）与克尔特提科斯（Kourtikios）两人取代他指挥皇家禁卫军，迅速进入守卫阶段。普罗科皮奥斯负责守卫，克尔特提科斯带兵抵抗保加利亚的进攻，典衣大臣狄奥多西乌斯作为副将随军一起战斗。两军在博斯普鲁斯海峡以东的保加罗塞永碰面，随即开始战斗。因克尔特提科斯不善于指挥，拜占庭军队几乎全军覆灭，副将狄奥多西乌斯阵亡，剩下未被俘虏的人则逃到君士坦丁堡城墙附近，组织起并不有效的防御。拜占庭编年史中并未对这场战斗用更多的笔墨，我们几乎不知道这场战争的具体情况，但唯一可知的是西美昂一世在战争中俘虏了足足 12 万拜占庭士兵，而且在胜利后，立即向君士坦丁堡挺进。

阿拉伯史学家阿尔 · 塔巴里记载："那些斯拉夫人（保加利亚人）攻占了拜占庭的城市和乡村，并杀害了许多人。他们摧毁沿途的村庄，来到君士坦丁堡。"拜占庭人被迫逃向首都避难，但他们根本不是保加利亚人的对手。利奥六世不得已要求西美昂一世停止战争。他对西美昂一世说："这是我们共同祖先的国度，我们也具有相同的信念，在这个城墙下，我们应该达成和解。"但西美昂一世却置若罔闻。绝望的利奥六世将阿拉伯战俘组织起来，声称只要能打败保加利亚人，就可以给予他们自由。随后的战争，两军在君士坦丁堡郊区相持不下，两军进入胶着状态。

这时，利奥六世不失时机地再次向西美昂一世表示和平要求，西美昂一世同意了要求，两军议和，签署了一纸和平协议。该协议内容为：

1. 利奥六世和西美昂一世表示希望和平，和平期限将永远有效。两人以兄弟的态度签署，未来将遵守共同的信条和荣誉。

2. 拜占庭帝国有义务向保加利亚提供金银与丝织品，作为每年的贡物。保加利亚将拜占庭战俘交予拜占庭军队。

3. 割让黑海到斯塔兰德山（Strandja）附近的土地以及普利莫尔斯克镇给保加利亚。

由此可见，西美昂一世虽然没有进入君士坦丁堡，但他的目的和野心已经基本实现。他一方面报了拜占庭联合马扎尔人进攻保加利亚的仇，另一方面也缔结了对保加利亚有利的和约，可谓一举两得。虽然此后拜占庭政府还是以高人一头的姿态来做事，但保加利亚已经得到了应有的实惠，不再需要唯拜占庭马首是瞻了。

⊙ 公元 896 年保加罗塞永战役保加利亚大败拜占庭军队。来自于 12 世纪约翰·斯基利泽斯的编年史，现存西班牙马德里国家图书馆

896 年后，两军虽然还时有摩擦，但再也没有如此大的战争发生。西美昂一世暂时遵守了协定，开始整理内务，而利奥六世也转回头到阿拉伯战场，指挥那边的战斗去了。战争后，保加利亚在拜占庭心目中的地位陡然上升，取代阿拉伯成为拜占庭政府心中仅次于德意志帝国的第二大帝国。在几年前，君士坦丁堡也曾流行过一则预言，称狮子的牙齿将要被掰掉，尾巴也将不再上翘。利奥六世即被人称为狮子，而 896 年的战役正如同他的牙齿被掰掉，从一定程度上实现了这个预言。

从 896 年战争结束到 10 世纪的前 10 年，拜占庭军队几乎全部压在与阿拉伯人的战争上。但西美昂一世并未忘记继续蚕食拜占庭的领土，他将触角伸向了拜占庭西部的马其顿地区。那里的斯拉夫人在看到同宗的兄弟取得了胜利后，开始向保加利亚靠拢，希望接受保加利亚的统治，一部分人便举族投奔保加利亚，而另一部分人在拜占庭的土地上自称接受保加利亚的统领。

902 年，阿拉伯人袭击了拜占庭帝国在爱琴海上的部分岛屿。904 年 7 月，阿拉伯人利用拜占庭叛徒拿下了拜占庭第二大城市塞萨洛尼基。

此时，保加利亚西南部的边境已经深入到罗多彼山、迪纳里克山附近，最南端则到达希腊北部。而保加利亚的影响力早已遍及整个巴尔干半岛。特别是塞萨洛尼基被攻破后，有两个斯拉夫部落数万人投靠了保加利亚。

西美昂的军事改革

另外，在这段时间，西美昂一世也在积极寻求“去拜占庭化”，主要措施有：迁都大普雷斯拉夫（Great Preslav）、兴建宫殿、实行保加利亚式的封爵体系、实现保加利亚教会独立、建立保加利亚教堂、兴建教授保加利亚语的学校、鼓励用保加利亚文写作各类书籍等。因为与本文无关，就不赘述了。

同时，西美昂一世还进行了保加利亚军事上的变革。

说起来，在保加利亚第一帝国的历史上，有过两次军事上的变革，第一次是在克鲁姆可汗在位时期，第二次就是在西美昂一世在位时期。

⊙ 大普雷斯拉夫城市复原图。来自大普雷斯拉夫宫殿遗址展板

⊙ 将军兵模。来自《中世纪全面战争2》MOD保加利亚篇

⊙ 可汗装备兵模。来自《中世纪全面战争2》MOD保加利亚篇

保加利亚早期即大保加利亚王国时期的军事与诸游牧民族几乎相同，也是以家庭和部落为单位，每次出征前，首领都会向下级博雅（保加利亚称呼部落长，建国后一般称保加利亚贵族）下达命令，要求将部落里的男人们组织起来，从而形成一支军队。该军队主要由骑兵组成，一般采用集体冲锋的方式向前进攻，但由于没有统一指挥，一般只能靠勇猛取胜。大致在保加利亚第一帝国建立（681年）前后，保加利亚人进入巴尔干半岛，因为该处高山纵横林立，马匹行动不畅，所以步兵逐渐占据重要位置，骑兵则退居二线。正因为这个原因，保加利亚第一帝国前期几乎都被拜占庭压着打，一直没有翻身机会。

克鲁姆成为可汗后（803年），对军队进行了第一次改造。由于他本身是保加利亚西北部的博雅，在国家内乱时崛起，知道军队的重要性，便采用最熟悉的法兰克帝国似的军队建制。首先，他增加了骑兵卫队、弓箭兵等，形成了具有全面兵种的新式部队。其次，改战时集中制为征兵制，从此斯拉夫人士兵被大量招进保加利亚军队，增加了兵员。使常备军达到2万～3万人。而且，一些斯拉夫人由于战功颇高，被提升为贵族，与保加利亚贵族平起平坐，当他们具有话语权后，便逐渐形成保加利亚的斯拉夫化。特别是到可汗鲍里斯一世时期（852-889年），斯拉夫人已经占据了半壁江山，保加利亚形成保加利亚贵族与斯拉夫贵族平分天下的情况。第三，统一信仰，开始逐渐接受拜占庭的东正教信仰，加强军队的凝聚力，这一信仰接受在鲍里斯一世时期完成。

当西美昂一世即位时，保加利亚军队已经成为一支恐怖的力量，在巴尔干半岛甚至更远的中欧地区，都令人生畏。由于西美昂一世在君士坦丁堡几乎度过了整个青年时代，所以他对拜占庭有着极高的亲近感，在文化上和军事上几乎全盘接受。他在之前的基础上，增加并改变了一些保加利亚的军队构成。首先，建立了海军。过去，保加利亚全部由陆军构成，只能在陆地上施展自己的力量，可是只要一遇到拜占庭从海上进攻，或者用运兵船将远处的异族军队带来之时，都会处于腹背受敌的状况。虽然这支军队只有一些划桨船，甚至是只能作为围攻用，却开了保加利亚的先河，可以与拜占庭帝国军队正面对抗。其次，形成了军团建制。他将将军（warlord）与博雅合并，采用“Voivodes”这个称呼，塞奥多拉和柯西米诺斯成为他最先任命的两名将军。另外，他还将保加利亚军队分割为诸多百人队，任命队长，下级对上级直接负责。西美昂一世时期，常备军队增长为6万人，所以我们可以发现在战争中，为何西美昂一世总是会率领一支6万人左右的军队了。最后，护具的出现。在西美昂一世之前，保加利亚军队无论博雅还是士兵，都是不戴护具的，甚至有些人赤膊上阵，他们只依靠自己的勇猛吓退敌人。而西美昂一世则采用拜占庭式的护具。西美昂本人身穿锁甲，下有铁制的护膝与护腿。其实，该战甲来源于早期游牧民族，主要是为了防护弓弩，但遇上锋利的刀剑就不一定起作用了。在8世纪左右，阿拉伯人对该战甲进行了改造，使其重新成为一种优秀的防具。之后，拜占庭使用同样的技艺，制造了拜占庭式的锁甲，这便是西美昂锁甲的原型。同时，将军披挂上阵，士兵则根据情况有或多或少的护具。其中，步兵采用前胸和后背的护具，使用材料不详，可能为板条铁。不过，他们没有拜占庭式的肩护与绑腿。一般，步兵使用短刀和小圆盾，小圆盾基本为木制，用柳条系在臂上。弓兵没有护具，使用短弓或者反曲弓。骑兵有少许护具，也基本集中在前胸和后背。骑兵特别是最高级别的“热汤部队”（Boils）拥有两把刀，可以在敌人多时双手并用。但西美昂一世因为帝国内冶铁能力较弱，没有建立枪兵与弓骑兵部队。就是依靠这支部队，西美昂一世在随后的战斗中，几乎没有败绩。

⊙ 热汤部队兵模。来自《中世纪全面战争2》MOD保加利亚篇

进入君士坦丁堡成为沙皇

保加利亚的一系列行动，使斯拉夫人感到前所未有的扬眉吐气，他们在巴尔干半岛更加亲近于保加利亚，这令拜占庭政府感到越来越不安。而人心的向背，也令西美昂一世有了成为“保加利亚人和罗马人的皇帝”的想法。这时，一件事令他的愿望有了实现的可能。

912年5月11日，拜占庭皇帝利奥六世去世，他的前三位皇后都未为他诞下皇子，只有最后一位皇后黑眼睛佐伊在7年前才生下皇子君士坦丁。因情势突然，7岁的君士坦丁七世（Constantine，905—959年）即位，他的叔父亚历山大（Alexander，912—913年摄政）摄政主持国家事务。可是，亚历山大并没有政治能力，而且是个嗜酒如命的人。他上台第一步就是撕毁与保加利亚的协议，不再每年付给年贡。

西美昂一世派出使者，要求拜占庭恢复年贡，但是亚历山大并未同意。西美昂一世认为“(他）完全是个愚蠢的疯子，将利奥六世积攒的与保加利亚的友谊和崇敬之情完全抛弃”，他放归使者回来，令西美昂一世也蒙羞。西美昂一世对拜占庭人和斯拉夫人宣布：拜占庭人已经疯狂地将和平协议撕毁，他们野蛮地破坏了保加利亚与拜占庭之间的关系，所以必须用战争来解决。

由此，西美昂一世开始积极备战，准备对拜占庭进行致命一击。在君士坦丁堡的亚历山大这时才认识到自己盲目行为的错误，但为时已晚，此时只有等待西美昂一世发起进攻了。913年6月6日，亚历山大突然死亡。经过协商，由7名拜占庭高官共同行政，其中大教长尼古拉斯（Nikolaos I，901—907年，911—925年在位）的势力最大，不久后就成了拜占庭实际的掌权者。在此之前，教会并不承认君士坦丁七世的继承权，他们认为利奥六世的第四位皇后并未册封，所以不属于正统传承关系。黑眼睛佐伊皇太后因此被贬黜进入修道院。当利奥六世去世后，事情愈演愈烈。此前，在意大利南部，君士坦丁 · 杜卡斯宣布自己为拜占庭皇帝，拜占庭内战开始。西美昂一世知道，干预拜占庭帝国内政的时机到来了，立即率领大军南下色雷斯，自称愿意协助剿灭乱党，帮助拜占庭恢复和平。其真正目的是也想争夺一下“罗马人皇帝”的头衔。同时，他还命人到君士坦丁堡散布谣言，称“保加利亚的君主将会成为拜占庭的新主人”。

尼古拉斯知道西美昂一世前来的真实目的，便一方面全力剿除杜卡斯的反叛，另一方面写了一封非常长的信给西美昂一世，表示一切都是前摄政王的错，愿意恢复年贡。不过同时也说西美昂一世做事不地道，欺负现在拜占庭孤儿寡母，想当一个篡位者。可西美昂一世根本没工夫理他，直接势如破竹地直逼君士坦丁堡城下。913年7月，大军围攻塞萨洛尼基。8月，抵达君士坦丁堡城下。他还未宣布进攻，大教长尼古拉斯便宣布同意西美昂一世进入君士坦丁堡议和。这样的结果，也许一方面是因为西美昂一世的军力强大，拜占庭已被内乱搞得焦头烂额，无力守卫；另一方面是西美昂一世在君士坦丁堡度过了他的整个青年时代，君士坦丁堡人更希望与一个希腊化的君主谈判，有一定的感情基础在内。

其实，当西美昂一世以利奥六世教子的身份去质问大教长时，令大教长感到了莫名的负罪感。因此，他刚到君士坦丁堡城下，尼古拉斯就发出了愿意和解的协约。这时候，轮

⊙ 西美昂一世进入君士坦丁堡。保加利亚画家尼古拉·帕夫洛维奇绘制

⊙ 君士坦丁七世在布拉舍耐宫与西美昂一世共进午餐。来自于12世纪约翰·斯基利泽斯的编年史，现存西班牙马德里国家图书馆

到西美昂一世表现出自己的大度了。他立即下令士兵后撤，解除围城，接着又发了一封信给尼古拉斯，希望可以带领一些亲近的将士进入君士坦丁堡。尼古拉斯收到信，表示非常欢迎西美昂一世到城内会谈，他赞扬西美昂一世“不是因为仇恨，而是为了伟大的亲情，所以来协助拜占庭，是值得赞赏的”。

获得了允许，西美昂一世立刻带领大将塞奥多拉等诸多将士，还有他自己的两个儿子一起准备进入君士坦丁堡。在城门口，尼古拉斯举行了盛大的欢迎仪式。他和小皇帝以及很多大臣，一起在城门口列队欢迎西美昂一世的到来，他们令市民们夹道欢迎西美昂一世。在君士坦丁堡城门前，尼古拉斯称西美昂一世为最高贵的客人，然后又发表了一堆赞美之辞。接着，一行人一起来到了拜占庭王宫，著名的布拉舍耐宫，在这里西美昂一行获得了最好的款待。9 世纪末以前，拜占庭皇帝的宫殿叫作大宫殿，位于君士坦丁堡的中心城区。到 10 世纪时，拜占庭王宫搬到了布拉舍耐宫，它则位于君士坦丁堡的西北角。在宫殿前，西美昂一世下马向尼古拉斯鞠躬，然后在大家的陪同下一起进入了宫殿。

第二天，拜占庭的各级高级官员都来到了宫殿台阶下，分队而立。尼古拉斯为西美昂一世做了祈祷，之后点圣水在西美昂一世的头上。在寂静了一会儿后，他将王冠戴在西美昂一世头上，称西美昂一世为恺撒（即沙皇），并对众公布西美昂一世为“保加利亚人的皇帝”，他的两个儿子是为共治沙皇，西美昂一世的女儿安娜将嫁给君士坦丁七世。然后，他又将权杖放到西美昂一世手中，要求他举起。这时，宫殿内外全部响起来“恺撒”的叫喊声。待叫喊声小一些时，唱诗班开始唱起赞美诗。中午，大家一起用了丰盛的午餐，最终仪式完成。事后，尼古拉斯与西美昂一世会谈，约定以后拜占庭将长期与保加利亚合作，并希望西美昂一世可以经常到君士坦丁堡来做客。正如《西美昂大帝时代》所说：“在公元 800 年查理曼成为西部帝国皇帝的 100 年后，东南欧也出现了一个与之可以媲美的人，他就是保加利亚的西美昂大帝……因此他成为东南欧的查理曼。”

随后，西美昂一世带着大量的礼物回到了大普雷斯拉夫。拜占庭和保加利亚暂时保持了一段和平。

安基阿卢斯战役

西美昂一世前脚回到保加利亚，后脚拜占庭就出现了变故。913 年 10 月，因为君士坦丁七世已经成为事实上的皇帝，所以黑眼睛佐伊皇太后重新从修道院出来。在几个月的时间内，她将自己的党羽重新收集回来，宣布自己成为摄政者，然后历数大教长尼古拉斯的卖国行为，从而获得了拜占庭宫廷的多数人支持。这时是 914 年的 2 月。她说，君士坦丁七世与玛丽亚的婚礼不符合帝国的传统，因此是无效的。她认为尼古拉斯身为大教长，就应该只去管理教权这一亩三分地，非要来这里干预朝政，就是完全错误的。当时，尼古拉斯的权力还在，自然不能容忍黑眼睛佐伊针对他的这些言论。接着，宫廷内乱爆发。由于大家都在关心君士坦丁堡的情况，其他地方疏于管理，意大利南部刚被镇压下去的反叛又开始抬头，而小亚细亚也开始遭受阿拉伯人的连番攻击。

西美昂一世当然也立刻收到了拜占庭帝国再次陷入内乱的消息，他虽然非常恼怒黑眼睛佐伊皇太后不承认婚事的决定，但更重要的是他希望在这个时候再捞一些实惠，将自己成功入驻君士坦丁堡转变为现实。他决定再次发动战争。

914 年夏，5 万人的军队被他组织起来，然后西美昂一世自任将军，再次进入色雷斯。这时，保加利亚的领土已经扩展到了整个希腊地区，拜占庭在巴尔干半岛到只剩下君士坦丁堡与 7 座重要城市，其他悉数归于保加利亚。因此西美昂一世将兵锋首指埃迪尔内，对其进行围攻。这时的保加利亚仍旧未建立投石机部队，所以西美昂一世选择了围而不攻，对该城像铁桶一样地围了 3 个月。最终，该城开城举城投降。尼古拉斯得到这个消息后，又发了一封长信，斥责西美昂一世就像一个魔鬼，每天对拜占庭鞭挞，难道忘记了拜占庭以及自己对他的优待了吗？西美昂一世并没有回信。

当攻下埃迪尔内后，人们认为西美昂一世下一步一定是攻打近在咫尺的君士坦丁堡，由此再次获得与拜占庭人讲和的机会。但西美昂一世并未如此，9 月，塞萨洛尼基成为了他的下一个目标。任何明眼人都能看出，西美昂一世这次前来根本不是要求结亲，根本就是稳扎稳打，将巴尔干半岛的城池悉数夺取，想要一举灭亡拜占庭帝国。皇太后黑眼睛佐伊当然也明白这个事实，她马上派人送去大量礼物，希望保加利亚人罢兵。同时，她还派使臣到俄罗斯草原，希望在那里的佩切涅格人能够协助拜占庭人袭击保加利亚的后方。

拜占庭为佩切涅格人带去了无法想象之多的黄金和礼物，佩切涅格人立即转向了拜占庭人，不再协助保加利亚人，而是反过来在保加利亚的后方搞各种小动作。西美昂一世不得不回防，而且也已经年末，大雪纷飞之时不好行动，便暂时放弃了对拜占庭的进一步侵扰。这次不成功的战争，令西美昂一世非常气恼，他积极备战，准备两年后（917 年）再次进行决战。两边分别陈兵边境，同时积极吸收各类援助。在备战时期，保加利亚也后院起火，塞尔维亚自称公国，原亲王的三个儿子争立，最后由第三子彼得胜利。他在位期间，开始亲近拜占庭，与保加利亚逐渐疏远。因他还未脱离保加利亚，所以西美昂一世并未进行阻止。

917 年，拜占庭向佩切涅格人、马扎尔人和塞尔维亚人分别派去了使者，希望对方可

⊙ 安基阿卢斯战役示意图

⊙ 安基阿卢斯战役。来自于12世纪约翰·斯基利泽斯的编年史，现存西班牙马德里国家图书馆

以协助。但由于西美昂一世的手腕更优秀，拜占庭的三地援助计划都告失败。其中佩切涅格人本身已经答应了拜占庭的要求，但因为保加利亚给予的礼物更多，所以在登上拜占庭罗曼努斯（即后来的拜占庭皇帝罗曼努斯一世）的军舰的最后一刻倒戈；马扎尔人正在与神圣罗马帝国战争，无力援助拜占庭；塞尔维亚人虽然同意了拜占庭人的要求，但是一些反对派却将塞尔维亚人的企图报告给保加利亚人，使塞尔维亚人还未出兵就被西美昂一世

的军队所镇压。

917 年 8 月 20 日，两军在君士坦丁堡郊区的阿贺洛伊碰面。保加利亚约 6 万人，由西美昂一世亲自指挥；拜占庭人约 6.2 万人由将领约翰 · 博加斯（John Bogas）和利奥 · 福卡斯（Leo Phocas）指挥，这次战斗史称安基阿卢斯战役（battle of Anchialos），也叫卡塔斯尔泰战役（battle of Katasyrtai）。

该地为平原地区，西部有部分丘陵，东部则是紧靠黑海。两军分列南北，其中保加利亚主力军队在北方，背靠阿克鲁斯河，另一部分骑兵在拜占庭军队的西北部丘陵地带埋伏；拜占庭军队在南方，另有一部分备用军在东南方向。

之前，拜占庭人与保加利亚人已经进行过多次战斗，双方都很熟悉对方的战术，因此，西美昂一世必须寻找到一个不同于以前的战术。这时他不再沿用希腊战术将军队斜线集中，而是将精锐部队集中到两翼，故意使中军虚弱，引诱拜占庭军队进攻，之后左右翼合围，西美昂一世的骑兵再从丘陵地区冲击，达到全歼拜占庭军队的目的。拜占庭军队并不知道西美昂一世已经改变了战术，他们还是习惯于和以前一样向保加利亚军队最薄弱的右翼进攻。

随后，战斗开始。拜占庭人按照既定方针还是向保加利亚军队的右翼发动了进攻。西美昂一世抵抗了一会儿，便佯装失败开始逐步后撤。拜占庭骑兵见有机可乘，也趁势冲入保加利亚军队的中军，到处斩杀保加利亚士兵。保加利亚中军无法据守河流南岸的高地，便与其他军队一起撤退到西北方向。

这时，西美昂一世派间谍到拜占庭军队中散布谣言，说拜占庭主将利奥 · 福卡斯已经阵亡，这一消息的传播立刻闹得拜占庭军队人心惶惶，顿时混乱起来。西美昂一世发现拜占庭军队阵脚大乱，知道计策已经成功，所以马上下令全军停止后撤，开始反击。同时他率领的骑兵从西侧突然出现在拜占庭军队的左翼。西美昂一世的出奇兵计策立即使拜占庭军队左翼溃败，而保加利亚军队左右翼的同时包围，也令拜占庭军队应接不暇。一时，拜占庭士兵逃逸严重，从而引发了整个军队的大溃败。根据 10 世纪历史学家助祭利奥（Leo the Deacon）的记载，即便是数十年后“仍然能够在安基阿卢斯，那败逃的罗马军队遭遇残杀的地方看到大量尸骸”。随后，保加利亚步兵冲向最后一批还在抵抗的拜占庭士兵，拜占庭军队被全歼。

在战斗中，西美昂一世的白马曾被拜占庭军队射杀，但是西美昂一世仍旧指挥战斗直到拜占庭军队被消灭为止。利奥 · 福卡斯率领残兵败将逃至莫森布里亚（Mesembria，位于今保加利亚东南部布尔加斯州内塞伯尔市），而在激战中，包括康斯坦丁 · 利普斯

（Constantine Lips）和约翰·格拉普森（John Grapson）在内的许多拜占庭贵族与将士们一同丧命。到这天晚上为止，保加利亚军队也将莫森布里亚攻克，利奥·福卡斯只身登上一艘小船再次死里逃生。

尼古拉斯得到了消息，随即给西美昂一世去了一封信，希望他能看在自己的面子上，暂时停在阿贺洛伊，不要进攻君士坦丁堡。尼古拉斯本人将赶往那里，以求得西美昂一世的宽恕。这次，西美昂回信说：尼古拉斯是个愚蠢的人，虽然大家都是基督徒，但对于拜占庭人的背信弃义，保加利亚人必须要让拜占庭人接受教训。所以他要求少量军队回到大普雷斯拉夫，防止拜占庭利用这个机会让佩切涅格人从北方攻打保加利亚，绝大多数军队则继续由自己率领，进军君士坦丁堡追击利奥·福卡斯的残兵败将。

利奥·福卡斯刚刚将残兵败将收拢起来，却在3天后就遭受到保加利亚人的再次进攻。在君士坦丁堡附近的卡塔斯尔泰（Katasyrtai），两军于夜晚再次交战，结果拜占庭军再次溃败。此时君士坦丁堡前已经无险可守。

事实证明，西美昂一世的选择是正确的，他派回去守卫的士兵立即就派上了用场。拜占庭果然再次怂恿塞尔维亚人在保加利亚的后方行动。塞尔维亚亲王彼得，联系了北方的马扎尔人，声称为马扎尔人夺回失去的领土，一起从保加利亚的西部窜入，开始对保加利亚进行骚扰。保加利亚的两位将军塞奥多拉与玛尔迈斯进行了防御。他们利用塞尔维亚人的内讧，将塞尔维亚的进攻扼杀在摇篮之中，而马扎尔人见塞尔维亚人失败，也撤了回去。彼得不得已与保加利亚人开始了和平谈判，然后也撤回了本土。但西美昂一世却不能容忍他的背叛，便于918年举兵进攻塞尔维亚，将彼得俘虏投进监狱，直到他死亡。之后，西美昂一世将其兄弟保罗——一个亲保加利亚的君主推为塞尔维亚亲王，从而使塞尔维亚继续成为保加利亚的傀儡。

这次战役的胜利是保加利亚第一帝国历史上最大的成功。因为它使保加利亚取代拜占庭成为东南欧的绝对权威，同时使保加利亚人开始拥有强烈的民族自豪感，从而才能在被奥斯曼帝国灭亡400余年后重新站立起来。

四、失败的野心家

拜占庭的宫廷激变

917年末，西美昂与黑眼睛佐伊以及尼古拉斯进行了多次通信，声明要加冕为“罗马人和保加利亚人的皇帝”，同时继续要求与君士坦丁七世结亲，另外还要增加年贡，否则，他将让拜占庭在“火与剑的暴风雨下彻底倒塌”。由此可见，在一连串胜利的激励下，西美昂一世已经极其狂妄自大，殊不知历史上很多帝国的领袖都是如此才招致可怕的下场的。因此，尼古拉斯回信告诉他，瘦死的骆驼比马大，即使拜占庭如今如此衰微，但军事实力也很快就会恢复。同时西美昂一世已经被承认为恺撒，而罗马皇帝的位置只能由拜占庭人来传承并使用，如果西美昂一世逆天而行，只会招来失败与烦恼。西美昂也马上回信，首先对尼古拉斯的话语进行了抨击，然后告诉尼古拉斯说曾经是阿瓦尔人奴隶的保加利亚人感谢拜占庭人帮助他们，并将基督教传播给他们，但是对于拜占庭人的反复，保加利亚人一定要严惩。随后，西美昂一世又发动了数次对拜占庭的战争，但君士坦丁堡的城墙总是令他败下阵来，这段城墙在西美昂心中永远都是一个无法逾越的山峰，令他望而却步。

也就在他们两个人唇枪舌剑之时，拜占庭内部却发生了一件重要的事情，令历史朝另一个方向改变了。

919 年 3 月 25 日，拜占庭海军司令罗曼努斯结束了宫廷内乱，成为拜占庭帝国内的实际主宰者。上台的第一个月，他就将皇太后黑眼睛佐伊再次关进修道院，以确保他的权威。4 月，他又把自己的女儿海伦嫁给小皇帝君士坦丁七世，而后自称太上皇（Basileopator）。一年后，他又牟取到了拜占庭共治皇帝的位子，史称罗曼努斯一世（Romanos I，920—944 年在位）。

正如我们经常说的，一个人绝不会在一个地方两次跌倒。在与拜占庭皇帝联姻的事情上，西美昂一世跌倒了，而行伍出身的罗曼努斯没有跌倒。罗曼努斯知道，自己比西美昂一世成功的唯一不同就是自己是拜占庭人，能够被拜占庭人所接受。他知道，西美昂一世必定不会接受这个结果，他一定马上就会兴兵大举进攻。因此他一方面将拜占庭的要塞重新修缮，一方面据守君士坦丁堡闭门不出，因为君士坦丁堡的城墙是永远不会被攻破的。

拜占庭金币，罗曼努斯一世与君士坦丁七世

事实正是如此，听到罗曼努斯上台消息的西美昂一世怒不可遏，立即积极备战，准备次年（920 年）进攻君士坦丁堡。对于西美昂一世的备战，尼古拉斯再次写信给西美昂一世，承认了皇帝的错误，但也指出西美昂一世不惜在基督教兄弟之间战争是不道德的。其实这封信的目的不是和平，根本是想拖时间而已。

西美昂一世可不愿浪费时间，他知道东部色雷斯已经没有可以占领的地方了，所以将矛头指向西方。此时的塞尔维亚以及马其顿已经成为保加利亚的领土，马其顿南部的色萨利便成了西美昂一世的下一个目标。斯希里茨斯（Scylitizes）在其《编年史》中记载："西美昂，这位斯基泰人的国王，打破了与罗马人的约定，在罗马人的土地上转来转去。他一次次地蹂躏和奴役希腊的土地，将自由人的生命随意夺取，仅剩的人们纷纷往南逃去。这里只有埃维亚岛和伯罗奔尼撒半岛没有受到影响。"西美昂寄希望于能够利用蹂躏希腊使拜占庭就范，承认他是拜占庭的皇帝，但是很显然罗曼努斯更加聪明，他宁可守住仅剩的城堡也不与西美昂一世正面对战。

从 920 年到 921 年，罗曼努斯一世与尼古拉斯大教长向西美昂一世发了无数封信，都是用宗教方式劝说西美昂一世停止对拜占庭的侵略。可是西美昂一世就像疯了一样，根本听不进他们的话，一心想进入君士坦丁堡。到 921 年，拜占庭帝国在巴尔干半岛只剩下了 7 座大城市而已，其他都已入保加利亚之手。对此，尼古拉斯又写信对西美昂一世建议，虽然没有成为君士坦丁七世的丈人，但可以选择现在罗曼努斯一世的女儿埃林娜结婚嘛。万一未来罗曼努斯的儿子去世，就有可能让西美昂一世的儿子来当拜占庭皇帝。西美昂一世当然不是傻瓜，他听出来一方面要受拜占庭的制约，另一方面他再也不可能是太上皇，最多也就取得个罗曼努斯一世之下的副手。西美昂一世表示断然拒绝，然后又开始发动进攻，表示要把除君士坦丁堡外的所有拜占庭帝国在巴尔干的领土变成保加利亚的领土。从而希望能逼迫罗曼努斯一世让出皇帝的位置给他。

永远无法攻破的君士坦丁堡

921 年秋，西美昂一世第四次围攻埃迪尔内。当年 9 月，塞尔维亚国王保罗受到拜占庭金银的诱惑，突然改变了对保加利亚的同盟，而转向拜占庭。西美昂一世好像早就预料到了这一切，所以他指派保罗的弟弟扎卡利亚（Zaharija，921—924 年）率领部分军队回援，将保罗的反叛及时镇压了。随后扎卡利亚成为新塞尔维亚国王，保罗被投进监狱。

922 年，塞尔维亚的反叛已经被镇压，西美昂一世又将军队带领到埃迪尔内，试图以这里为基地将君士坦丁堡一举攻破。但是他发现，保加利亚军队虽然非常勇猛，但是因为没有攻城武器和大型军舰的协助，想要攻破君士坦丁堡的城墙可以说比登天都难。因此西美昂一世便派出使者，希望能借助法蒂玛王朝哈里发马赫迪的力量一起进攻。西美昂一世

⊙ 西美昂一世向法蒂玛派遣使节。来自于12世纪约翰·斯基利泽斯的编年史，现存西班牙马德里国家图书馆

的如意算盘是，阿拉伯人善于使用海军，保加利亚人善于使用陆军，只要两支军队一起对君士坦丁堡进行长年累月的围攻，自然能令拜占庭人就范。而且在战争结束后，阿拉伯人势必会回到家乡，并不可能常驻君士坦丁堡，这样西美昂一世就能名正言顺地成为君士坦丁堡的主人，成为拜占庭的新皇帝。西美昂一世的使者到达法蒂玛王朝，立即受到了哈里发马赫迪的欢迎，而且同意与西美昂一世再次签订盟约，法蒂玛不仅从小亚细亚，而且还从意大利进攻，一起将拜占庭置于死地。

可是，事情总是不那么如意。923年初，西美昂一世的签约使者随阿拉伯使节一起从希腊出发准备签约。可是没走多久，大船就被拜占庭人截获。拜占庭人首先将保加利亚使者关进了监狱，随后又盛情款待起阿拉伯使节，表示可以送给哈里发大量金银和礼物，只要求不攻打君士坦丁堡即可。阿拉伯使节曾讨价还价，结果拜占庭人一概接受，这也令哈里发非常高兴。因此，他又派使者回复西美昂一世，说现在法蒂玛王朝的扩张重心集中在

⊙ 今日君士坦丁堡（伊斯坦布尔）

非洲，暂时没有力量去协助西美昂一世一起攻打君士坦丁堡，以前的盟约也就作废吧。西美昂一世得到消息后，气不打一处来，尽管他想跨海去进攻阿拉伯人，但他知道自己的海军根本没那么强大，因此便作罢，准备单独去围攻君士坦丁堡。

拜占庭人记述："这位保加利亚国王，将整个色雷斯地区付之一炬。大多数城市被他占领，君士坦丁堡的陆上补给也被悉数切断。"当西美昂一世的大军来到之前，色雷斯各地的人民便已经向南和向东逃脱了，他们将城市整个整个地抛弃，以至于西美昂一世到来之时竟然到处都是空城。西美昂一世遂将这些城市纷纷烧毁，将君士坦丁堡的一切补给路途全部切断。接着，西美昂一世的军队又将君士坦丁堡的郊区全部扫荡，可是唯一的问题却是君士坦丁堡的高大城墙永远都在阻止着他的进入。

在围困了6个月后，西美昂一世发现君士坦丁堡根本就没有攻陷的可能。因为一大堆源源不断的补给一直在从海上运抵，君士坦丁堡显得越来越强，而西美昂一世的军队则越来越弱。为此，西美昂一世开始于罗曼努斯一世以及大教长通信，表示希望和平。这一年，西美昂一世正好60岁。

在信中，西美昂一世提到了913年的故事，就像一个老人在行将就木之前，还是愿意回忆自己的那些丰功伟绩，希望再次经历一遍。但大教长尼古拉斯却告诉他一切都不可能重现了，西美昂一世现在做的一切其实都是错误的，对于君士坦丁堡这样一个上帝创造的奇迹，怎么心里想的却只有毁灭它呢？之后又用一个基督徒的口吻，对西美昂一世进行了一些劝导。

但我们并不能低估西美昂一世的力量，在接到大教长尼古拉斯的信后他故意装作态度温和：他放弃了拜占庭皇帝宝座的要求，但是要求进入君士坦丁堡与拜占庭皇帝会谈；放弃了土地和年贡的要求，只希望拜占庭赐予衣物和食物即可。其实他却正在打着另一个如意算盘。在围攻君士坦丁堡期间，他偷偷派出使者，对拜占庭地方比较位高权重的将军施以恩惠，希望他们能够在他退兵后再次叛乱，然后依靠宫廷政变将现在的皇帝罗曼努斯一世赶下台。接着，他就可以借平叛之名，来继续干预拜占庭内政。

不过，罗曼努斯一世并不希望西美昂一世再次进入君士坦丁堡，因为那样只会令他的统治趋于消亡，而西美昂一世必将成为真正的拜占庭皇帝。因此，他和大教长尼古拉斯决定不让西美昂一世进入君士坦丁堡，准备在城外的金角湾，找一个比较合适的地方进行和谈。

就在他准备期间，塞尔维亚竟然再次发生了起义。这次起义的就是他刚刚扶上王位的扎卡里亚。扎卡里亚伙同正在崛起的克罗地亚人一起反抗保加利亚的统治，并向拜占庭称

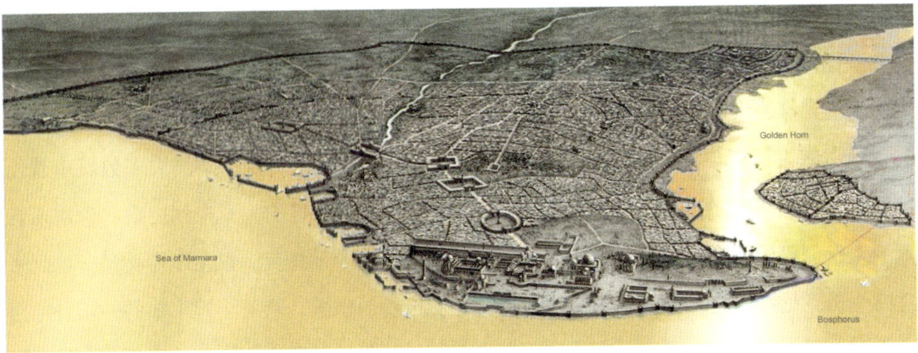

⊙ 中世纪君士坦丁堡鸟瞰复原图

臣。在这个事件中，拜占庭并未对塞尔维亚施以恩惠，完全是由于塞尔维亚人对拜占庭文化的向往，使他们再次做出反叛保加利亚的决定。尽管西美昂一世早已料到这个事实，并留下了其最看重的将军塞奥多拉等人，但在进军中却受到了塞尔维亚人的伏击，全军覆没。保加利亚将军的头被塞尔维亚人送到拜占庭，表示对拜占庭的归降。由此可见，拜占庭人在巴尔干问题上，处理得要比保加利亚人更加高明。对于这个突如其来的事件，让西美昂一世又来了一个措手不及，他立即同意了罗曼努斯一世的要求，同意在金角湾的船上签订和约。

无奈的和平与自编自导的喜剧

923 年 9 月，西美昂一世与罗曼努斯一世互相将战俘交给了对方，随后两人决定在金角湾的最东端修建一个大码头。码头上搭建临时平台，其上有帐篷，两人将在那里进行和平条约的签订。

对于西美昂一世的这个决定，罗曼努斯一世感到非常满意。他随同大教长一起来到哭泣圣母教堂，向圣母祈祷。一群孩子扮成天使，在呼求圣母，罗曼努斯则在圣母面前表示感谢。这时，地板突然涌出了许多水，人们寻找来源才发现，竟然是从圣母的眼中流出来的。罗曼努斯一世知道自己已经感动了上苍，便画着圣符，对圣母表示感谢。其他随从也跪下一起表示了感谢。

9 月 9 日上午 10 时，西美昂一世率领部分军队来到金角湾。他们身着铁甲，携带黄金盾牌和银制长矛，西美昂一世则穿着华丽的拜占庭式长袍，在将领们的簇拥下出现。与之相对，罗曼努斯一世的拜占庭军队身着板铁甲，手持长矛、短剑等，站立在码头上等待保加利亚军队的到来。而元老院的议员们则在城头观看这一切。

罗曼努斯一世见西美昂一世到来，便先期登上平台。西美昂一世也随之下马登上平台。在平台上，两人平和地交谈。罗曼努斯一世先发了腔："我知道你是个虔诚的人，是个真正的基督徒。一个虔诚的基督徒就应该做到爱人如爱己，平和地对待他人。而你现在做的根本就不是这样……你让大量无辜的人为你的妄想牺牲了生命，这不是一个基督徒该做的事。"编年史作家说，正是因为这段话，搞得西美昂一世灰头土脸，不得已而接受了拜占庭的所有要求。后世的作家则添油加醋，自称还有两只老鹰从他们头顶飞过，然后一只去了君士坦丁堡，另一只则去了色雷斯，这个征兆预示着两国对抗的结束。

尽管西美昂一世在君士坦丁堡下炫耀了他的武力与军队，却被罗曼努斯一世的一席话击败了。在回去的路上，他对着君士坦丁堡的城墙哭泣，回想着十几年的梦想又一次结束了。其实，如果西美昂一世敢于双线作战，一方面围攻君士坦丁堡，另一方面镇压塞尔维亚起义，也许历史将会有另一个走向。但西美昂一世没有胆量，也没有能力发动双线作战，最终使拜占庭的皇位离他越来越远。

不过，西美昂一世还是马不停蹄地赶回了保加利亚，因为他还要对塞尔维亚用兵，后院起火可是不容势头变大的。

在保加利亚首都大普雷斯拉夫，西美昂一世与将军们商议，最后决定将塞尔维亚直接吞并。924年初，西美昂举大军3万余人，任命克宁（Knin）、伊姆尼克（Imnik）、伊陀斯维克利亚（ItsVokliy）三人为主将，由博雅阿罗格伯特尔伯爵（Alogobotur）率领直抵塞尔维亚边境。塞尔维亚的扎哈利亚斯国王刚一听到消息，知道西美昂一世此举旨在灭亡塞尔维亚，便立即收拾行装，逃到了克罗地亚，抛弃整个塞尔维亚任由保加利亚军队横行。保加利亚将军将塞尔维亚全部占领后，伯爵便邀请各地大祖潘（Zupa，塞尔维亚语即族长）汇聚在一起，宣告塞尔维亚已经由保加利亚统治，大祖潘们应对西美昂一世负责。

西美昂一世将塞尔维亚消灭后，本想马上撕毁与拜占庭的合约，再次发动战争，但是保加利亚牧首利奥提乌斯一世（Leontius I，919—927年在位）却向他建议暂时不要发动战争。据他所知，因为连年的战争，各地人民已经怨声载道，如果继续打仗的话，不仅不能让拜占庭屈服，更可能爆发连绵不断的人民起义，现在塞尔维亚可能只是个开始而已。西美昂一世深以为然。

925年6月，西美昂一世自编自导地宣布自己是"保加利亚人和罗马人的皇帝"，并由保加利亚牧首利奥提乌斯一世在奥赫里德大教堂正式加冕。接着，他用强硬的口气写信，要求拜占庭承认他，否则将继续兴兵。罗曼努斯一世仗着西美昂一世从未攻进过君士坦丁堡城墙，以及东正教牧首在君士坦丁堡这两点，坚决不同意西美昂一世的建议。并

⊙ 加冕后的西美昂一世，保加利亚画家胡德·贝尔巴托夫 1927 年的作品

说，只有当西美昂一世将整个巴尔干半岛攻下来之时，才会承认他的皇帝称号。西美昂一世心知肚明自己根本不可能攻下君士坦丁堡，便转而要求拜占庭增加年贡和割让土地等，又获得了一些好处。不过，令他惊奇的是，没有得到他的信的教皇竟然宣布同意西美昂一世成为皇帝，枢机主教梅达倍图斯和约翰公爵两人携带着皇冠和权杖，在大普雷斯拉夫专门为西美昂一世举行了一次加冕仪式。希望他在未来能履行拜占庭没有履行的职责，成为整个欧洲东部的真正宗教领袖。不过同时西美昂一世也要承认教皇的绝对权力。

波斯尼亚高地战役

塞尔维亚国王逃到克罗地亚后，立即煽动克罗地亚与保加利亚的战争。据说，原本克罗地亚人生活在乌克兰南部，隔河与东面的保加利亚祖先、北面的塞尔维亚祖先相邻。后在民族大迁徙中迁到白克罗地亚（即加利西亚地区），626 年拜占庭皇帝希拉克略一世邀请他们到达巴尔干半岛的西北部成为抵御其他蛮族，特别是马扎尔人入侵的屏障。9 世纪末到 10 世纪初，克罗地亚逐渐崛起，形成了一个克罗地亚国家。到托米斯拉夫一世（Tomislav I，910—928 年在位）在位时期，克罗地亚成为保加利亚在西北部除马扎尔人外的另一强邻。塞尔维亚国王逃到克罗地亚的时候，发现托米斯拉夫一世正在寻求独立，不想再成为保加利亚的藩属国。而此时，托米斯拉夫一世正在积极与教皇约翰十世（Popo John X）接触，希望获得教皇支持，从公国变成王国。塞尔维亚的扎哈利亚斯国王到来之时，克罗地亚南部的达尔马提亚已经成为教皇的领土，克罗地亚正在成为孤悬于东正教世界的天主教国家，受教皇庇护无疑是最好的选择。所以两人一拍即合，积极背离与保加利亚的联盟。

对于克罗地亚反对保加利亚的政策，拜占庭也感到非常高兴，便从海上派遣使者与克罗地亚结成联盟，希望克罗地亚人与马扎尔人能从北方与拜占庭一起夹攻保加利亚。尽管拜占庭人认为自己做得天衣无缝，但是在随后与西美昂一世讨论关于是否承认其皇帝的事情上，却有意无意地透露出了这个消息。在派出间谍刺探后，西美昂一世得到确切消息，便欲兴兵打击克罗地亚。

在承认西美昂一世为皇帝的同时，教皇约翰十世也承认托米斯拉夫一世成为国王。但条件是克罗地亚和达尔马提亚教会不允许使用斯拉夫礼仪，必须改为拉丁礼仪。925 年末，托米斯拉夫一世同意了该要求，成为克罗地亚首任国王。同时他宣布全国使用拉丁礼仪，只有在当地确实没有拉丁主教时才允许使用斯拉夫礼仪。随后，约翰十世举行了一次礼仪会议，但是托米斯拉夫一世并未参加。

成为国王后的托米斯拉夫一世积极充当教皇在巴尔干发展势力的急先锋，同时，拜占庭为了抗衡保加利亚，也拉拢克罗地亚，许诺给予各种好处。一时，克罗地亚成为各方力量在巴尔干角逐的中心点。西美昂一世当然也明白这个道理，所以他假借征讨塞尔维亚逃亡国王，大举陈兵克罗地亚边境。

926 年初，阿罗格伯特尔伯爵率领 3 万余保加利亚军队进入克罗地亚东部的波斯尼亚地区。相应地，托米斯拉夫一世也派出数万军队进行抵御。据拜占庭人记载至少有 16 万人，但很可能是小数点计算错误，更可能是 1.6 万人。两军于波斯尼亚高地相遇，史称波斯尼亚高地战役（Battle of the Bosnian Highlands）。

⊙ 波斯尼亚高地战役示意图

该战役约在今波斯尼亚弗拉希奇山附近的弗拉希奇镇打响。克罗地亚人凭借先发优势，先于保加利亚人进入战场。其中，根据地形由骑兵占据了附近的四五个山丘隐蔽起来，进行埋伏，其余大部分主力，则横在山之间的狭窄通道地区，与保加利亚军队形成对抗模式。当保加利亚军队进入战场时，克罗地亚军队迅速后退，将保加利亚军队引入到山谷之间的狭窄通道内。阿罗格伯特尔伯爵求胜心切，一直追击到山谷之间，正当保加利亚军队完全进入之时，克罗地亚骑兵突然从山上冲下，将保加利亚军队冲散，而阿罗格伯特尔伯爵也在乱兵中被杀。这一战令保加利亚军队全军覆没。

对于这场战役的失败，西美昂一世十分震怒，欲亲自发兵攻打克罗地亚。就在此时，教皇的特使约翰公爵又再次前来，希望能作为两国的中间人，使两国和解。约翰公爵认为保加利亚的主要对手还是拜占庭，而不是克罗地亚，而且现在的保加利亚也已经获得了相当多的领土，没有必要再扩张了。在陈述了利害关系后，西美昂一世暂时收起了进攻克罗地亚的想法，转而整理军队，防备拜占庭的突然袭击。而随后的马其顿起义，也令西美昂一世着实烦恼了一段时间。而克罗地亚国王托米斯拉夫一世也害怕西美昂一世再次卷土重来，便与拜占庭停止了盟友关系，而改为与保加利亚成为盟友。

⊙ 大普雷斯拉夫的金色圆形教堂

⊙ 大普雷斯拉夫的金色圆形教堂复原图。来自大普雷斯拉夫宫殿遗址展板

去世与评价

在失去拜占庭皇帝梦与克罗地亚的失败后，西美昂一世开始消沉起来，不过他仍旧没有放弃继续围攻君士坦丁堡的企图，甚至还命令将军们严阵以待，等两年后再次由他率领军队直抵君士坦丁堡。但是，他于927年初得了重病，只好由其妻弟乔治·苏尔苏沃尔（George Sursuvul）暂为代理朝政。

927年5月27日，西美昂一世心脏病发作，崩于首都大普雷斯拉夫。也许在死前，他还在梦想自己有一天能跨马持刀杀入君士坦丁堡，坐上拜占庭皇帝的宝座。6月，在金色圆形教堂为他祈祷后，他被埋在大普雷斯拉夫城外的皇家墓地。

据拜占庭史书记载，927年5月，拜占庭星象学家约翰夜观天象，发现西方有一颗流星坠落，便向罗曼努斯一世报告说："西方流星的坠落，象征着西美昂的去世。我们皇宫顶上那个俯瞰西面的雕像，就是西美昂，如果您能下令将其头砍下，那么西美昂也将在同一时刻死去。"罗曼努斯一世听说非常高兴，立即下令将雕像的头砍掉，几天后他获得西美昂一世已经去世的消息。

西美昂一世所处的时代可以说是保加利亚第一帝国的黄金时代，无论是政治、军事还是文化，都可以说是中世纪保加利亚的顶点。他一手创造了一个大帝国，使保加利亚国土从喀尔巴阡山延伸到爱琴海，从黑海直到亚得里亚海，广阔程度与同时期的拜占庭帝国几乎相等。当然，获得如此大的领土，必然也和他对战争的向往相关。在军事上，西美昂统治时期除第一次和最后一次战争外，几乎没有败绩，其实是全凭其对于拜占庭军事制度的理解与发扬光大。特别是他进行的改革，几乎将整个保加利亚翻了一个个儿。他创造的军事名词如将军（Voivodes），到拿破仑战争前仍旧为俄军所使用。西美昂一世创建的征兵制度、军事规定等则成为除拜占庭外的整个中世纪巴尔干各国的蓝本。

但是，西美昂一世的长期战争也为巴尔干半岛带来了巨大的灾难。在他统治时期，几乎每年都在与拜占庭战斗，大量沃土成为焦土，城市更是被多次洗劫。而其真实的目的竟然只是为了争夺拜占庭皇帝的称号。对于巴尔干诸民族来说，这就是一场浩劫。而且连年征战国库空虚，到彼得一世（Peter I，927—969 年）即位时早已捉襟见肘，而各地又起义不断，可见用武力硬拼出的地图根本不会长久。

如今在东欧各国，甚至是英法等国，西美昂一世的名字还是常被人们提起的。在电影、电视剧、歌剧和文化节目中，西美昂一世一直作为一个武力强权者的面目呈现出来，或多或少地也代表了一部分人对他的认同。

“军神”神话的破灭

——上杉谦信的真相

作者：秋风萧落

⊙ 武者无类·弹正弼上杉谦信入道辉虎

⊙ 太田道灌画像

一、臼井城之战

位于下总国的臼井城，是周围约一公里的连郭式平山城，依赖城周围的深堀与陡峭的山崖，以及印幡沼的沼泽地形成要害。此地易守难攻，又在战略位置上占有重要地位，故屡兴兵革。早在文明十一年（1479年）正月十八日，扇谷上杉家的名将太田道灌，就攻略过此城，当时的臼井城城主是臼井氏族的备前守俊胤（《千叶大系图》）。太田道灌率军1万余人渡过市川前来攻打臼井城，道灌是当时关东名将，为时人所敬服，又身率大军，所以胜券在握。臼井俊胤闻知后，并未惊慌失措，而是从容修缮守备。本来太田道灌认为区区臼井小城并不在话下，熟料使尽计略攻城，大战十余度，春过秋来，相持数月，硬是攻而不克。七月十五日，关东数国遣军来援臼井俊胤，遂与太田道灌与此日展开大战，竟致道灌大败，使其遗尸数百而去，道灌之弟太田图书助也在此战当中战死。《千叶大系图》形容此战太田道灌败战时的窘境说“道灌脱力，攻军失利败北”。一代关东名将太田道灌，竟然在一座小城臼井城下遇挫而败。在近百年之后，另一位名声大噪的战国名将，上杉谦信，他的铁骑也将踏入下总国臼井城。等待他的，又是未卜的命运……

时值永禄七年（1564年）第二次国府台之战，北条氏康击败横据房总的大名里见义弘后，北条家在关东地区的势力扩张到了上总、下总的部分领域。上杉谦信为防止北条氏康在上总、下总的进一步扩张，遂与里见义弘联合，欲共同夹击北条氏康。但是里见家自第二次国府台之战败于氏康之后，士卒凋零，军马疲惫，此时在战场上屡屡被北条军击退，已经不堪一击。这使得上杉谦信必须亲自攻打下总，以防止北条进一步扩张，同时也缓解里见氏的压力。其兵锋首先指向的，便是曾经在文明十一年（1479年）让太田道灌大尝败绩的臼井城。此时的臼井城历经几代易主，为下总千叶氏所有，千叶氏附属于北条家。

此次出阵，谦信得到了受北条家压迫的众多关东豪族的响应，参与攻打臼井城的上杉军阵容如下：

谦信本队——人数不明

结城——200人

小山——100人

榎本——30人

佐野代官——200人

横濑——300人

长尾但马守——100人

成田——200人

广田——50人

木户——50人

梁田——100人

富冈主税助——30人

北条丹后守——人数不明

沼田众——人数不明

房州众——500人

酒井中务丞——100人

太田——100人

野田——50人

宇都宫（代官）——200人

佐竹（同心共代官）——200人

（以上记载根据《赠从二位上杉辉虎公记·上》，第341—343页，引《浅间文书》。）

⊙ 上杉谦信的标准画像

⊙ 臼井城周边图

以上有据可查的，合计 2510 人。但这远远不是上杉联军的总数，仅是趁机附属于上杉军的部分关东豪族的兵力。关于谦信的本队人数，以及北条丹后守高广、沼田众的人数，都没有被记录。根据《镰仓九代后记》的记载，此次攻打臼井城，上杉军一共动用 8000 多人，这应当是实数。

根据《大日本史料第九编之九百一十册》引《关八州古战录》的记载，臼井城之战的经过如下：

上杉谦信以馆林城的长尾新五郎显景、小泉城的富冈主税助重朝为先阵，率军经过武藏，渡过下总葛饰郡松崎城、户张城交汇的河川，首先攻克同郡的小金城，之后直薄臼井城。此时守卫臼井城的是千叶氏家主千叶亲胤的宿老，原上野介胤高。原胤高见上杉军之至，遣使求援于千叶家本城佐仓城，催促其尽快出动援军。佐仓城内的千叶亲胤派遣家臣椎津主水正、椎名孙九郎率领五百余援军前来赴援，居住在臼井城南方的大和田砦的土豪松田孙太郎康乡，素有勇名，此时听闻臼井被围，也率一百五十人来救援。但两支援军加起来，总共也就六百五十人，在谦信的大军面前，显得有些杯水车薪。松田康乡是附属于北条家的下总豪族松田筑前守康定的次子，平常喜爱穿朱具足，戴饰有金鹿角的兜鍪，数度于战场上斫敌奋杀，其勇猛使敌人惊呼为“北条家之赤鬼”(此威名在臼井城之战前便有了)。

四月二十四日傍晚，上杉军吹响锣鼓，开始向臼井城发起进攻。此时的臼井城内，有一个叫臼井四郎左卫门入道净三的人，他的上方是三好三人众之一的三好日向守长缘，此时被长缘允许在下总千叶领内作为武者修行。这时臼井城内的指挥权已经被交到了他手中。白井净三知晓卜术，占了一卦，此战对千叶方有利，于是城中人心始定。

净三指挥调度军事，先以弓铳铁炮射击城外的上杉军，使其暂时后退；再打开城门，以原式部少辅胤成（原上野介胤高长男）、高城下总守胤辰为先锋，率先突出城门，与上杉军先锋长尾新五郎显景、富冈主税助重朝交战。此时上杉军中上野沼田众的藤田能登守信吉、三方兵库助正秋、石毛平马允将之、森下三河守等毁掉白井城外的外曲轮，使得白井城的城防遭到重大威胁。在白井城内固守的佐久间主水佐、松田孙太郎康乡见状，亦开城门突出，与沼田众交战。松田孙太郎康乡手持大长刀，亲自杀死沼田众六七人，之后又换用铁棒，敲击骑马武士，将沼田众杀得尸山血海，上杉军为之辟易。上杉军中的头号猛将本庄繁长不甘相让，进前直搏松田军，使松田孙太郎康乡所部造成了一定死伤，松田所部槁本传左卫门、荫山新四郎怀云觉等人战死，余众溃退回白井城中。眼看战况不利，此时突然下起大雨，上杉军停止攻城。白井胤治大声疾呼，宣称这是上天让上杉军早日败军撤还的吉兆，以此激励军心。并且趁机将许多老弱之兵排到最后，将充满杀气长相的士兵排在最前面，让上杉军认为白井城士气愈发高扬。而谦信没有察觉到这些异象，反而很奇怪为何白井城内士兵越打越多。

翌日，上杉军重启攻势，再度对白井城发起进攻。上杉先锋长尾新五郎显景先行率队破坏白井城外壕沟内的障碍物逆茂木，越过壕沟，逼近城门外。正当大队齐列城垣下准备攀登时，突然城壁崩裂，数百名上杉军一瞬间被压死，霎时大乱。谦信见机不利，遂令吹响锣鼓撤军。趁此时刻，军心大涨的白井城守兵纷纷开门突出，追击溃走的上杉军。松田孙太郎康乡身穿红色的朱具足，骑黑马，率先突入敌阵，持大长刀砍杀逃窜的上杉军，原式部少辅胤成亦率四五百人进行追击，两人的奋战使得上杉军节节败退。最后在厩桥城代北条高广、越后新发田城主新发田治长等殿军断后奋战之下，才挡住松田康乡、原胤成疯狂的追击，并使松田、原付出死伤一百人的代价而撤退。

⊙《甲越勇将传》所绘本庄繁长

上杉谦信一路溃逃到上野，回忆起身着朱

具足的松田康乡的恐怖，心有余悸地说:“传闻岩舟山住着的红魔鬼，难道就是他？”之后，听闻此战功的北条氏政，亦感赏松田孙太郎康乡之功，并加赐其二百贯领地。

以上就是《关八州古战录》一书当中叙说的臼井城之战。

虽然《关八州古战录》的记载言之凿凿，说是在臼井四郎左卫门入道净三的统筹指挥下，才致使谦信大败。但严谨地说，这种说法未必可靠。根据《关八州古战录》的说法，白井净三是三好长缘的家臣，此时获主上允许，作为武士修炼，而寓居于下总臼井城。但即使如此，面对攸关千叶家生死的臼井城之战，千叶家怎么会允许让一个外来人临时充当笼城的大将，并全权授予军事？而“白井四郎左卫门入道净三”这个人的相关史料非常稀少，几乎没有一手史料能证明此人的存在，是否有这个人，尚且还是个问题。并且《关八州古战录》一书成书于江户时代的享保十一年（1726 年），严格地说是后世史料，而且是军记物作品。虽然臼井城之战是确实存在的事实，谦信战败亦无可置疑，但是此战描写的细节部分，恐怕增添了许多后人为获得谈资而加上去的内容，这些应当不是事实。而“白井四郎左卫门入道净三”的存在，就是一个显例。从严谨的角度考虑，笔者认为，传统说法当中在臼井城之战中大显神勇，让谦信大败而去的这位白井净三（白井胤治），很可能在事实上并不存在，是个比同类军记物作品《北越军记》中的“宇佐美定行”和《甲阳军鉴》中的“山本堪助”，更加梦幻和传奇的人物。

虽然《关八州古战录》将臼井城之战的过程描写得非常精彩，但是这些细节部分，恐怕并非是实录，后人做了太多的文学添加。当然这种情况亦是不可避免的，类似战国

⊙《甲阳军鉴》中武田信玄的军师山本堪助，其存在与否也一直存在争议

⊙ 上杉谦信画像

名气最大的合战——永禄四年（1561 年）九月的第四次川中岛之战，尚且被众多的军记物语进行了文学创作、演绎，已经偏离了历史上本来的面目，后人直到现在也没完全搞懂此战的真相如何，更何况被瞩目程度远不如臼井城之战呢！

⊙ 安政五年（1858 年）出版的《成田名所图会》中绘制的上杉谦信败走臼井城的场面

回头说臼井城之战上杉军的死伤情况，在谦信一开始撤退时，北条氏政就对武田信玄声称"敌军死伤数千人"（《诸州古文书》），氏政写给松田孙太郎康乡的感状当中提到"敌军死伤五千人，第二天战败"（《小田原市史·资料编·小田原北条·北条氏政感状》），古河公方足利义氏则寄信给部下丰前山城守说上杉军"二十三日失利，五千余人死伤，二十五日败北，将押送俘虏以候"（《丰前氏古文书抄》）。总之，根据北条方的记录，上杉军死伤达数千。

而根据《海上年代记》的记载，则称上杉军"房州人数三百余人被打死"，仅仅战死 300 余人。不过，这里的"房州"，仅指亦参与了此战的房州众，不包括整个上杉联军的死伤在内。根据《赠从二位上杉辉虎公记·上》第 341—343 页引《浅间文书》，臼井城之战，协助谦信参战的房州众一共 500 人，而据《海上年代记》，其一共战死 300 人。从中可窥见上杉军的伤亡比例相当之高。北条氏所言上杉军一共死伤数千云云，恐非虚言，当是实情。但战死 300 人也好，死伤 5000 人也罢，谦信是彻彻底底地输了。

尽管臼井城合战并非谦信生平最大之惨败，却是他最出名的败仗（没有之一），为众人所津津乐道。多年来，在日本的一些论坛上，一直有很多网友为此争论不休，甚至有的相关话题帖超过了一千楼。但时至今日，他们之中依然还有很多人从感情上不愿意接受这样的结果，甚至编造出了"臼井城之战谦信不在场，攻打臼井城的是长尾显长"这种没有事实根据的谎言欺人欺己。这又十分搞笑，长尾显长出生在弘治二年（1556 年），一般通说臼井城合战发生在永禄九年（1566 年）。上杉谦信怎么可能会让一个当时刚满十岁的小孩充当总大将去攻打臼井城呢？而我国国内目前出版的一些著作中，偶尔提及臼井城之战的，也受到了这种谣言的蛊惑，说是长尾显长作为先锋参与了臼井城之战，这是完全没有事实依据的。

但臼井城合战的问题根本不在于"谦信败了""死伤多少"，而在于发生的时间与次数。这点却往往被人忽视了，虽然各种史料对于结果的记载是一致的，但是对于臼井城合战的确切发生时间甚至次数，说法却频生抵牾，相互矛盾。主要有这些说法：

永禄六年四月说——《北越军记》《上杉家谱》《关八州古战录》；

永禄七年三月说——《豆相记》《关侍传记》《诸国废城考》《镰仓九代后记》；

永禄九年三月说——《越佐史料》；

七年九年并存说——《千叶大系图》《续本朝通鉴》《下总国旧事考》《史料综览》。

我们根据这些史料的记载，一一进行检证。

《北越军记》《上杉家谱》记载上杉谦信于永禄六年（1563）四月入下总，攻打臼井城，而不载胜败（讳败之故），直接记载于当年五月回到越后。《关八州古战录》虽亦记载于永禄六年四月发生臼井城合战，但补充了战役过程和谦信战败这一结局。

《北越军记》《上杉家谱》叙述臼井城之战，应为同一史料来源，《关八州古战录》附会其日期，以书臼井城之战事。而根据《越佐史料》所收录的《伊藤本文书》《栃木县厅采集文书》《白川文书》《御列祖史略》《诸国古文书抄》，上杉谦信于永禄六年四月联合佐竹义昭、宇都宫广纲攻打下野的小山秀纲和佐野昌纲。时间跨度从四月十五日到二十五日。

而按照《北越军记》《上杉家谱》的记述，上杉谦信于永禄六年四月攻打下总臼井城，并于五月返回越后。与《越佐史料》所引述之史料的时间对不上。此说当不可取。

⊙ 现代展出的上杉谦信盔甲

支持永禄七年（1564年）三月说的有《豆相记》《关侍传记》《诸国废城考》《镰仓九代后记》，但与今日通说的永禄九年说（1566年）不符合。那永禄九年说最早出自哪里呢？

《越佐史料》是目前所见支持永禄九年（1566年）三月说的最早的史料。《越佐史料》本身是史料集成性质的史书，并非是自己展开叙事的史料。此书将臼井城合战规划在永禄九年三月份，所依据的是此书中收录的较为原始的《上杉古文书》《历代古案》《鍐阿寺文书》《舟桥乡大神宫文书》等史料作为证据。

但是非常奇怪的是，《上杉古文书》《历代古案》《鍐阿寺文书》等史料原文中关于臼井城之战的相关记载，都只有写明日期而未标注年份，年份是《越佐史料》编纂时自行添加上去的。事实上只有《舟桥乡大神宫文书》写明了是永禄九年三月，不过这则文书也没有提到臼井城合战，只是写到河田长亲在神社前发誓会约束和禁止上杉军在下总发生“滥妨狼藉（抢劫杀掠）”的行为。换言之，臼井城合战发生于永禄九年三月，也仅是《越佐史料》的推测。且《越佐史料》一并收录了《千叶大系图》《诸国废城考》的记载，这两本书的原文都是将臼井城合战记载为永禄七年发生，但是《越佐史料》径自篡改原文，将其修改为永禄九年。这种对史料进行编纂的态度，实在是不可取。

至于《历代古案》则更显疑窦重重，记载臼井城之战的书状落款日期为四月二十日，在时间上与通说中发生于三月的臼井城合战相距太远。实则《越佐史料》于此处辨析不

⊙ 浮世绘中的上杉谦信

明。越后流军学者的《北越军记》等军记作品成书在最前，题材专写上杉氏兵事，在资讯并不太流通的江户时代很受追捧，许多不实的内容甚至影响到了后来米泽上杉家修史时的《上杉家谱》《谦信公御年谱》《历代古案》等书，被一并收录进去，其中亦不乏越后流军学者人为伪造的感状（后文会详说）。故《历代古案》所收书状中记臼井城合战，落款于四月二十日，实对应《北越军记》《上杉家谱》中臼井城合战发生于永禄六年四月之说。《北越军记》《上杉家谱》记载臼井城合战发生时间之谬误，前文已辩。此亦同。此处《越佐史料》不辨事实，归纳当有错误。

总而言之，《越佐史料》所收录诸史料，《历代古案》在时间记述上有问题，不能证明臼井城之战的确切日期。《上杉古文书》只标注了月份而未标注年份，其内容也仅是提到二月攻打小田氏治，没有提到臼井城，不能证明臼井城之战发生于永禄九年。《舟桥乡大神宫文书》虽注明年份和月份为永禄九年三月，但也没有一句话提到臼井城之战，只是在神社前发誓说上杉军不会在下总抢劫杀戮，会约束军纪。《千叶大系图》《诸国废城考》原文皆记为永禄七年发生臼井城之战，却被《越佐史料》强行篡改为九年。只剩下《鑁阿寺文书》较有价值，可证明臼井城合战之发生。但其落款日期亦仅记有月份，而未记年份，不能辨其为永禄七年抑或九年之记录。

最后剩下的是永禄七年、九年并存说。《千叶大系图》《续本朝通鉴》《下总国旧事考·千叶氏世纪》《史料综览》将永禄七年、九年之臼井城合战并存。意即发生两度臼井城合战，且谦信皆败北而走。

《千叶大系图》记两次臼井城之战如下："（永禄七年）同三月谦信攻臼井城，胤富对阵，悉讨之。同九年三月，谦信、结城晴朝率多兵袭来臼井。胤富出张突战，敌败退。"

《续本朝通鉴》记两次臼井城之战如下："（永禄七年三月）谦信到下总围攻臼井城，此城原氏所守也。原氏者，千叶介国胤部下也。然以兵众，故过于国胤。国胤豫闻谦信来攻，遣椎津氏、椎名氏为援兵，北条氏康亦令松田氏（号孙太郎）救之。既谦信率大兵围城，原氏先战而退。松田氏继之，破谦信先锋，到麾下。越军败走，松田追之，多得首级。谦信引兵归国，氏康赏松田战功加采地。此役，松田朱凯挥长刀，手斩敌七人，其马伤而倒，而徒步力战。谦信感其勇曰，彼赤鬼也。自是号鬼孙太郎。"、"（永禄九年）三月，上杉谦信攻臼井城，结城晴朝会焉。使其部下水谷胜俊为先登，城主败而走之。"

《下总国旧事考·千叶氏世纪》记两次臼井城之战如下："（永禄七年）三月谦信攻臼井不克。九年二月，谦信及结城时朝围臼井，臼井久胤从焉。谦信筑对城迫之，胤富及氏康援臼井。城主胤定坚守不陷，谦信等遂败退。"

而作为《大日本史料》编纂提纲的《史料综览》一书，亦分别将臼井城之战分为永禄七年（1564年）和九年（1566年）两次共存，代表了修史馆的立场。查看《大日本史料第九编之九百一十册》本书，《大日本史料》的编修者在判定第一次臼井城合战的发生时间时，亦舍弃了《北越军记》《上杉年谱》《关八州古战录》等书中发生于永禄六年（1563年）四月的说法，而采纳《豆相记》《千叶大系图》《镰仓九代后记》等书的说法，认为首次臼井城合战发生于永禄七年三月。而在判定第二次臼井城合战的发生时间时，《大日本史料》则引用了《越佐史料》中引用过的《鑁阿寺文书》《上杉古文书》，等史料，以及新找出的《意富比神社文书》，再综合《千叶大系图》中臼井城之战于永禄九年（1566年）发生第二度的记载，得出了九年说为第二回度合战的结论。

既然官方修史者都这么认为，那么经过审慎的考虑，笔者认为永禄年间的臼井城合战在事实上可能确实曾发生过两次，其结果都以上杉谦信的失利败北而告终。

但归根结底，臼井城合战发生在哪一年，谦信输得有多惨、死伤多少、究竟是不是输过两次，这些都不是最重要的。如果仅是这些因素，臼井城合战失败的意义最多仅是一场或两场战术失利的战役。但臼井城的惨败，意义远远大于此。因为臼井城的战败，常陆小田氏、下总结城氏、下野宇都宫氏和小山氏、武藏忍成田氏、上野新田由良氏、下野皆川氏、上野小泉富冈氏、上野馆林长尾氏、下总关宿梁田氏、森屋相马氏、上总土气酒井氏等全部投靠到了北条麾下。不仅如此，上杉家重臣、上野厩桥城主北条高广也倒向了北条。随着永禄九年武田信玄攻落了上野箕轮城，永禄十年（1567年）白井长尾、总社长尾的没落，上杉家在关东的势力圈急剧缩水，只剩下了武藏羽生城、桐生佐野氏、下野佐野氏等有限几家，与当初上杉军刚杀入关东的威势不可同日而语。

而谦信万万不会想到，类似的局面，在多年后的天正二年（1574年），又因关宿、羽生二城的陷落，重新上演了一次……

二、关宿、羽生之落城

位于下总的关宿城，是古河公方足利氏的家老梁田晴助的居城。关宿城地处隅田川和常陆川的结点，是南北关东之间的交通要冲，北条氏康甚至做出过“得关宿一城等若一国”的高度评价。在永禄十二年（1569年）越相同盟之后，历经多年关东纷扰战乱的关宿梁田氏（中间不停地在北条、上杉之间摇摆），再度从属于上杉家。

梁田晴助对北条家一直怀有积怨，不满过去北条氏康挟以武力，废除主家足利晴氏

⊙ 北条氏康画像

的嫡子足利藤氏的继承人地位，而改立庶子足利义氏（氏康之妹芳春院与晴氏所生，亦即氏康的外甥）为“古河公方”。梁田晴助为何对此有怨言，并不是他多忠心于旧主，而是因为足利藤氏是他妹妹和足利晴氏所生的儿子。拥有梁田氏血缘的足利藤氏被废除了继承人的位置，而改立拥有北条氏血缘的义氏，此消彼长，从长久看，意味着梁田晴助对古河公方家的控制和影响亦会受到重大挫折。其实梁田晴助本质上的想法和北条氏康一样，都是在意古河公方的继承人选对自己有利与否。

拥有北条氏血缘的足利义氏的继立，意味着在事实上古河公方的地位被彻底架空，从而造成北条氏“挟古河公方以令不臣”的情况。而原公方足利晴氏，也因不愿做氏康的傀儡，而在天文二十三年（1554年）举兵，与其嫡子足利藤氏反抗北条家，但是兵败被执，被幽禁于相模波多野。至于新公方足利义氏，其继立本身便让梁田晴助非常不满，而且两人的关系确实又非常不好（命中注定如此），曾一度因为领地问题发生争执。

元亀三年（1572年），越相同盟宣告破弃。垂涎关宿城的北条氏政在翌年天正元年（1573年）对其发起攻击，但未成功。在积怨已久的情况下，梁田晴助和上杉谦信、佐竹义重通谋，欲拥立足利晴氏的另一个儿子足利藤政夺取足利义氏所在的古河城，奉其为“古河公方”之正朔。其实梁田晴助和上杉谦信本质上都是想做第二个北条氏康，只不过这次是联合起来，想用更加极端的手段。之后，被北条家压迫的下野大名小山秀纲、宇都宫广纲等亦响应这项计划。但是未等梁田晴助对足利义氏发难，察觉到变数的北条氏政就率先动手了。天正二年（1574年）正月，北条氏政再度率军攻打梁田氏的关宿城和水海城，并在二月派遣北条氏繁攻击上杉家在武藏的据点羽生城。于羽生城笼城的城守木户忠朝，以及关宿的梁田晴助，急忙遣使向上杉谦信请求援军。

三月，上杉谦信率军从上野沼田开拔，赴援武藏羽生城。经上野向武藏进发，首先要面对的就是附属于北条氏的由良家。谦信于三月十日展开攻略，首先攻陷了由良家的女渊、赤堀、善、山上等城池，之后又攻打深泽城、御览田城。足利义氏闻警，使由良成繁紧急森严戒备。谦信对由良成繁异常轻视，遥想永禄九年（1566）时，谦信出阵上野，一度攻破成繁所领的新田、金山诸邑，并在反抗其“义”旗所向的猿洼一地大肆屠戮，将此地男女悉数杀戮（《上杉古文书》），彼时由良成繁只能眼看着自己的领地遭其践踏、摧破，困窘之余屈居于谦信之下，无所作为。此时更何以为惧！若不是由良成繁在永禄十年（1567年）趁机依附北条氏，恐怕如今上野金山诸城还是作为谦信攻略关东的一个跳板罢了！轻蔑之余，谦信遂勒兵进逼由良家本城金山城，熟料由良成繁同其子国繁悍御城池，谦信久攻不克，遂在四月收军而退。

撤金山城之围后，谦信于四月中旬往馆林移动，在利根川岸边的大轮布阵。只要渡过了利根川，就能到达武藏，羽生城也近在眼前了。北条氏政听说后，急忙出军应击上杉军，在武藏本庄布阵，与上杉谦信隔利根川对峙。

此次利根川对峙，上杉谦信写信给正在羽生城笼城、苦等援兵的木户忠朝说：“连续几日裹足不前，是因利根川涨水无滩可渡，试渡其他江河也不成，终日寻找浅滩不得。时日耽搁非不诚信也，只因陆路不畅。”（《群马县史》）

信中描述了因利根川涨水，无可渡河之浅滩。上杉谦信把这种情形描述为“陆路不畅”，从中可以看出利根川涨水而导致陆路交通断绝的窘境。

对于上杉方的状况，北条氏向白川氏通报战况道：“雪水融化，水位上升，无人马可渡之口。往返于河岸，无法与上杉一战，而上杉势遂退回越后国境边之沼田。”（《群马县史》）

由此信可知，与上杉谦信一样，北条军也无法越过利根川，与谦信一战之念遂作罢。

⊙ 利根川俯瞰图

⊙ 日本六十余将·越后上杉辉虎

然而信中对于无法渡河的原因写得明明白白是“雪水满水”，指的就是春天的积雪融化而导致的利根川水位上涨。但总之，因利根川涨水，两军都没有行动并且都后撤。扫荡了部分地域后，上杉谦信于四月底回到越后，整个过程中，没有对羽生、关宿进行直接支援。虽然上杉谦信向羽生城笼城的木户忠朝、木户重朝、菅原为繁三将一再表达“北条、武田我上杉都不惧”的意思，但仅限于吹吹而已。

趁谦信退军，无后顾之忧，北条氏政继续率军攻打关宿城。但是关宿城也因为有河水相隔，并不容易攻打，于是氏政转入下野，攻打与梁田晴助、上杉谦信沆瀣一气的小山秀纲、宇都宫广纲所属诸城。常陆的佐竹义重知晓后，派遣其家臣真壁氏干出兵来救援小山、宇都宫，与北条氏兵相战，颇有所斩获。但是小山秀纲、宇都宫广纲仍然慑服于北条氏政的大军，不敢以卵击石，遂投诚纳款乞降。氏政见也无他利可图，乃收兵而还。

此时与梁田晴助、上杉谦信等人合谋之一的佐竹义重正与芦名盛氏在陆奥南乡对峙，相持不下。谦信为了谋求救援羽生、关宿的援军，而在六月七日通过真壁氏干接触佐竹义重，劝说其与盛氏议和，转而协助自己的关东事务，但是遭佐竹义重拒绝（《宇都宫文书》）。直至是年十一月，以下总大名结城晴朝为中介，劝和佐竹、芦名二家，佐竹义重方与芦名盛氏议和，收兵而归。作为中间调解者的结城晴朝此时已经被谦信策反，叛离北条家，附属上杉家，这次由其主导议和的背后指使者自然也很可能是谦信，目的是为了说服佐竹义重参与到自己的关东事务（救援羽生、关宿）中来。

七月，北条氏政再次出兵攻打关宿城，遣北条氏照督武藏、下总之兵屯于栗桥，在利根川上建造舟梁，便于渡河，并使北条氏邦屯钵形城、北条氏繁屯岛村，使钵形城、栗桥、岛村首尾呼应，以备谦信。二十七日，关宿城内的兵士山崎弹正、忠植野主计助等人心生叛变，与北条氏照约为内应。氏照在晚上渡河攻打关宿城，不料城主梁田晴助之子持

⊙ 出阵攻打宇都宫氏的北条氏政

⊙ 北条氏政

助奋力据守（梁田晴助这时已移往其另一居城水海城），氏照不克败退。而叛变的山崎弹正、忠植野主计助等士兵，也被梁田持助所诛杀，以正视听。同时，北条氏政应由良父子的要求入侵上杉家在上野的据点厩桥领，但无功而返。

宇都宫广纲之前因为受北条氏政大军胁迫，故不得已降服，此非其本志。此时又与结城晴朝、芳贺高继等联合，与北条军对峙。二十七日，梁田持助通过宇都宫广纲，请求谦信能够再度出阵来援。

⊙ 春日山林泉寺所藏上杉谦信画像

此时上杉谦信正出阵越中，攻打神保氏张所属之木舟城，并将其攻克。之后移兵入加贺，攻打加贺一向宗若林长门守等人所在的金泽御坊，一向宗徒见谦信"毗"字大旗所至，皆惊悸胆破，惧而遁走。谦信对这些不吃斋念佛、心怀邪念、操戈荼毒生民的一向宗徒所在的大本营金泽御坊，进行血洗屠戮，以使大"义"净化此等不洁之地。屠戮完金泽御坊后，谦信又率军焚掠加贺松任城，一向宗徒望风多归附谦信，于是谦信乃收军返回越后。

九月，在收到梁田持助的求救消息后，谦信欲再赴援关宿城，命上野沼田的守兵先行进发。沼田兵取道上野黑川谷之时，金山城城主由良成繁突然杀出，致使上杉军大败。由良成繁在战胜上杉军后，在此修筑旧垒，使藤田纪伊守戍守。八日，上杉军在休整一段时间后，再度进攻深谷领，结果又为藤田纪伊守击破，越军三百多颗人头落地。没有谦信本人统率的上杉军，似乎成了软脚虾，为由良成繁玩弄于股掌之上。但上杉军并未因此而崩溃，再度进攻谷山领，终于将其攻陷。另一方面，北条氏政听闻谦信出军，遂督诸将布阵于古河城，以与北条氏照、氏邦、氏繁相策应。

这时，上杉军虽然出军，但仍然被由良成繁困在上野一隅之地，不得进入武藏。十一月，谦信集结兵力，亲将而发，入上野，与由良成繁交战于猿洼。往昔在永禄九年，被上杉军入侵蹂躏的无辜上野国众们，就是在这里为谦信所屠戮，此地的男女被悉数杀死。可能猿洼这个地方，对由良成繁来说确实不祥。此次交战，成繁大败于谦信之手，败而遁去。没有了由良成繁这一棘手的障碍，谦信遂顺利渡过利根川，进入武藏，攻打钵形城，焚烧抢掠松山、忍、成田、上田等地。足利义氏闻谦信将率军而至，大惧，急忙派人告诉北条氏政，使其严修守备，以防谦信。

这时有人突然告诉谦信说，北条氏政已经解关宿城之围而撤走。史书上没有记载这个人的姓名、身份，出于什么目的将这个不实的消息告诉了谦信，跟他开这么大的玩笑。但谦信轻信了此人的话，以为关宿城无战事，没有自己什么事情了。乃还军上野，攻掠新田郡，复与由良成繁交战于赤埴。这场战事，史书上并没有记载其胜败，倒是在《大日本史料第十编之二十二》所收《园田文书》中，提到一句“辉虎赤埴阵时，刑部（由良成繁）父子有军功”，似乎由良成繁、国繁父子略占上风。之后谦信便像只无头苍蝇一样，漫无目的地在上野乱窜，没有目标地进军，一路上“杀戮人畜无算”，之后又转阵小仓领，与小仓图书助交战，并且一路上又“所在焚掠”。直到这时，谦信才得知氏政并未撤关宿之围，关宿危在旦夕。自己在上野、武藏来来去去绕了大半圈，一路上杀戮、焚掠无数，但对于战场形势却没一点帮助。遂移兵进入下野，于二十四日到达沼尻，会合水海城的梁田晴助、小山秀纲来相议军事，之后又进军布阵于小山。

在十一月谦信刚出师时，曾遣使联络佐竹义重，欲使其率师来会，相共救援关宿城。佐竹义重当时做了许诺，但是想与宇都宫广纲一起行动，因此联络广纲，使其出阵仓田以等待自己。但是这时候佐竹义重突然爽约，观望不前了，谦信派遣荻原主膳亮及山崎秀仙为使者，催促其尽快出兵，并且措辞非常激烈，让义重连夜来会，可见谦信此时急切之心

⊙ 羽生城地势图

情。二十五日，佐竹义重、宇都宫广纲终于姗姗来迟，在小山与谦信会合。

闰十一月，上杉谦信、佐竹义重、宇都宫广纲三家联军，终于抵达武藏羽生城，只要再进援下总关宿城，击退围城的北条军，那么这次出兵的目的就达到了。

北条氏政得知这个消息后，分兵3000余人，派遣其弟北条氏邦、北条氏规，来牵制上杉联军。但北条氏邦、氏规并不满足于将精力消耗在此不知结果的对峙上，而欲使用出奇兵制胜，直接来个“斩首计划”。两兄弟商议之后，决定由二人亲自率领精兵700，从正面直接进攻上杉联军；另以大藤长门守、若林和泉守、片山大膳亮等人为将，率兵400余人从间道袭击上杉联军，两军来个出其不意，前后夹击。

⊙ 太平记英勇传 · 上杉不识院谦信

计谋既定，大藤长门守、若林和泉守、片山大膳亮等人乘夜进军，袭击上杉、佐竹、宇都宫联军之后，焚烧其营寨。北条氏邦、氏规又趁机从正面猛攻上杉、佐竹、宇都宫联军。上杉谦信、佐竹义重、宇都宫广纲腹背受敌，还来不及反应，根本没有想到北条军还会来这么一招，遂大败。

北条氏邦分兵3000余人给北条氏邦、氏规，目的仅是去牵制上杉联军，熟料氏邦、氏规不愿受兄如此支配，竟而蓄谋，使用奇兵加正兵联合进攻的战术，一举击败了上杉、佐竹、宇都宫联军。此战当中，即便是谦信也毫无办法，始终处于被动挨打的地位，诚可谓是一场惨烈的战斗。北条氏政给了氏邦、氏规3000人的兵力，而两兄弟仅用了其中的1100人，就打败了谦信、义重这支明星队伍，在战术表现上可谓可圈可点。

在战败之后，谦信非常不甘心，恼羞成怒，劝说佐竹义重与自己一起立点兵马，直取氏政之首级，以雪此等奇耻大辱。但此项提议又遭冷静的义重拒绝，谦信大怒，对出工不出力的义重咆哮说：“我已经忍了你很久！关宿城的事情，你自己看着办吧，反正现在与我无关了，我去办我自己喜欢的事情。”（《白川古事考》载《辉虎与结城义纲书》）遂与佐竹义重分道扬镳，离开羽生城，率军而去。为了发泄胸中积郁已久的愤懑，谦信又率军在武藏乱窜，经过馆林至埼西、菖蒲、岩付时，又“所在焚掠”（《名将消息录》），可谓是改不掉的老毛病了。

谦信负气离开羽生城，城内仅剩下佐竹义重、宇都宫广纲这对孤家寡人，而城内粮食亦将耗尽。两人商议后，以芳贺高继、壬生义雄为使者，求和于北条氏。以关宿城开城，将城内的梁田持助安全送往其父梁田晴助所在的水海城为条件。氏政应允。十九日，关宿城无血开城，梁田持助退往其父晴助所在的水海城。而关宿城既已陷落，羽生城亦孤掌难鸣，遂亦开城投降，献于北条氏，佐竹义重等收军而归。

另外需要多提一句的是，在一些当代的著作当中，对于羽生城的陷落，说是因为上杉谦信和佐竹、宇都宫联军抵达羽生城后，突然醒悟到关宿、羽生早晚都保不住，扛不住北条的攻击，于是非常识相地率领目前尚在自己手中的羽生守兵撤退了，并没有发生“羽生城之战”。这种说法不知是如何归纳得出的结论，明眼人一看即知是讳败的托词。检证史料，不仅作为攻击一方的北条军宣称说在羽生城之战中“辉虎败北，剩羽生自落”（《大日本史料第十编之二十五》引《赐芦文库文书》）、谦信“失利退散、羽生地引明败北”（《大日本史料第十编之二十五》引《由良文书》）、“辉虎无其曲败北”（《大日本史料第十编之二十五》引《由良文书》），受攻击一方的佐竹氏亦承认自己一方的三家联军在羽生城战败，并且“谦信愤败”（《大日本史料第十编之二十五》引《常陆志料》）。无论作为攻击方的北条氏，还是被攻击方之一的佐竹氏，都清清楚楚说羽生城发生交战，并且谦信战败。

⊙ 驰骋战场的上杉谦信

⊙ 上杉谦信绘像

而羽生城，也正是因上杉、佐竹、宇都宫联军战败之故，方而不得已陷落的。

如果谦信未卜先知，料定羽生、关宿必然陷落，此次又何必兴师动众，联合佐竹、宇都宫一起赴援，甚至急迫地写信怒叱佐竹义重的消极怠慢？而千辛万苦抵达羽生之后，又突然破弃城池而去了，这不是前功尽弃吗？所谓谦信自废城的说法明显不实，当是后世学者归纳史料时有误。当然因为涉及天正二年羽生·关宿之战的史料确实非常之浩瀚，磅礴而又复杂，当代学者不审其实，亦可理解。

谦信失意之中，率军从武藏经由上野返回越后，不料这时金山城城主由良成繁又突然杀出，使上杉军措手不及，大败崩溃，三百多颗人头掉地（《大日本史料第十编之二十二》引《园田文书》载："辉虎、义重出张之时，羽生、黑川、沼田等所与氏政合战，刑部大辅城坚固故，辉虎等引退，三百余人讨取之。"《武家谱》载："由良成繁守备金山，辉虎收兵而回，追击获首三百余级。"）就在这一路的不得志之中，上杉谦信率军逃窜回了越后。出来混，总归是要还的。谦信今日被由良成繁虐杀，遭斩首三百之际，是否回忆起以前自己在上野猿洼无辜杀戮的那些无辜庶民呢？

天正年间围绕关宿城的争夺，以上杉谦信的完败、退出而告终，北条家取得了压倒性的全胜。纵观上杉谦信从出军到撤师，像只无头苍蝇一样在上野、武藏之间乱窜，所过之处屠戮、杀掠一空，而在实际战场上无所建树，最终草草收场。而自始至终，谦信皆对佐竹义重的援军寄予厚望，一心只想得到佐竹义重等人的援军，一切问题便可迎刃而解。而义重屡屡放了谦信的鸽子，让谦信很不爽，以至于写信责骂，催促其尽快出兵，可见其心情之急迫。而与佐竹义重、宇都宫广纲会师，抵达武藏后，却又因为敌军的奇袭、自身的不团结等因素，导致羽生城之战失败。此战的失败，使谦信与义重脆弱又短暂的联军同盟宣告瓦解，最终陷入孤掌难鸣、无以为继的困境，也直接导致了关宿、羽生双双陷落的结局。

下总关宿城、武藏羽生城的陷落，谦信在寒风呼啸中失意而归，让关东诸豪族再度见风使舵，纷纷附属北条家。使得上杉家在关东的领土再度急剧缩水，据点直退到上野厩桥城。这些光景，似乎又回到了往昔永禄九年（1567 年）时的臼井城之战后。

三、越中征伐

进入十二月底，天正二年（1574 年）的收尾。越中人寺岛牛助作乱，谦信遣兵击平之，亦算是给这不太平的天正二年（1574 年）画上了一个太平的句号。

天正四年（1576 年），休整了整整一年的上杉谦信重整军势，再度开始进行越中攻略。二月二十四，谦信进军攻打越中安养寺城，却又在这里惨败于城守沼田太郎右卫门高信，狼狈收军而归。

记载此场战事的一手文物史料《沼田太郎右卫门高信碑志》中记录如下："高信乃上野之国沼田庄人……去之越中，寓于胜兴寺。寺主显幸使高信守安养寺城。越后州上杉辉虎乃显幸世仇，且壤地相接，故操兵境上者有年焉。天正二年二月十三日，辉虎将兵掩至城下，高信率众力战，获其骁将长尾新五为秀，于是辉虎狼狈而去。显幸嘉其功，遂食以蓑轮邑八百表之地。"

忆往昔谦信出阵越中时，何其意气风发！当时是永禄十一年三月，谦信率 15000 铁骑踏入越中之境，攻松仓、小出二城，斩首 4000 余级，之后于放生津与神保长职、椎名康胤等人交战，将其大败，越中之寇闻谦信之至，皆震怖而遁走。彼时的谦信，何等风光，何等辉煌！而今，已至烈士暮年否？

天正四年（1576 年）九月，谦信再度重振声势，率军征伐越中，欲一举荡平椎名、神保二寇。在其疾风怒涛的攻势下，终于攻拔椎名康胤的据点莲沼、富山二城。椎名康胤

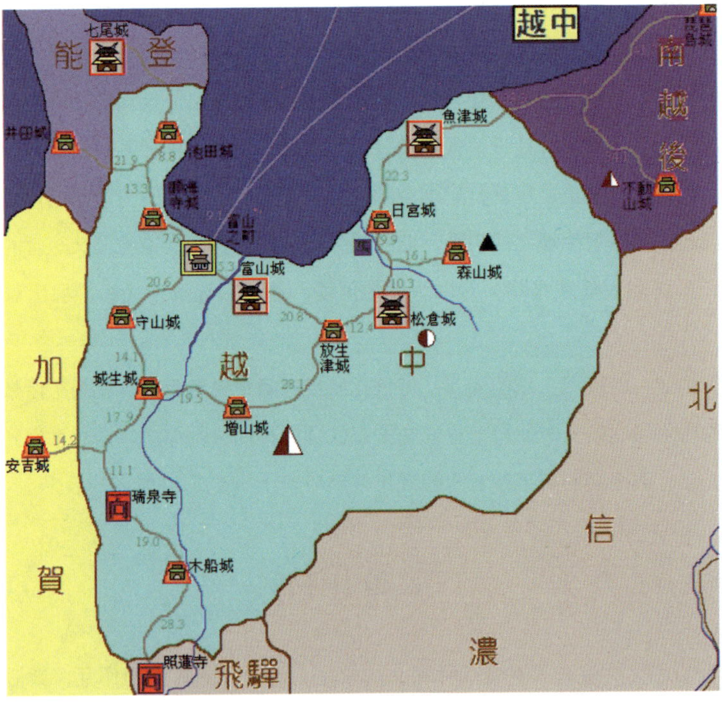

⊙ 承载谦信最后辉煌的越中、加贺、能登三国

兵败自杀，神保氏张亦望风降服谦信。至此，越中二逆剪除，越中地区基本宣告被谦信压制，只剩下一些不足为意的残寇。

越中制压后，谦信又以盐屋筑前守为前锋，率军征伐飞騨，攻打江马辉盛。辉盛降服于辉虎，姊小路氏亦望风归附，飞騨遂告平定。不过值得一提的是，在《北越军记》《松陵夜话》两书中都声称江马辉盛兵败自杀，并且《松陵夜话》声称上杉谦信此行屠杀了江马一族的300多幼女，其余男女则杀害2000余人。这些都并非事实，《岐阜县古文书类纂》有江马辉盛天正六年十月二十七日、二十八日写的文书，证明他不可能死于此时。此人后来一直活到天正十年。即使《北越军记》《松陵夜话》宣称的谦信在天正四年伐飞騨之役确实存在，江马辉盛也应该只是投诚纳降，其一族也不太会至于到被谦信杀戮三百幼女、两千多男女的地步。《松陵夜话》此言应该有所夸大，不是实情。

天正四年越中、飞騨的制压，使得谦信的武功如日中天，达到了其生平巅峰。而西边的织田家，正在悄然崛起，在加贺一带扩张势力。谦信的"义"旗，又随风指向了西进……

四、大雪皑皑加贺国

天正四年（1576年），平定了越中、飞騨的上杉谦信，一时意气风发。环顾四海之内，眼下毗沙门天之化身谦信"义"旗所向之处，皆摧锋破竹，所向无前，唯西之织田可堪其之忧患。遂决定响应流亡将军足利义昭的号召，一举将兵西上，拔除织田这个碍眼的钉子。而此时能登畠山氏的老臣游佐续光、温井景隆等人，拥立幼主畠山春王丸，附属织田家，构成了谦信西进的一个障碍。谦信遣使让畠山家的家臣奉当主畠山春王丸来谒见自己，表明对自己的从属，与织田家划清界限。但是此游说遭到了以游佐续光等为首的畠山家家臣的反对。谦信盛怒，遂发兵2万，向能登七尾城进发，欲一举平定畠山家，以惩其忤逆毗沙门天"大义"之罪。

在"毗"字大旗的簇拥下，上杉谦信率军踏入北陆道加贺国与越中国交界的俱利伽罗峠森宿堡（富田景周在《越登贺三州志鞬櫜余考》中认为，依俱利伽罗峠之地形，此地应为森村，并注释说是当地人村上右卫门于当时建造了这些古堡），欲经此处前往能登。而在这里，谦信意想不到地遭到加贺一向一揆首领洲崎泉入道庆觉坊率领的一揆众的阻击，其率领的部众有龟田隼人、铃木右京、若林雅乐助等人。铃木右京，就是《历代古案》中所称的"镝木右卫门"，也是加贺一揆的首领之一。至于若林雅乐助便是，在天正二年七

⊙ 守卫佛法的四天王中的北方“多闻天”又称“毗沙门天”，谦信以“毗”字做成旗

月谦信加贺侵略时，遭谦信血腥屠戮的金泽御坊的若林长门守的儿子（上杉谦信攻屠金泽御坊一事见《北越军记》《上杉古文书》《上杉家谱》《谦信公御年谱》，若林雅乐助为长门守之子见《越登贺三州志鞬櫜余考》）。

俱利伽罗峠，这个地名在日本历史上并不陌生。平安时代末期的寿永二年五月（1183年），木曾义仲与平维盛在此交战，是役为“源平合战”中最大的会战。义仲筹谋策划，指挥军事，以5万人大败平氏10万，斩馘7万余，平氏人马相践，积尸成陵。如今河山依旧，而人事已非。历史垂青了木曾义仲，让他于俱利伽罗峠大败敌寇，是否还会眷顾于数百年后的谦信？

所幸由洲崎泉入道庆觉坊所率领的加贺一揆仅有区区3000之众，在谦信的2万大军面前，无异于蚍蜉撼树。只要上杉军的铁骑继续前进，这些螳臂当车的贼徒，难道能够阻挡得了吗？谦信不以为意，挥兵直进，在上杉军凶猛的攻势下，一揆军很快作鸟兽散，死者甚众，大败遁走。战后，谦信命令河田长亲对战死的一揆众悉数枭首，并进行首实检，以炫耀其武功，遂入加贺。谦信不知道，在背后，有双复仇的眼睛在盯着他——在俱利伽罗峠之战惨败的洲崎泉入道庆觉坊。

在此回顾一下洲崎泉入道庆觉坊的前世今生。在《越登贺三州志鞬櫜余考》中，称他为洲崎兵库，是莲如上人的弟子，同时是加贺一向一揆的首领之一、松根城城主。在津田风柳的《石川访古游记》中，如是简略提及洲崎兵库的生平：“木曾义仲营迹在米泉村东，永禄、天正之间，土贼洲崎兵库据其墟，四周堡垒尚存，高七八尺，东西广七十步

⊙ 俱利伽罗峠·古战场遗迹

许，南北袤九十步弱。"

洲崎兵库为何突然在加贺阻击谦信？如果我们仅仅是参看个别的原始文书，肯定会不得其解。根据《河田文书》的记载，在天正四年五月，谦信与本愿寺承诺议和，并派遣山崎秀仙（安土桃山时代的儒学者，侍奉于上杉家）对加贺的一向一揆去传达此意，晓以谦信的大义，让他们识相点。且在五月二十八日，加贺一向一揆的洲崎景胜通过金泽御坊的七里赖周，还请求谦信出阵（《箧生文书》），以对付日益向加贺染指的织田信长。照理说加贺的一向一揆应该已经和谦信一条腿了，怎么还会和他作对呢？

事实上，根据《越佐史料》卷五所引《上杉家古文书》《石川县厅所藏古文书》，加贺一向一揆内部在当年八月就已经因为领导权问题发生了内讧，号令根本不相统一，为此阻碍了谦信的西上。这次在俱利伽罗峠和洲崎兵库等人一起阻击谦信的铃木右京（即镝木右卫门），在本愿寺与谦信一开始议和之时，便公然宣传不买谦信的账，提倡要反抗谦信，与亲谦信派的七里赖周等人产生对立。足利义昭为此急忙遣使去劝架，并催促谦信尽快攻进越前，希望恶逆的信长被谦信"大义"的雄风吞噬，以实现室町幕府伟大复兴的梦想。同时，根据《越登贺三州志鞬櫜余考》的记载，在天文十九年（1550年），洲崎兵库曾派兵协助当时因畠山家内乱而流亡在外的游佐续光，使其得以返回能登畠山家，恢复家老的地位。很可能是因为有这一层休戚与共的关系，再加上当时加贺一向一揆内部围绕领导权之间的争夺而导致的相互对立，所以洲崎兵库无视战国时代薄如纸的所谓盟约，站在了谦信的对立面。

⊙ 上杉谦信像

⊙ 浮世绘 · 茫茫雪夜

此外再根据《光明寺文书》，直到天正六年（1578 年），谦信临死的这年，吉川元春、小早川隆景还劝说他跟加贺一向一揆和谈，以便共同对抗织田信长，从中可窥见上杉谦信跟加贺一向一揆的对立根本没这么容易和解。这次加贺一揆内讧，号令不相统一，洲崎兵库、铃木右京等人和亲谦信派的七里赖周等人产生对立，从而导致了谦信的西上在一开始便颇为不顺利。

洲崎兵库，他是历史上籍籍无名的小辈，没有太多的史料记载。在其身后，为人所遗忘。谁也不记得他做过什么事，甚至不知道在历史的长河中，还曾有过这个生命，正像平凡的大多数人。但他注定要在他这不为人知的生命中做一件不平凡的事。

俱利伽罗峠之役后，上杉谦信率军抵达位于加贺河北郡的太田村，露宿在野外。天已经黑了，并且寒风呼啸、大雪纷飞。尽管上杉军穿了厚重的衣服，还是被这天气冻得直哆嗦，寒气逼人的环境之下，只得相互簇拥环抱保持体温，甚至焚烧随军携带的弓箭来取暖，可见其窘迫。

趁此“天时”的大好时机，洲崎兵库的复仇开始了。他率领平野神右卫门、白石右近丞、河合某、船田又吉、新六郎、同七介、坪坂新五郎、得田小次郎、松永丹波、龟田隼人、铃木出羽等一揆众，合计 800 余人，沿着山路，向谦信本营所在的太田村进发。面对洲崎兵库等 800 余人的突然袭击，首先与之交战的是上杉军中的河田长亲。河田长亲是上杉谦信宠爱的家臣，平常承欢于谦信膝下，与其有如汉哀帝与董贤之间的亲昵关系。但是事发仓促，平时于床笫之间得意于谦信的河田长亲，在此时突然失去了阵脚，惊慌失措，落败而逃。解决了河田长亲，洲崎兵库进而率众进犯谦信所在之本阵。寒风呼啸，大雪纷飞，上杉军冻得直哆嗦，根本无招架之力。面对这一不速之客，谦信手足无措，大惊失色，根本没有料及区区一揆还会来这么一招。上杉军惊扰之余，在一揆众的横突直撞中，最终大败溃散。

此即造成谦信大败却默默无名的加贺太田村之战。

在《越登贺三州志鞬櫜余考》中如此记载：

> 当时漫天大雪，寒风刺骨，穿透铁衣。越后士兵露宿在外，相拥取暖，席地而卧，有的将弓箭点燃取暖。人困马乏，聚集在村庄内，生火取暖至深夜。洲崎兵库率八百余贼众沿山路而行，突袭河田长亲之阵地，长亲惊慌失措，落败而逃。贼众乘胜追击，屡次进犯谦信之本阵。谦信不虞被袭，大败溃走。北陆道上的人为此编造了歌谣，以讥讽谦信。

《越登贺三州志鞬櫜余考》原文用"落胆崩溃"四个字来形容谦信惊慌失措、惨败时的情形，可见当时窘迫至极之情形。此战必有相当程度的伤亡，而诸史料皆不载，唯《武德编年集成》载是役上杉军死者千余。综合上述各史料，是役洲崎兵库率 800 余人，袭击因天气原因而丧失战斗力的万余上杉军（出军时的总共 2 万人在之前的倶利伽罗峠之役亦必有死伤，此时当不盈 2 万，故曰万余），造成其大败，死者千余。此诚可谓谦信生平最大之惨败，也应当是他野战史上最为惨烈的一战，完全处于被动挨打的地位，以至于甚至在此战之后，北陆道出现了讥讽谦信失利的歌谣。

上杉谦信的这场惨败，由于史籍的荒废（或者说太多了），现代学者缺乏足够的挖掘

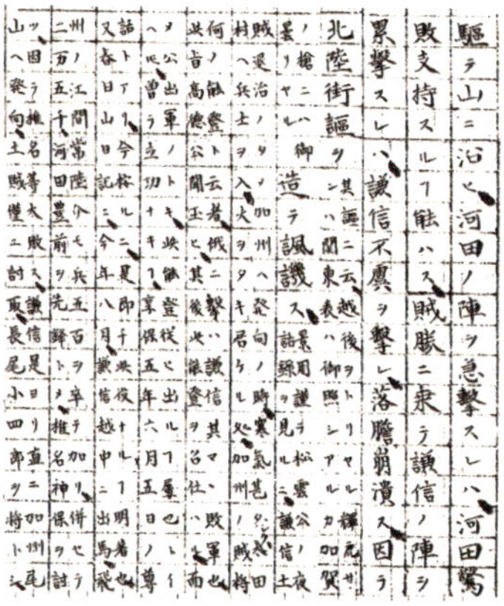
驅テ山ニ沿ヒ河田ノ陣ヲ急撃スレハ河田驚
敗支持スルコト能ハス賊勝ニ乗テ謙信ノ陣ヲ
累撃スレハ謙信不虞ヲ撃レ落膽崩潰ス因テ
北陸街謳ヲ造テ諷議ス

史料原文中记载的加贺太田村之战，此战诚可谓谦信生平最大之惨败

由本愿寺煽动的一向一揆，一向很令战国大名头疼

能力，几乎一概不知，致使当代无太多人知晓，反为人津津乐道莫须有的“手取川之战”（后文会详细分析），使得谦信的形象来了一个一百八十度的大逆转。实际上这场加贺太田村之战（也被称为津幡之战），不仅为原始史料所记载收录，可以作为明证，即便在后世的昭和时代初年，也已经为石川县的乡土史家所证明、阐述无数遍了，大量当地的县史著作内都有记载。当地县史《石川县史 · 第一编》，根据留存的记录和文书综合判断，认为加贺太田村之战是铁一般的事实无疑，此战的胜利，让加贺一揆大为扬眉吐气。只是现代史家太“落后”，自以为后人一定比前人多知道许多东西，结果连昭和时代初期的先辈所阐述多遍的知识都不知。这一例子也可证明，历史学的发展，不是越往后越对，可能前人已经研究出来的成果，后人还浑然不知。

洲崎兵库在天正四年的加贺河北郡太田村之役，充分利用了天灾的优势和夜袭的战术，故而能以寡击众，以 800 人之弱势兵力击败了坐拥 1 万余大军的上杉谦信。在中国和西方历史上也不乏类似的经典战例。如唐朝贞观年间，李靖利用突厥“其国大雪，平地数尺，羊马皆死，人大饥”“频年大雪，六畜多死，国中大馁”的天灾，“乘间袭击，大破之，遂灭其国”，一举灭亡了突厥。和洲崎兵库利用雪天对上杉军造成的影响，进而一举将其击破的战术如出一辙。又如洲崎兵库趁上杉军于夜晚露宿、毫无防备时进行突袭，也是用了兵家乘其不备的战术。奥地利著名的道恩元帅，就曾在荷赫刻赫之战（又译霍奇恺治之战，Battle of Hochkirch）中，以此战术击败了当时在深夜中熟睡的普鲁士腓特烈大帝，造成其大败。

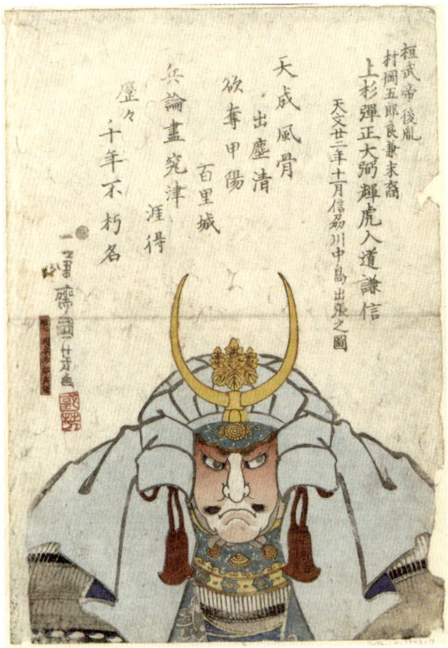

⊙ 上杉弹正大弼辉虎入道谦信

李靖趁突厥遭逢雪灾侵袭之机，一举出兵而灭其国；道恩趁普鲁士军于深夜熟睡、毫无防备时，一举进击，大败腓特烈大帝。李靖、道恩，皆一时名将之冠。而这两项战术，洲崎兵库全然加以运用，故能以 800 之寡军，败上杉谦信万余大军。谦信智勇，为日本战国时代之“军神”，亦为一突厥、腓特烈。洲崎兵库出其不意，以奇兵制胜，亦可谓日本之李靖、道恩也。

完成了倶利伽罗峠之役的复仇，在加贺河北郡太田村之战以 800 人大败谦信军 1 万余，抢掠一番而去后，洲崎兵库的名字，在之后的很长时间中，又在历史上销声匿迹了，谁也不知道他之后发生了什么。史书上仅仅只有一些只言片语，根据《越登贺三州志鞬櫜余考》的记载，洲崎兵库、龟田隼人、铃木右京等人在天正五年与谦信达成和解，之后根据《松云公御夜话》的记载，后来前田利家闻听了洲崎兵库大败上杉谦信的勇名，曾欲召其出仕，许赐其千石知行。而在这之后，史书上就再也没有出现过洲崎兵库的名字。他沉睡在了泛黄的、无人问津的古籍中，在其身后数百年，无人问津，没有人知道有过这么一个人做过这么一件事。

而惨败后的上杉谦信，抖了抖身上的灰，重新集结散兵，继续向能登七尾城进发。只有坚持到最后的，才能真正名载史册，为后人所乐道。哪怕你曾有不光彩的过去，也要让往后用命换得的辉煌所掩盖，受后人顶礼膜拜。而那不光彩的历史，就让后人永远遗忘吧。

五、能登侵攻的终结

七尾城位于能登半岛东南部，屹立于石动山脉北端的尾根七尾山上，是在标高 300 公尺险峻山顶建筑的山城，属于难攻不落之坚城，向东看，可一览无余七尾湾。

“七尾”之名来自“七尾根”(松尾、竹尾、梅尾、菊尾、龙尾、虎尾、龙尾)，七尾

⊙ 七尾城地形图

城是一座大规模的山城。别名“松尾城”或“末尾城”，通称为“城山”。

本丸设立在山顶，有天守阁可远望七尾湾，本丸西北方延伸出的尾根处，是重臣团住宅区。最西方是吊祭畠山氏祖先与战没者的“安宁寺”。

天正四年十二月，上杉谦信正式对能登七尾城发起进攻，但城中守备非常坚固，谦信多次猛攻都以失败而告终。于是，长期的围困战开始。

久攻七尾城不下，谦信便修筑石动城为长期据点，以直江景纲为城主，使河田长亲、吉江资贤等协守，着手准备再次发起总攻，以争取能够迅速解决战斗，攻克七尾城。但是天正五年（1577 年）三月，值此关键时刻，突然传来北条氏政正在进攻谦信后方上野国的消息。不得已，谦信只好解除包围，率军撤回越后。

根据《北越军记》的记载，在天正五年五月，上杉家家臣毛利名右卫门，因嫉恨而杀死直江景纲。而直江景纲的死去对上杉家造成了很大的影响，春日山城中群势汹汹，有家臣作乱将要刺杀上杉谦信，幸亏为谦信身边的登坂角内所斩，方才无恙。直江景纲居常侍奉谦信，同河田长亲、吉江资贤一样同样为谦信所宠，可能也与之有龙阳之恋，总之是宠臣。直江景纲没有儿子，谦信便以景纲的女儿嫁给近臣桶口兼续，使兼续改姓直江，以继其后。桶口兼续，就是往后名声大噪的直江兼续。不过《北越军记》的记载可能有点问题，根据《上杉氏年表 · 增补改定版》所引《诸士略系谱》的记载，直江景纲死于天正五

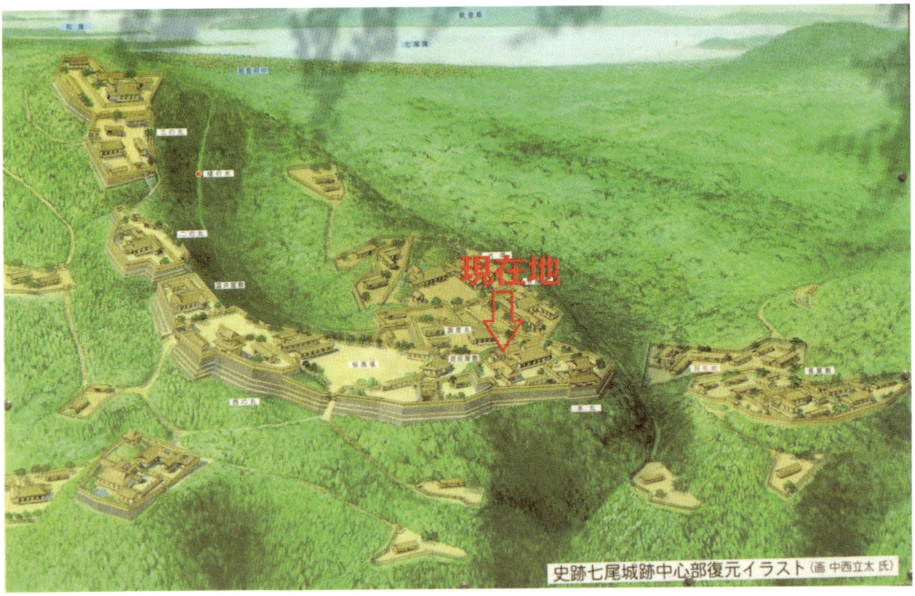

⊙ 七尾城复原图

⊙ 浮世绘·望月吟诗的上杉谦信

⊙ 天正五年，能登全境为上杉谦信平定

年三月，而且只是病死。与《北越军记》的说法有出入。而且直江景纲死后，一开始的婿养子是直江信纲，后来才是直江兼续。但无论如何，直江景纲的死确实给上杉家造成了不小的震荡。

闰七月，上杉谦信击退北条军，再度率领大军征伐能登半岛，汹汹而来。畠山家家臣长续连将全部兵力集中于七尾城，并强制将领民移入七尾城进行笼城。但此时狭小的七尾城内因聚集了大量兵士与领民，致使卫生不佳导致疾病与瘟疫蔓延，使城内许多人病死，幼主畠山春王丸也在笼城中病死。顺带一提，网上曾有一些不实的谣言声称上杉谦信在天正五年的第二次七尾城之战中，使用投石机向七尾城内抛撒死尸，以至于城中发生瘟疫，死者甚多。传言者甚至还言之凿凿地声称这段轶闻出自赖山阳的《日本外史》。这种说法其实完全没有历史根据，对上杉谦信本人和赖山阳的《日本外史》都是一种造谣和污蔑。

七月中，陷入瘟疫危机的长续连派儿子长连龙为使者冒死变装逃出城，奔向安土城向织田信长求救兵，织田信长同意遣军驰援，回不去七尾城的长连龙又跑去小伊势村煽动一揆。然而一揆又事前被谦信瓦解，七尾城落城已迫在眉睫。城内守军的士气也大为下降。此时擅长投机的游佐续光为取得畠山家家臣团的执政权，并眼看继续笼城毫无胜算，便与上杉谦信勾结，再联合温井景隆与三宅长盛（景隆之弟）成为内应。一向自诩光明磊落的上杉谦信，在久攻不下之时，也是会要不义之事，谦信答应他们如果当内奸，畠山氏的旧领与七尾城就都给他们。

九月十三日夜，胜券在握的上杉谦信在石动山城望着月亮作诗：

霜满军营秋气清，
数行过雁月三更。
越山并得能州景，
遮莫家乡忆远征。

（此汉诗出自赖山阳《日本外史》）

九月十五日夜，七尾城内内奸造反，城门被打开让上杉军冲进来。反乱中长续连、长纲连、长则直等长氏一族一百多人全部被游佐续光所杀。长氏一族中唯一生存者仅剩下向信长求援的长连龙与长纲连的幼子菊末丸。七尾城落入谦信之手，能登完全成为上杉的势力范围。接收了七尾城后，上杉谦信又攻下七尾城西南方的能登末森城。另一方面，由信长派遣的援军，在九月十八日抵达加贺凑川（《信长公记》称为手取川），以数万兵马严阵以待。

这支援军在《历代古案》《上杉家谱》《谦信公御年谱》等江户时代米泽上杉家编纂的家史中，皆记载主将为织田信长本人，总兵力数量模糊记载为“数万”。然而在今日一般的通说中，这支救援七尾城的织田援军，总大将为柴田胜家，另有羽柴秀吉、泷川一益、丹羽长秀、前田利家、不破光治、金森长近、佐佐成政等人，总势近 5 万人（因《历代古案》等米泽上杉家的记录皆未载天正五年出兵救援七尾城时的织田家家臣名单，故后世叙述此战织田军参战的人员时，往往都是根据《信长公记》等书中的记录，再结合上杉家的记录进行归纳）。羽柴秀吉因与柴田胜家闹矛盾而离开。九月二十三日，上杉谦信与柴田胜家等人在加贺手取川交战，织田军大败，渡过手取川逃亡时，又赶上手取川涨水，织田军溺死加被讨杀的人数，共计 1000 余人。这就是通说当中的“加贺手取川之战”。

六、手取川疑云

虽然声名大噪，历经演绎与述说，但其实能证明手取川之战确实存在的史料并不多，仅一件而已。手取川之战的史料源流是米泽上杉家在元禄年间编纂的古文书集成史料《历

⊙ 现在的手取川

代古案》中收录的《上杉谦信书状》（落款于天正五年九月十九日），这也是目前唯一能证明"加贺手取川之战"存在和发生的一手史料（同样为米泽藩编纂，成书在后的《上杉家谱》《谦信公御年谱》都是袭自其说）。

《历代古案》中记载如下（非常重要）：

> 因为你想知道这里的战争的情况，所以悄悄地让使者来到我这里。这里的战争持续了很长一段时间，正如以前送到你那儿的信中所说到的。这个月的十五日，一向忠心的游佐美浓守帮助了我，我们的军队才能留在城中，仅用了一天，就镇压住了七尾城，杀了城主长对马和他的亲人一百多人，占领了城中心。没有杀温井备中、三宅备后、内藤这些畠山家臣。因为已经攻下了七尾城，十七日就转而攻占末森城，这里也被攻下了。末森城是位于加贺和能登国境内的城市。让源五殿（山浦国清）和斋藤龙（朝信）居于末森城内。命令能登变为我们的附属国。信长看起来完全不知道这件事情的样子，他在十八日来到了加贺凑川（手取川），以数以万计的兵马严阵以待的时候，越后、越中、能登的军队作为先锋军出击了。在我也乘着马出击的时候，信长好像也知道了我要从后面攻过来，于是

在二十三日深夜逃走，我进行追击，杀了上千人，把其他全部的敌人逼入了河中，正好因为洪水，河水很深，没有人能站立的浅滩，所以敌军的人和马都被水给冲走了，什么都没留下（后略）。

天正五年九月十九日

长尾和泉守

《历代古案》的这段史料记载非常重要，影响到我们后面的论述。

经过严谨地归纳整理各种史料，关于“加贺手取川之战”存在与否的说法，大约共有以下几种：

（一）交战并大败织田信长本人，斩首千余

在明治时代以前，史料当中明确记载“手取川之战”的，只有米泽上杉家编纂的《历代古案》《上杉家谱》和《谦信公御年谱》。这三套书其实是一套系统，史料源流是《历代古案》。

根据《历代古案》《上杉家谱》《谦信公御年谱》的记述，天正五年九月，上杉谦信入能登，于九月十五日攻陷七尾城，杀长续连一族百余人。豁免了温井、三宅、内藤这些原来畠山家的家臣。于十七日攻打加贺、能登交界的末森城，拔之，让山浦国清和斋藤朝信在此地镇守。翌日，织田信长率兵数万人入加贺，在湊川（手取川）布阵。上杉谦信遂以

⊙ 当代画师笔下的上杉谦信

⊙《本朝武优镜》所收上杉谦信画像

能登、越中之兵为前锋，自己为之后继，向织田军进发。信长闻之大惊，在九月二十三日夜晚撤军逃跑。上杉谦信乘机对其展开追击，讨杀织田军一千多人。这时候由于手取川涨水的原因，织田军渡河的人多数被溺死。上杉谦信之后命令修缮七尾城，命游佐续光等人镇守。自将兵攻拔加贺金泽，又进军越前，在织田氏所属诸城放火。织田信长逐步往越前北庄城、近江长滨城撤退。

（二）对峙未交战，织田信长本人（或织田军）因畏惧而遁走

在整个江户时代，除了由米泽藩主导编纂的史书外，没有任何提到“手取川之战”的记录。

但天无绝人之路，虽然没有支持米泽藩说法的史料，但是在江户时代却仍然有不少与现今通说的“手取川之战”相似的记录。虽然其结果同样是上杉谦信胜利，织田军撤退，但是交战过程的说法却截然不同。这些书都认为，上杉谦信与织田信长军在加贺对峙，但是还没有开战，织田军就自己渡河撤退了。上杉谦信于翌日莅临，才知道织田军撤退的消息。这些记载接近于今日通说的“手取川之战”，但是上杉谦信并没有和织田军开战，织田军就自己撤了。

支持这种说法的主要有《北越太平记》《谦信军记》《松陵夜话》，分别如下：

根据《北越太平记》的记载，一开始，织田信长恐上杉谦信西向，于是暗地联结能登长重连（即长纲连）和加贺松任彦绍，让他们引诱一向宗徒北上，以牵制上杉谦信。长重

⊙ 上杉谦信于河川中斫敌的场景

连聚兵于穴水、小松、安宅、山道山等城。天正五年九月，上杉谦信攻向能登、加贺，先攻破穴水城，斩杀长重连，遂连下小松、安宅、山道山等城，在石动桥布阵。于是织田信长派遣柴田胜家、泷川一益、前田利家、金森长近、丹羽长秀、不破光治将兵 4.8 万人出兵与其对峙，并且信长本人亦在阵中。上杉谦信遂以鬼小岛弥太郎为使者，遣使至织田军阵中，向信长下挑战书，约定于翌日决战。织田信长乘夜落荒而逃。上杉谦信闻之大笑，嘲笑织田信长，讥讽说他如果还在，当一只脚将其踢入水中。

据《松陵夜话》的记载，上杉谦信于天正四年五月攻打加贺松任城（守将是长重连），织田信长派遣柴田胜家、佐久间信盛、丹羽长秀、前田利家、羽柴秀吉、卜家氏全、泷川一益等 4.8 万人赴援（《松陵夜话》中信长本人并未出阵），布阵于大圣寺原。上杉谦信攻拔松任城，杀长重连，及城内男女 2600 余人。之后遣使至织田军阵中，约定于翌日决战。织田军闻之震恐，遂于晚上仓皇撤军。正好赶上大圣寺河水涨，织田军渡河逃亡者溺死数百人。翌日上杉谦信来到河岸对面，被当地人告知织田军已经于晚上遁走。上杉谦信遂嘲笑织田军，认为他们如果不乘夜逃走，今天遇见了他，恐怕得全部溺死。

据《谦信军记》的记载，称天正五年三月，上杉谦信攻打加贺松任城，织田信长率兵四五万人赴援。但当谦信本军逼近时，信长乘夜逃跑，没有发生交战。在该年九月，上杉谦信遣使信长，相告以翌年三月决战于越前。织田信长卑躬屈膝地回答，不敢与谦信相战，只敢求和。《谦信军记》中虽然也有类似手取川合战之段落，但也没有提到两军交战。

（三）对峙未交战

剩下的史料记载，都没有提及织田、上杉两军交战，列举如下：

《前田家谱》，只是说织田军和上杉军在加贺对峙，并未写手取川之战。

《享禄以来年代记》，称天正五年十月，上杉谦信攻打加贺松任城，织田信长派遣柴田胜家、前田利家、丹羽长秀等四万八千人赴援。谦信闻之，疾拔松任城，城主死。并未提到之后两军战于手取川。

《织田真纪》，提到天正五年八月八日，柴田胜家、泷川一益、羽柴秀吉等人入加贺，渡过手取川，焚烧小松等地。之后羽柴秀吉归阵，遭到织田信长的责骂，秀吉谢罪。但也并未提到手取川之战。

《总见记》，也只是说羽柴秀吉和柴田胜家发生矛盾，而未提及手取川之战。

《武德编年集成》，称天正五年八月，上杉谦信攻打加贺，但也同样没有提到手取川之战。

《越登贺三州志》，提到上杉谦信攻击七尾城时，织田信长派柴田胜家率军救援，在布阵加贺水岛时得知城陷，且长续连父子身亡，秀吉军率先回归安土。没有提到手取川之战。

《常山纪谈》，提到上杉谦信攻击七尾城，织田信长派柴田胜家等救援，布阵加贺水岛时，织田信长亲自跟他们会合后，听说松任城失陷，认为合战无益，就率军撤退。没有提到手取川之战。

⊙ 拔太刀斫敌的上杉谦信

《加贺藩史料》收录的《信长公记》《前田安太夫记》《菅家见闻集》《长家谱》《有泽永贞古兵谈残囊录》，也都没有提到手取川之战。《长家谱》《有泽永贞古兵谈残囊录》称织田军虽然出兵救援七尾城，但是在闻听上杉谦信攻陷加贺松任城之后，就选择了撤军，没有提及两军交战。

以上"交战并大败织田信长本人，斩首千余""对峙未交战，织田信长本人（或织田军）因畏惧而遁走""对峙未交战"三种说法，无论哪一种，都和今日通说的上杉谦信在加贺手取川与柴田胜家等人直接交战，并且将其大败的说法有出入。我们根据以上的史料再结合其他资料，来对手取川之战进行检证。

如上所述，在所有明治时代以前的著述中，确切提到发生"手取川之战"织田与上杉两军交战的，只有米泽上杉家编纂的《历代古案》等书。而《历代古案》是直接也是唯一的原始证据，其他著述中则没有一本书提到"手取川之战"。除此之外，便是接近"手取川之战"说法的《北越太平记》《松陵夜话》《谦信军记》等书。但这些书中上杉与织田两军并未交战，织田军在交战之前就落荒而逃了，上杉军也并没有展开追击。

学研的《历史群像·上杉谦信》提到了手取川之战，其文中指出并不存在此战役的嫌疑。例如《历代古案》收录的证明手取川之战的书信，落款日期虽是天正五年九月十九日，却记载了之后二十三日战胜织田军的内容。并且书信中收件人的名字（长尾和泉守）亦被指出是后人添加的内容。事实上在更早的《越佐史料》收录的《上杉辉虎公记》中，也提到了这两处问题。即日期记载出错（九月二十三日打的胜仗，却提前于九月十九日落款)、收信人的名字（长尾和泉守）是后人所植入。但是《上杉辉虎公记》并未对此表示太多质疑，反而轻率地认为仅仅是当时的误记，才把日期写错了。这在实证主义的史学研究角度上，态度很不可取。

此外，根据太田牛一《信长公记》的记载，织田军通过手取川的时间为天正五年八月八日，然而《历代古案》中却记为九月十八日，这又存在矛盾。并且《信长公记》中亦未提及天正五年织田军与上杉军在手取川交战。

《信长公记》只是简单记述了天正五年八月八日，柴田胜家军越过手取川进行了火攻，秀吉擅自撤退，是为九月二十三日之前的事情，并未记述上杉谦信出阵等上杉方面的动向。之后提到十月三日将加贺的耕作砍掉，修建御幸冢，派佐久间玄蕃进驻。

《历代古案》是元禄年间由米泽藩编纂的古文书集成史料。此史料被怀疑缺乏真实性，例如《大藤文书》《诸州古文书》《须藤并重田文书》《感状写》《古今感状集》等文书集所收录的北条氏康书状中，河越之战发生在天文十年（1541 年）十月末到十一月初，而《历代古案》中收录的北条氏康书状却记录为天文十二年（1543 年），年份不一致。并且与《武家事纪》收录的上杉宪政书状所记录的天文十五年（1546 年）四月二十日的年份也不一致。另外，关于《历代古案》中上杉家的直江状被质疑，被指出不存在原本，其抄写不自然。再者，关于《历代古案》中上杉家与伊达家的松川之战，其战果、日期、战役本身是否存在也存在争议。总之，这是一部颇令人疑窦丛生的文书集。

而检证《历代古案》中关于手取川之战的叙述，“信长看起来完全不知道的样子……”这句话后面的部分，与大久保忠教《三河物语》中的桶狭间之战桥段类似，都存在的开头记述“总大将并不知道敌军正逼近自己”、“雨天（河水）影响”、“追击后大获全胜”等情节。换言之，《历代古案》收录的这则证明手取川之战的书状，可能脱胎于《三河物语》。

此外，《历代古案》中上杉谦信的书信正文应是谦信本人执笔，谦信二字竟然出现了两次，似由第三者执笔。通常书信的结尾会有日期、本人姓名、收件人名、花押，而文中并不会出现本人姓名。

在《历代古案》中亦提到了“折节洪水涨故（正好因为洪水的缘故）”这一细节，说在手取川之战，正好因为手取川涨洪水的缘故，淹死了大半渡河逃亡的织田军。而根据《加贺国手取川出水考》一书的记载（此书记载手取川在日本历代发生过的洪水灾害），在天正五年，手取川根本没发过洪水，甚至在整个战国时代都没有。这不仅可以反证《历代古案》中的手取川之战发生洪水的说法，亦可以反证《北越太平记》《谦信军记》《松陵夜话》等书中接近手取川之战描述的段落。即在整个战国时代，手取川都没有发生过洪水。

织田信长画像

这些书里记述的织田军渡河逃亡时，因涨洪水而溺死数百上千人的记述，自然也是站不住脚的。

另外，布施秀治在大正六年出版的《上杉谦信传》，沿用《历代古案》的说法，即认为手取川之战中，织田军主将是织田信长本人（当今的通说中认为柴田胜家是总大将）。而恰恰由于这一说法，便有一些史书对手取川之战置为不采纳的态度。例如加贺藩藩士富田景周的《越登贺三州志》和明治时代由重野安绎、久米邦武、星野恒主导编纂的官修正史《大日本编年史》，便不采纳“手取川之战”。

富田景周在《越登贺三州志》附文中提到，在《春日山日记》《北越太平记》《本朝通纪》等书中记载了织田信长在手取川之战亲自出阵的说法，这是后人画蛇添足之笔，不足为信。因此，《越登贺三州志》在正文中也仅是提到柴田胜家、前田利家、羽柴秀吉等率 4.8 万人赴援七尾城，但是当羽柴秀吉闻听七尾城被上杉谦信攻陷后的消息后，认为前往无益，提议退兵。之后织田军就撤军而还，并未和上杉谦信发生交战。

作为明治时代的官修正史，《大日本编年史》正文中也未提到手取川之战，同样只是在附文中进行介绍。称《北越军记》《上杉家谱》都提到织田信长亲自出阵，在手取川和上杉谦信对峙，不及战而遁还，遭到上杉谦信嘲笑。但是翻阅《信长公记》，当时织田信长常在安土城，有充分的不在场证明（“检《信长记》，信长常在安土”）。故而，

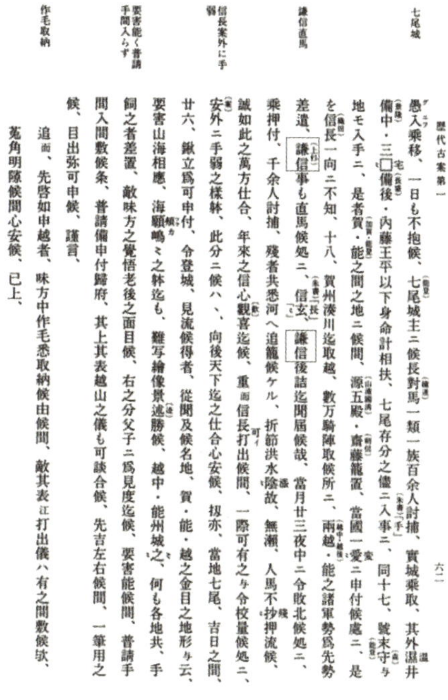

歴代古案第一　六二

七尾城
谦信直馬
信長案外に手弱
要害能く普請手間入らず
作毛取納

悉入乗移、一日も不抱候、七尾城主ニ候長對馬一類一族百余人討捕、實城乗取、其外湛井
備中・三□備後・内藤王平以下身命計相扶、七尾存分之儘ニ入事ニ、同十七、號末守与
地モ入手ニ、是者賀・能之間之地ニ候間、源五殿・齋藤籠置、當國一變ニ申付候處ニ、是
を信長一向ニ不知、十八、賀州湊川迄取越、數万騎陣取候所ニ、兩越・能之諸軍勢爲先勢
差遣、謙信事も直馬候処ニ、信玄、謙信後詰迄聞届候哉、當月廿三夜中ニ令敗北候処ニ、
乗押付、千余人討捕、殘者共悉河へ追籠候ケル、折節洪水險故、無瀬、人馬不抄押流候、
誠如此之萬方仕合、年來之信心観喜迄候、重而信長打出候間、一際可有之与令校量候処ニ、
安外ニ手弱之様躰、此分ニ候ハヽ、向後天下迄之仕合心安候、扨亦、當地七尾、吉日之間、
廿六、鍬立爲可申付、令登城、見流候得者、從聞及候名地、賀・能・越之金目之地形与云、
要害山海相應、海頥嶋々之躰迄も、難写繪像景迹勝候、越中・能州城之、何も各地共、手
飼之者差置、敵味方之覺悟老後之面目候、右之分父子ニ爲見度迄候、要害能候間、普請手
間入間數候条、普請偏申付歸府、其上其表越山之儀も可談合候、先吉左右候間、一筆用之
候、目出弥可申候、謹言、
追而、先啓如申越者、味方中作毛悉取納候由候間、敵其表江打出儀ハ有之間數候歟、
菟角明隙候間心安候、已上、

此为《历代古案》中所收录的证明手取川之战的书状。书信正文是谦信本人执笔，而谦信二字竟然出现了两次，似由第三者执笔。通常书信的结尾会有日期、本人姓名、收件人名、花押，而文中并不会出现本人姓名

作为明治年间官修正史的《大日本编年史》亦并未将手取川之战当作正史进行收录，只是夹在附文中作为异说进行了介绍。

综上而言，能证明手取川之战存在的《历代古案》，其纰漏有如下几点：

1. 落款时间记错。书状中记述九月二十三日发生手取川之战，但书状落款日期却是同月十九日。

2.《上杉辉虎公记》指出《历代古案》中的“长尾和泉守殿”六个字是经后人植入。

3. 手取川之战中的“总大将并不知道敌军正逼近自己”的开头记述、“雨天（河水）影响”、“追击后大获全胜”等情节描述，与大久保忠教的《三河物语》中记述的桶狭间之战极其相似。有抄袭后者的可能性。

4. 织田军通过手取川在太田牛一《信长公记》中记为天正五年八月八日，然而《历代古案》中却为九月十八日，存在矛盾。

5.《历代古案》中上杉谦信的书信正文应是谦信本人执笔，谦信二字竟然出现了两次，似由第三者执笔。通常书信的结尾会有日期、本人姓名、收件人名、花押，而文中并不会出现本人姓名。

6.《历代古案》中记述手取川之战织田军的主将是织田信长本人，此说遭到《越登贺三州志》批判。亦与《信长公记》的记载矛盾。根据《信长公记》，信长当时在安土城，不可能出阵加贺。因为织田信长为大将说的缘故，手取川之战的记载为《越登贺三州志》《大日本编年史》所弃而不用。

7.《历代古案》中提到正好因为手取川涨洪水的缘故，淹死了大半渡河逃亡的织田军。但是根据《加贺国手取川出水考》一书的记载（此书记载手取川在日本历代发生过的洪水灾害），在天正五年，手取川根本没发过洪水。甚至在整个战国时代都没有。

8. 没有其他一级史料支持手取川之战发生的说法。

如上所述，《历代古案》所收录的这则能证明手取川之战存在的书状，有非常大的纰漏，很可能是出自后人有意识的伪托捏造。

根据日本和歌山县立图书馆讲师游佐教宽的研究，江户时代的纪州藩军学者宇佐美定佑曾捏造过为数不少的上杉谦信的感状、文书。现今在东京大学史料编纂所内，存有《宇佐美文书》这一文书集，书中收录的全部都是和上杉家相关的文书，作者署名大关定佑（即宇佐美定佑）。而史料编纂所非常不客气地将其标注为“伪书”。另外在布施秀治于大正六年出版的《上杉谦信传》一书中，在序文里，布施秀治为了体现自己的书的价值，痛驳了前代文人关于上杉谦信的著作，正所谓文人相轻。其中也提到了军学者伪造上杉谦信的感状。

其原文如下：

宽文、元禄年间，甲斐的浪士小幡景德以高坂弹正昌信的名义收了数千门徒教授信玄的兵法战术用以维生。其著作和《甲阳军鉴》一样有诸多虚妄之辞。越后有个名为宇佐美定佑的人物，妄称其先祖为谦信公之军师宇佐美定行。自称祖传宇佐神流军学，与甲州流军学抗衡。其著作以《越后军记》等名问世。定佑有一友人名为畠山义真，与其携手散布此等无稽之书。

此外，名为夏目军八之人伪造感状，编写了《上杉记》一书。当时世间对《甲阳军鉴》多有反感，诸多人士欣赏宇佐美、畠山氏之辞。连上杉家世代的家臣都有不少对此信以为真。

《越后治乱记》《上杉军记》《川中岛合战论》《北越弓箭卷》《谦信公御年谱》《春日山日记》等书卷，全都缺乏可信度。自古以来，为人们追捧的《甲阳军鉴》《越后军记》《越后治乱记》《上杉军记》《川中岛合战论》等书籍，似乎全都加入了大量的捏造。

⊙ 常安寺所藏上杉谦信画像

布施秀治的这段论述非常重要。作为军学者的宇佐美定佑、畠山义真等人都有捏造过上杉谦信的感状、文书，而米泽上杉家在编纂家史时，亦使用了这些材料，甚至亦加入进来进行有意伪造。这也让《历代古案》的可信度，打了很大的折扣。

综上论述，笔者认为，“手取川之战”在事实上并不存在。其只存在《历代古案》所收录的一则伪文书内，别无其他一级史料可以佐证。此文书殊为荒谬，甚多纰漏，为后人伪撰明矣。当然，也不能因此否定《历代古案》整本书的价值，因为编纂年代受到客观环境因素的影响（军学者的有意捏造，对米泽藩修史的影响，以及从四代藩主上杉纲宪时代开始，米泽藩本身对谦信有意识地神化，亦助长、附和了这一趋势），其所收录的文书真伪参半，但也远远不至于尽数伪造。像《甲阳军鉴》《北越军记》这类书都尚且有一定价值，何况作为文书集成史料的《历代古案》呢？但此书亦不能完全尽信，应该审慎地取舍史料，判断其真伪。

七、遗恨失吞相（模）

天正六年（1578 年）二月，佐竹义重、结城晴朝遣使请求谦信再度出阵关东（《越佐史料》卷五引《仁科盛忠氏所藏文书》），以对付北条氏政。谦信“遗恨十年磨一剑，流星光底逸长蛇”，回想起天正二年时的关东出阵，自己独力难支，卑躬屈膝乞求救兵于佐竹义重，而彼之态度甚为冷淡，且非常看低自己；及俟援军之至，欲共赴援关宿，不料又好事多磨，直接于此战败，输给氏政，并造成武藏、下总的地盘尽数丧失，直溃退到上野一带。这些情景尚历历在目。而此时已经平定了越中、能登等地的谦信，其势力已经达到极盛期，非往昔可比。如今受迫于北条氏政的佐竹义重，今天终于也肯低声下气地派人来求自己。就像那些爱慕虚荣的女人，当你权钱在握时，总是主动献殷勤，俯首于你身躯之下，极尽谄媚；而当你一无所有，空有白身时，这些人又不自觉对你口出谩骂，

⊙ 屏风图中的上杉谦信

嗤之以鼻。想起这些现实的残酷性，谦信不禁淡然冷笑。四年过去了，自己等待的就是这一天。已经磨尖了利剑的谦信，遂在管内下令集结重兵，计划于四月正式出阵关东，使毗沙门天之“义”旗尽屹立于北条领内飘散，郡县其地。

但天不遂人愿，三月十三日，为无数后人所津津乐道、瞩目的战国军神上杉谦信，带着无限的遗憾，薨逝于越后春日山城。其辞世句云：

四十九年一睡梦，
一期荣华一杯酒。
生不知死亦不知，
岁月只是如梦中。

死前，谦信的脑海恍惚中闪现上野国平井城城主千叶采女之女伊势姬的身影（上杉谦信与伊势姬的逸话，典出《松陵夜话》）。那是在谦信年轻时关东出阵的时候。彼时初见，一见倾心，拥有国色容颜的伊势姬“一笑倾人城，再笑倾人国”，令谦信神往，心为之悦。当时的谦信，日夜思慕着这淡雅、自知的爱情。及至两人相恋，得到这份来之不易的爱情，却又为其重臣柿崎景家等人所拆散，伊势姬万念俱灰之下至青龙寺出家，最后竟至自害。谦信每每追念之际，皆痛苦不已。越中、能登、加贺、佐渡、飞驒、上野、武藏、下总……甚至越后，转战多年，这些自己真的想要吗？或许自己多年的转战侵攻，只是为了发泄自己再也得不到她的愤懑。得不到她，就夺取天下，以弥补这份终生不可再得的爱情，聊以慰藉。但天下，只要活着，随时可以再打。而那曾青涩的逝去的爱情，却一去不回，“宁不知倾城与倾国，佳人难再得”。现在，自己终于又可以去那个世界，见到她了……

⊙ 上杉景胜像

谦信死后，养子上杉景胜与上杉景虎因继承人位置夺权倾轧，爆发御馆之乱。这时的上杉家面临分崩离析的危机，此后在东国的地位以及影响力，都已经远远不及谦信所在之时了……

时间轴迈入庆长二十年（1615年）正月十七日。彼时如日中天有望取得天下的织田信长，以及之后的丰臣秀吉，皆已烟消云散，化为了风烟，成为了历史。江户幕府业已成立十二年，大器晚成的大御所德川家康，取得天下已经是板上钉钉的事，只要一举消灭蜷缩在大阪城中的丰臣秀赖。此时，对大阪城的首次攻围，大阪冬之阵刚结束。江户幕府将军德川秀忠召见参阵的佐竹义宣家臣户村义国、上杉景胜家臣水原亲宪等人，奖赏他们在去年今福、鴫野之战中的表现，颁赐感状。诸将皆拜谢，唯独水原亲宪不以为然，私下偷偷跟人说："吾自束发以来，从谦信公征战于越后、关东，几将亡身者数矣，而未尝身受一褒赏。今鴫野之战，如同儿戏，反得将军褒奖，是可以传子孙为宝乎？"（意译自《古老物语》《东武丛话》），对此十分不屑。众人愕然。

谦信的威名，直至战国时代行将落幕之际，尚为人所传颂，声震天地。其不唯同时之人望而畏之，身后数百年，亦无人不震而惊之。被后世逐代美化、称作"军神"的上杉谦信，其一生虽有数败，但仍然瑕不掩瑜。其威声所垂，至今不朽，军神之名，固不虚也！

附录一：本文所列上杉谦信参与诸战编年表

永禄七年（1564年）三月，第一次臼井城之战，上杉谦信（败)VS 千叶胤富、松田康乡（胜）

永禄九年（1566年）三月，第二次臼井城之战，上杉谦信（败）VS 千叶胤富（胜）

永禄十一年（1568年）三月，放生津之战，上杉谦信（胜)VS 神保长职、椎名康胤（败）

天正二年（1574年）三月，女渊城攻略，上杉谦信（胜）VS 沼田景义（败）

天正二年（1574年）三月，深沢城攻略，上杉谦信（胜）VS 阿久沢兄弟（败）

天正二年（1574年）三月，御览田城攻略，上杉谦信（胜）VS 北条氏政军（败）

天正二年（1574年）四月，金山城之战，上杉谦信（平）VS 由良成繁、由良国繁（平）

天正二年（1574年）四月，利根川对峙，上杉谦信 VS 北条氏政军（对峙未交手）

天正二年（1574年）七月，木舟城攻略，上杉谦信（胜）VS 神保氏张（败）

天正二年（1574年）七月，金泽御坊攻略，上杉谦信（胜）VS 若林长门守等（败）

天正二年（1574年）九月，黑川谷之战，上杉谦信军（败）VS 由良成繁（胜）

天正二年（1574年）九月，深谷之战，上杉谦信军（败）VS 藤泽纪伊守（胜）

天正二年（1574年）十一月，猿洼之战，上杉谦信（胜）VS 由良成繁（败）

天正二年（1574年）十一月，赤埴之战，上杉谦信VS由良成繁（战果不明）

天正二年（1574年）十一月，小仓之战，上杉谦信VS小仓图书助（战果不明）

天正二年（1574年）闰十一月，羽生之战（野战），上杉谦信（败）VS北条氏邦、氏规（胜）

天正二年（1574年）闰十一月，上野追击战（野战），上杉谦信（败）VS由良成繁（胜）

天正四年（1576年）二月，安养寺城之战，上杉谦信（败)VS沼田太郎右卫门高信（胜）

天正四年（1576年）九月，莲沼城之战，上杉谦信（胜）VS椎名康胤（败）

天正四年（1576年）九月，富山城之战，上杉谦信（胜）VS椎名康胤（败）

天正四年（1576年）九月，栂尾城之战，上杉谦信（胜）VS神保氏张（败）

天正四年（1576年）九月，增山城之战，上杉谦信（胜）VS神保氏张（败）

天正四年（1576年）九月，飞騨攻略，上杉谦信VS江马辉盛、姉小路赖纲（此战存疑）

天正四年（1576年）九月，俱利伽罗峠之战，上杉谦信（胜）VS洲崎兵库（败）

天正四年（1576年）十月，太田村之战（野战），上杉谦信（败）VS洲崎兵库（胜）

天正四年（1576年）十二月，第一次七尾城之战，上杉谦信（平)VS游佐续光、长续连（平）

天正五年（1577年）九月，第二次七尾城之战，上杉谦信（胜)VS长续连、长纲连（败）

天正五年（1577年）九月，末森城之战，上杉谦信（胜）VS长续连、长纲连残军（败）

天正五年（1577年）九月，手取川之战，上杉谦信VS织田信长、柴田胜家等（实未发生）

天正六年（1578年）四月，关东出阵（计划），上杉谦信（师未发而崩殂）VS北条氏政

扣除战果不明、存疑、未交战、遣军交战（非本人所率）的战役，一共胜14次，败6次，平2次。当然，这些亦仅是本文所列出的战事的部分侧面，并非上杉谦信生平参与诸战的全貌。随着更多史料的挖掘，一个真实的、有血有肉的谦信的形象会更加清晰。

附录二：上杉谦信的其他败绩

限于本文篇幅和文章结构的连贯性，不能将上杉谦信生平的败战一一介绍，故姑且收录于下：

一、越中侵攻

天文十七年（1548年）八月二十一日，上杉谦信出阵越中，与椎名、神保交战，失利，在九月三日收败兵而归。天文十九年（1550年）五月，谦信再度出阵越中，仍不胜椎名、神保，

复引败兵而归。天文二十三年（1554年），谦信再次攻向越中，攻打板屋刑部政广所在的鱼津城，但是越中的泷三郎左卫门、寺崎民部左卫门、斋藤带刀、土屋平次左卫门、游佐信浓守等4000人，以及加贺一揆派遣过来的3000多人，合计7000余人，共同来援救鱼津城，使得谦信再度战败失利，议和后收军而还。

以上自天文十七年（1548年）至天文二十三年（1554年），上杉谦信屡屡向越中用兵，却屡屡失败，无一胜利，狼狈至极。这些战事的记载出自《北越军记》《北越太平记》《春日山日记》《越后军记》等军记物作品。

富田景周在《越登贺三州志》中认为，以上这些军记物中的记载，说谦信频年向越中出击，其说法相互抵牾错乱，恐怕其中有不少内容是重复的。在日置谦主编的《石川县史》一书中，则认为这些不过是“野乘所记”，并参考布施秀治在《上杉谦信传》一书中用原始文书对照所做的结论，认为上杉谦信的第一次越中出兵应该是在永禄三年（1560年）三月攻打富山城，没有天文年间那么早。

因而，上杉谦信在天文年间的越中侵攻，应该是《北越军记》《北越太平记》《春日山日记》《越后军记》等军记物作品的误记，或有意渲染，以夸张谦信的孝义（传统说法中，谦信之父长尾为景战死于越中，故谦信为其出兵报仇），从而刻意提早了许多年。因而，本文在严谨审慎地检证史料的角度上，也没有采取这些说法。

二、永禄四年（1561年）川中岛之败

在江户时代的军记物作品中，如《川中岛口上书》《谦信记》《北越军记》《甲越五战记考证》《北越耆谈》《川中岛五度合战之次第》《川中岛五战记》等，皆记载武田信玄的嫡子武田义信在第四次川中岛之战的最后关头，率领残兵突袭上杉谦信，将其击败，斩杀越后将领志田义时以下等数十人。谦信窘迫之余执枪亲斗，之后本庄繁长、长尾藤景等赶来援救谦信，才又击走武田义信。事后居功自傲的长尾藤景、本庄繁长经常在背后拿此事讥讽谦信，结果被谦信怀恨在心。最终长尾藤景被谦信借本庄繁长之手除去，而本庄繁长亦因此心不自安，遂告叛变，谦信历经数年才平定。

由于这种说法见于军记物作品，而且关于第四次川中岛之战的说法历来众说纷纭，因此在审慎的角度上，本文也没有取这种说法。

以上越中侵攻数次失败、川中岛遭武田义信击败的两个例子，都是出自军记物语作品的记载。这说明即便是在江户时代的军记物语作品当中，上杉谦信也不是百战无败的“军神”，也是有瑕疵的。

三、元龟三年（1572）川中岛对峙

根据《大日本史料第十编之八》所收录的《享禄以来年代记》《甲阳军鉴》《北越家书》《武德编年集成》《上杉家谱》《谦信一代记》等书的记载，在元龟三年四月（武田信玄西上在该年九月），上杉谦信于信浓长沼纵火焚掠，随后移阵于川中岛，武田胜赖闻警，率领寡兵前来与其对峙。上杉谦信看到武田胜赖的军势后，未与之交战，就撤师而还。在撤退途中，其殿后部队遭到了武田胜赖的追斩（《北越家书》）。

上杉谦信撤退的动机有两种说法，一种说法是畏惧武田胜赖，不敢打（如一色重熙《续日本史·武田胜赖传》记载“胜赖以寡军邀之，辉虎沮不敢战，胜赖追斩其殿”）；另一种说法是上杉谦信很欣赏武田胜赖的勇气，所以故意放了他一马，以成全他的勇名（如《常山纪谈》）。

但无论是“不敢打”还是“放一马”，实际操作过程都一样，上杉谦信没有和武田胜赖正面交手，就选择了撤军，而武田胜赖趁这时以寡军追袭上杉谦信之大军，斩杀其殿后部队。

根据《大日本史料第十编之八》所收录的《享禄以来年代记》的记载，此战当中上杉谦信出兵1万；又根据其所收录的《北越家书》《武德编年集成》的记载来看，上杉谦信出兵8000，武田胜赖出兵800。若此处以《北越家书》《武德编年集成》所记载之兵力为准，则元龟三年川中岛之役，武田胜赖以800人对阵上杉谦信8000，谦信不战而去，胜赖追斩其殿后部队。

此则战事既然被《大日本史料》所收录，且上杉家立场的史料如《上杉家谱》、《北越家书》也有记载，且承认殿后部队被胜赖追斩（《北越家书》），则应该确定是事实。至于上杉谦信当时选择撤军的真实心理动机究竟为何，恐怕除他自己之外，亦无人可得知了。

四、下野唐泽山城之败

根据《群书类从》所收录的《唐泽军谈》一书的记载，上杉谦信在攻打佐野昌纲的唐泽山城时，因为遭到了之前附属于自己的山上道及的背叛，结果导致己军战败。《唐泽军谈》称之为“谦信公败军”。不过《唐泽军谈》并没有记载此战的具体发生时间，且此书的书名取得不雅，乍看像是军记物一类的作品。在严谨、审慎的角度上取舍，本文暂且不取这种说法。关于谦信攻打唐泽山城失利之事，颇有风闻，应当是事实。但时间、次数等，应该还是个需要探讨的问题。此处谨录以备考。

五、上野和田城之败

根据《三州寺社古文书》，在永禄七年（1564年）三月七日，谦信带着佐竹、白井长尾、宇都宫广纲攻击上野和田城，但是没有成功。在《续本朝通鉴》中也记载“上杉谦信攻上野和

田，城将陷，时武田信玄援兵横田十郎兵卫率其队放鸟铳，无不中，谦信殆危，乃引归”，谦信攻打和田城失利，甚至到了“殆危”的地步。不过《续本朝通鉴》中记攻和田城失利在永禄九年（1566年）七月，与《三州寺社古文书》不符合。在《松陵夜话》《甲阳军鉴》中也并作永禄九年，不是永禄七年。这里的发生时间又产生了分歧和疑问，目前未见《三州寺社古文书》的原文，不能知晓其“永禄七年三月七日”这一文书落款，是后人校订时添加上去的，还是原本就存在的。因此不好判定和田城之战的具体发生时间，此处亦姑且存疑，留以备考。

六、加贺朝日山城之败

根据《石川县史·第一编·第604页》的记载，上杉谦信在天正元年（1573年）率军攻打加贺一向宗所在的朝日山城，结果一揆军固守城内，铳丸猛射，造成城外的上杉军死伤大半，又恰巧传来北条家袭击上杉家关东后方的消息，于是上杉谦信撤军而还。越后方的记录说谦信撤军是因为加贺一揆向谦信乞降，不过这一说法受到了《石川县史》的质疑，认为一揆的固守，造成上杉军死伤大半是谦信撤军的主要原因。此外根据《大日本史料第十编之十》所收录的原始文书集《寸金杂录》来看，在战后，加贺一揆大称自己击退上杉谦信的武功（朝日山城之战，与谦信对垒的主要是杉壹玄任）。此战既然有原始文书的佐证，和《石川县史》的进一步考证，应当为确凿无疑的事实。但目前资料尚少，留待以后补充完整。

总而言之，无论是相对原始的原始文书，还是相对后世的“军记物”“野乘”，上杉谦信都不是百战不败的“军神”。如果不分史料的良莠，统统把谦信的败绩统计进去，最起码有十几场。信史也好，野史也罢，上杉谦信在里面都做不成“军神”。能做“军神”的，恐怕也只有历史小说和网络百科中的上杉谦信了。

天时怼兮威灵怒

——吴入郢都之战

作者：林屋公子

公元前278年，秦国名将白起攻破楚国郢都，秦国虎狼之师屠戮军民，烧毁王陵，楚顷襄王被迫迁都陈（今河南淮阳）。“战国七雄”之一的楚国经过此次大劫后一蹶不振，而秦国是当时军事最强大的国家，所以没有人对这场战争结果感到惊讶。然而，就在白起破郢的二百二十余年前，郢都却被国力和兵力都远逊楚国的吴国一度占领。这场战争被范文澜先生认为是“东周时期第一场大战争，对楚国是空前未有的创伤”，可谓是“天时怼兮威灵怒，严杀尽兮弃原野”。其中涌现出的人物事迹也非常精彩：最耀眼的两颗星——伍子胥和申包胥，各自谱写了一曲荡气回肠的华章；还有那惊鸿一瞥的兵圣孙武，这是有史可考他参加的唯一一次战争，也是《孙子兵法》的全面实践。这场战争更是奠定吴国阖闾、夫差父子霸业的一役。后起之秀吴国能取得如此大的胜利，而楚国又能在都城被攻克后反败为胜，其中的利弊得失是值得后人思考的。

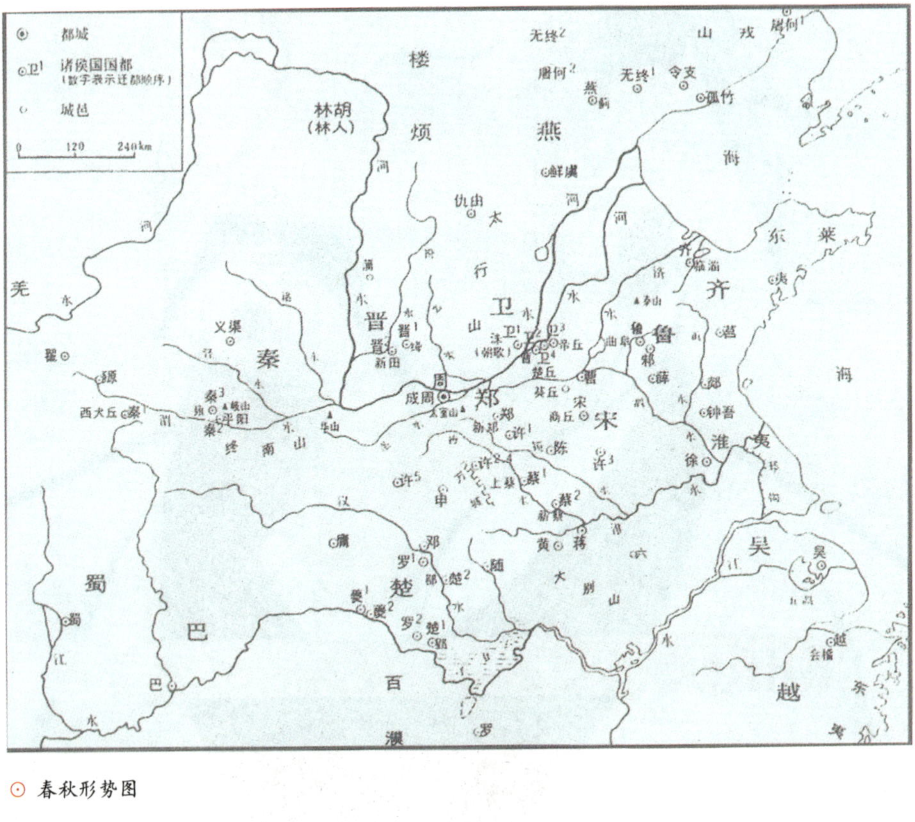

⊙ 春秋形势图

一、伍子胥的谋略

“吴获迄古，南岳是止。孰期去斯，得两男子？”据说吴国始祖是周文王的两位伯父：太伯和仲雍，他们为了让位给弟弟季历而逃亡江南建立了吴国。周武王灭商后，找到了仲雍的曾孙周章，将其正式册封为吴君。但是整个西周史除了《吴太伯世家》那张世系表外，我们看不到关于吴国的任何明确信息。到了春秋前期，吴国仅仅在《管子》中零散出场过，但这些史料也并不可靠。前601年，雄才大略的楚庄王攻灭舒蓼（今安徽舒城一带），并和东边的吴、越两国划定界线结盟。这是吴国在信史中第一次出场，它不过是以楚国小弟的身份，但也可以窥测吴国的西境已经和楚国相连了，实力较为可观。

而此时的楚国，却是春秋史上最辉煌的时刻。楚庄王即位后，三年不鸣，一鸣惊人，攻灭庸国，征伐陆浑，问鼎周室，平定斗椒叛乱，兼并舒蓼，并于前597年打败中原霸主晋景公，成为新一代霸主。前591年，楚庄王去世，两年后，即位的楚共王奋父亲之余烈，同盟齐、秦、鲁、宋、卫、郑、陈、蔡、许、曹、邾、薛、鄫等诸侯于蜀，这次会盟的参与国为春秋以来最多的一次，可以说春秋楚国霸业达到了顶峰。当然，往往是“祸兮，福之所倚；福兮，祸之所伏”，《左传》的作者就认为这次会盟诸侯缺乏诚意。同时，也就是在这一两年，晋景公派遣楚国降臣屈巫到达吴国，施展一项大工程。

屈巫又叫巫臣，他的事迹大家应该不陌生，这个为了绝世妖姬夏姬丢掉祖国的痴情男子，付出的代价太惨重，他的族人子阎、子荡和清尹弗忌等人因此都被政敌杀害并被瓜分财产。于是，愤怒的他决定对祖国展开疯狂报复，出使吴国正是他对晋景公的要求，他的目的是使晋国联合吴国，从而对楚国造成夹击形势。为什么选中吴国呢？首先当然是吴国实力不弱，能够起到牵制楚国的作用；然后是吴国和楚国因为地缘存在隐性的利益冲突，淮河中下游一带的淮夷、群舒都可以成为吴国争夺的目标；最后是吴国作为被华夏抛弃多年的姬姓国，如今能重新联盟一致“攘夷”，也利于提高吴国的国际声望。巫臣对吴王寿梦的说辞也大致如是。

不过，此时的吴国军事还比较落后。因为盘踞在长江中下游，所谓“水行善处，以船为车，以楫为马”，吴国水军可能是列国中最早建立的，军事主力当然也是步兵和水兵，但相应地就是完全不懂车战。为了使吴国成功掣肘楚国，巫臣送了十五辆战车给吴国，并且配齐射手和御者，让他们教导吴国车战的阵型和技法。不过，以后的历史表明，战车在吴国应用还是不广泛。但巫臣提出战略层次地“疲楚”方案则得到很好的贯彻。

之后，吴王寿梦相继骚扰性攻打楚国的边邑以及楚国的属国巢国、徐国等，使得巫臣的两位大仇人楚令尹子重和司马子反长期在国都与北、东前线间辗转奔走，最多的一次居然一年七次抵御吴军。双线作战使得楚国开始疲惫，也渐渐放松对淮夷的控制。

吴入郢都之战前吴楚战事简表
前 585 年，吴王寿梦元年，楚共王五年。
吴国相继攻打楚国以及楚国的属国巢国、徐国，楚国令尹子重、司马子反在国都与前线之间辗转奔走。战略上楚败。
前 584 年，吴王寿梦二年，楚共王七年。吴入州来之战。
吴国攻入楚之州来，楚令尹子重从马陵之会赶回援救，吴撤走。淮夷小国渐渐叛楚降吴。战略上楚败。
前 570 年，吴王寿梦十六年，楚共王二十一年。楚攻吴鸠兹衡山之战。
楚子重伐吴，攻克吴鸠兹、衡山，令邓廖袭吴都。吴军拦腰截断邓廖军，擒邓廖。子重退军，吴反攻楚而取楚驾城。子重愤恨而死。楚先胜后败。
前 560 年，吴王诸樊元年，楚共王三十一年。庸浦之战。
吴王诸樊乘楚共王丧侵楚，楚养由基设计引诱吴军入包围圈，楚司马子庚大败吴军，擒吴公子党。吴败。
前 559 年，吴王诸樊二年，楚康王元年。皋舟之战。
楚令尹子囊伐吴，吴军不出。子囊退军到皋舟，被吴军拦腰截断，擒楚公子宜谷。楚败。
前 549 年，吴王诸樊十二年，楚康王十一年。楚舟师伐吴之战。
楚康王亲自领水军伐吴，但由于不熟悉军令，导致没有开战就退军。未交战。
前 548 年，吴王诸樊十三年，楚康王十二年。吴救舒鸠之战。
舒鸠国叛楚，楚令尹子木伐之，吴救。子木与子强等五将围困吴军，子强以私属引诱吴军进攻，大败吴军，灭舒鸠。吴败。
前 548 年，吴王诸樊十三年，楚康王十二年，巢之战。
吴王诸樊亲自伐楚之巢，楚将牛臣打开城门，诸樊杀入，被牛臣射死。吴败。
前 547 年，吴王余祭元年，楚康王十三年，楚秦伐吴之战。
楚康王联合秦军伐吴，听说吴国有准备就停止行动。未交战。
前 538 年，吴王余眛六年，楚灵王三年，朱方之战。
楚灵王联合陈、蔡、许、顿、胡、沈六国与淮夷部落攻克吴国朱方，杀朱方大夫庆封。吴败。
前 538 年，吴王余眛六年，楚灵王三年，棘栎麻之战。

吴国攻克楚之棘、栎、麻三邑。楚国大夫开始修筑钟离、巢、州来各城防御吴军。楚败。
前 537 年，吴王余昧七年，楚灵王四年，鹊岸之战。
楚灵王联合陈、蔡、许、顿、徐、沈、越伐吴，在集结部队的过程中，楚将薳启强在鹊岸被吴军所败。楚灵王惧吴而退军，使大夫防守在巢和雩娄待命。楚败。
前 536 年，吴王余昧八年，楚灵王五年，房钟之战。
楚灵王囚禁徐太子仪楚，仪楚逃归。楚灵王令薳泄伐徐，令尹子荡伐吴。吴军在房钟大败楚军，擒楚官厩尹弃疾，子荡归罪于薳泄杀之。楚败。
前 529 年，吴王余昧十五年，楚灵王十二年，豫章之战。
去年，楚灵王驻扎颍尾，令楚军荡侯等五将围徐慑吴。今年楚内乱，楚灵王自杀。荡侯等五将退兵，在豫章被吴军击败，五将尽被擒。楚败。
前 529 年，吴王余昧十五年，楚灵王十二年，吴灭州来之战。
吴灭楚之州来，令尹子旗请伐吴，因楚平王新上位，不许。楚败。
前 525 年，吴王僚二年，楚平王四年，长岸之战。
吴伐楚，楚司马子鱼为先锋，在长岸与吴军交战，战死。令尹阳匄率大军战败吴军，夺得艅艎大船。吴公子光用计在楚军造成扰乱，大败楚军，夺回大船。楚败。
前 519 年，吴王僚八年，楚平王十年，鸡父之战。
楚联合陈、蔡、许、顿、徐、沈、胡伐吴，与吴王僚在鸡父交战。吴王僚用公子光的计谋以罪犯扰乱胡、沈、陈三军，杀胡子髡、沈子逞，擒陈大夫夏啮，继而败楚国联军。楚败。
前 519 年，吴王僚八年，楚平王十年，吴迎楚夫人。
楚平王夫人被放逐郹邑，招吴人迎接。吴太子诸樊入郹取楚夫人。楚司马薳越追击不得，自杀。(注：按《史记》则迎接楚夫人的是公子光，并且打败楚、陈、蔡军。楚败。)
前 518 年，吴王僚九年，楚平王十一年，吴灭巢及钟离之战。
楚平王以水军伐吴，到圉阳而还。吴军跟随楚军之后，灭楚之巢、钟离二城。楚败。
前 515 年，吴王僚十二年，楚昭王元年，吴围潜之战。
吴王僚乘楚平王丧，令公子掩余、公子烛庸率师围潜。吴公子光发动政变杀吴王僚，即位是为吴王阖闾。公子掩余、公子烛庸奔徐国、钟吾国。未交战。
前 511 年，吴王阖闾四年，楚昭王五年，吴侵潜、六、弦之战。
吴王阖闾攻打楚国潜、六。楚左司马沈尹戌救潜，吴军还。沈尹戌迁潜之民众于南冈。吴军又攻弦，左司马沈尹戌、右司马稽救弦，吴军还。战略上楚败。
前 508 年，吴王阖闾七年，楚昭王八年，豫章之战。

楚令尹囊瓦伐吴，吴军把船只停在豫章，分出一部分步兵攻巢。吴军打败囊瓦，随即攻克巢城，获楚公子繁。楚败。
前506年，吴王阖闾九年，楚昭王十年，柏举之战。
吴王阖闾与唐军、蔡军从三关入楚，楚囊瓦渡过汉水与吴军交战，三战不利，囊瓦欲逃，为属下史皇阻止。吴军、楚军在柏举决战，吴王阖闾弟夫概以私属先击楚军，楚军乱，吴军大败楚军。此后五战五胜直到郢，楚昭王出逃。沈尹戌败吴于雍澨，但自己也自杀而亡。楚败。

通过图表我们可以看到，从吴王寿梦到吴王僚时期，吴国对楚国军事上已经占上风。而吴王阖闾即位以来，更有名将伍子胥、孙武等人的加盟——伍子胥不但是政治家，也是军事大师，他写过《伍子胥》这部军事著作，可惜已失传，只能在其他著作中零星地看到这部书的雪泥鸿爪，如他曾跟阖闾谈水战理论——使得吴国军事实力有了质的飞跃。

前512年，为了解决后顾之忧，吴军以迅雷不及掩耳之势突击钟吾国（今江苏新沂）的国都并攻破之，一仗生擒钟吾君。正应了孙武“兵之情主速，乘人之不及”的战术思想。接下来是对实力较强的徐国（今江苏泗洪到安徽泗县），当年楚国半年也没有打下来，但阖闾却根据徐都所在高地的特征，堵住水流，反灌城池，于是徐国也被灭亡。又应了孙武“兵无常势，水无常形”的思想。

剪除楚国羽翼后，阖闾野心勃勃地想趁胜攻向郢都，但被孙武劝阻了。孙武说：“接连攻打钟吾、徐国、养城，兵众很辛苦了，而且楚国现在实力还是很强大，不适合孤军深入。”阖闾自然也就同意了，的确，吴国虽然在对楚战争上占有优势，但士兵数量还是太少，大概也就三四万左右，打打楚国几个边城还可以，但怎样才能绕过重兵集结的大别山脉，一口吃下城池牢固的郢都呢？伍子胥作为楚国人，很清楚楚国内部的问题。

他说：“楚国的高层人士虽然多，却不能和睦相处，令尹囊瓦和王兄子申关系就很不好。所以没人愿意自己承担打败仗的责任，都怕因此被对方算计。如果我们组织三支军队依次对楚国突然袭击而又迅速撤退，他们就会全力迎战我们。而等他们出来，我们就撤退；等他们撤退，我们又进攻。等到他们疲惫不堪了，我们三支军队一起进攻，就一定能战胜他们了！”

这其实不是什么新东西，完全就是巫臣的翻版。然而，当时的疲楚计划比较短期，而且没有形成系统。现在有伍子胥、孙武等人的谋划、辅佐，加上楚国内政的紊乱，阖闾的雄心也不在于简单的骚扰。好比吴国是个瘦弱的拳击手，楚国是个强壮的拳击手，怎么能打败对方呢？只能轻轻地打他一下就逃跑，让他重重还击的时候消耗他的体力，等到他体力差不多耗尽了，而且警惕心放松了，你再用尽全力一拳往他的要害击打过去，这样你就能胜利了。

果然，之后吴国一支军队进攻楚国的潜地、六地，楚国的左司马沈尹戌又是调兵又是发兵忙上忙下，等到大兵跑到边境，吴军走了；楚军刚回家，又听说吴国一支军队打到弦地来了，接着沈尹戌和右司马稽再一次出发了，结果当然是又没找到吴军；接着又是一支军队杀奔边境，楚军自然又是无功而返。

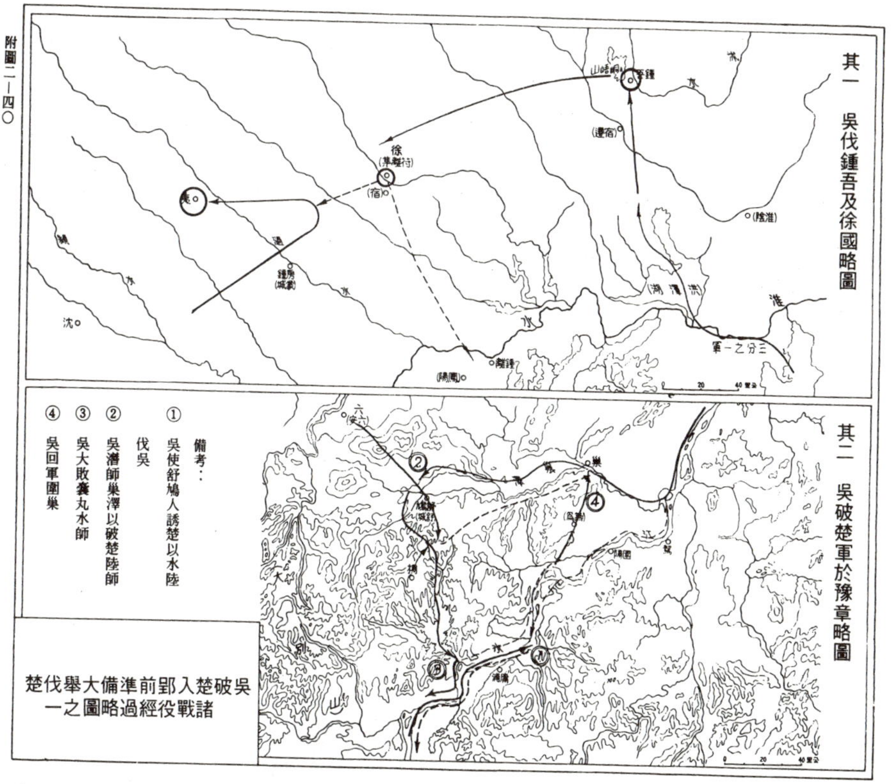

图 3 吴伐钟吾及徐国示意图（上） 吴破楚军于豫章略图（下）

二、豫章之战：大战的前奏

就在这样的情况下，楚军的士气一天比一天低落。但是阖闾明白，现在还不是大决战的时候。吴阖闾五年（前 510 年），疲楚战略刚实施一年多的阖闾，发动大军进攻南方的越国。这是阖闾第一次对越国用兵，但这举动并不奇怪。吴国的疲楚政策不是闹着玩玩，是在为一场大战做准备。为了防止背后被捅刀子，两年前就拔掉了北方的两根墙头草，现在对南方的楚国忠实盟友越国出招，再正常不过了。

当时越国在位国君是越王允常，听说吴人来攻，吓得魂飞胆丧，派使者去跟阖闾说：“吴国怎么能不信守当年的盟约，抛弃您的附属国来让我们的亲密关系破裂呢？”越国近几年表面上对吴国进贡称臣，但阖闾很清楚，自从吴王诸樊东迁太湖流域后，地缘关系决定了两国你死我活。越国边城槜李很快就被吴军攻破，算是给越国示威。

接下来，吴国依旧跟楚国玩疲楚游戏，玩得楚国大兵们精神高度紧张。吴阖闾七年（前 508 年），阖闾得到了一个消息，这个消息让他决定试探性地和楚国正面交锋一次，算是大战之前的小战吧。这个消息就是桐国（今安徽桐城）背叛了楚国，桐国也是个吴楚之间的墙头草国家，本来是跟着楚国混的，现在一看形势不妙，转而投向了吴国。经过伍子胥、孙武的谋划，决定让舒鸠国（今安徽舒城）打着进攻桐国的名义，来引诱楚军前来送死。舒鸠国王派使者对楚国说：“请贵国军队假装来攻打我国，我就逃到桐国去，他们一定不会想到我国的目的，我们就能趁此消灭他们了！”楚国令尹囊瓦答应了，许诺亲自发兵前往舒鸠。

当然，你要认为囊瓦这么容易就被忽悠来，那就大错了。楚国这方也不是傻瓜，算准了舒鸠这个家伙肯定有幕后指使者，要不没理由去打同气连枝的桐国。囊瓦知道了吴国一定会有部队在舒鸠附近，所以他打算将计就计，摸清吴国的位置，也突击吴国一把。

通过侦察，囊瓦很快得知吴军有水军在豫章（今安徽淮南江北间）一带。他非常高兴，下令大军到达豫章附近的巢城驻扎，然后再调动水军，攻打豫章的吴军舰队。囊瓦还在沾沾自喜中，可是他没想到，吴军的反侦察意识更高，已经做好了充分的准备迎接

春秋战车模型

楚军。吴国的水军发展得早，经过伍子胥的理论改造，实力更上了一个台阶。此时吴国的大翼楼船，已经有 1.52 丈长、10 丈宽，一共能容纳 91 人，其中上层扛着长矛、大斧、弯钩、强弩的士兵有共 26 人，非常威武。

两国水师在豫章的大河中相遇，囊瓦以为吴军没做好准备，优哉游哉地想去偷袭一把，没想到楚军还没接近吴军的船只列好队形，吴军的船只就已经冲杀过来！囊瓦大吃一惊，对面吴军的几只小翼已经冲了过来，一排青铜箭就哗啦啦地朝楚军身上射来，楚军完全没有防备，前面一排军人被射伤射死的一大片。

接着，吴军的桥船靠过来了，桥船的特点就是小而轻便，桥船上的吴军趁楚军前锋已乱，迅速地靠近了楚国的大船，用钩子扣住楚国的船舷，一拥而上跃入了楚国的战船，随即抽出贴身肉搏的青铜剑，往乱成一团糟的楚军身上砍去，楚军哪是吴军的对手，前面几艘船只的部队要么被吴军俘虏、要么被杀死、要么跳水而逃。

然后，吴军的超级豪华大翼楼船也靠了过来，囊瓦没想到吴军还有如此庞然大物，斗志尽失，只好下令全军撤回巢地。没想到吴军早有部队集结在巢城附近，截住囊瓦又是一顿厮杀，杀得囊瓦连巢地也不要了，屁滚尿流而逃。随即豫章的水师和巢地的步兵合作，很快攻下了巢地，捉住了巢地守将公子繁。

豫章之战的胜利，极大程度地鼓舞了阖闾。原来楚国的掌权者，是这么窝囊的一个人，还真没姓错囊啊，哈哈。我一定能打入郢都，生擒楚王和这个姓囊的家伙！可是，楚国在安徽湖北交界的大别山区一线布有重兵，我们要怎样才能攻进去呢？阖闾陷入思考中。也是上天要眷顾阖闾，居然在豫章之战的第三年，给了他一个千载难逢的机会。到底是什么机会呢？还得从豫章之战的两年前说起。

⊙ 春秋吴国大翼战船模型

三、贪婪的令尹

原来在吴阖闾五年（前 510 年）的时候，蔡国（今河南上蔡）国君蔡昭侯去觐见楚昭王，蔡国和唐国（今河南唐河）都是归附楚国的姬姓国，自然经常要去楚国走动送礼。蔡昭侯此行的礼物是一块玉佩和一件皮衣，这两样东西非常精美，是蔡昭侯特地请蔡国工匠做的，全蔡国只有两套。蔡昭侯风风光光地穿着皮衣戴着玉佩到了楚国，将另外一套送给了楚昭王。

年轻的楚昭王自然非常高兴，就请蔡昭侯吃饭喝酒。楚国国君设宴接待蔡国国君，令尹作为楚国执政自然也在场。没想到这个囊瓦非常贪婪，他也看中了蔡昭侯的宝玉皮衣，于是他居然在散会时让侍从去跟蔡昭侯暗示："老蔡啊，您这身衣服和这件首饰不错啊，我们令尹也很喜欢呢！"

没想到这个蔡昭侯是个倔脾气，寡人好歹也是一国国君，你们是大国，我是小国，送东西给你们国王也罢了，你这家伙算什么货色？我为什么要给你贿赂？于是蔡昭侯很坚决地说："令尹大人喜欢吗？那可真是寡人的福气呀。"说完也没任何表示。于是囊瓦生气了，他不只是想要这两样东西，更包含一种狂妄的暗示：你知不知道谁才是楚国真正的统治者？送给熊珍（即楚昭王）这个小娃娃，为什么不送给我？于是让手下把蔡昭侯关了起来。

作为一国之相的他不会动手抢，而想逼迫蔡昭侯自己主动送。蔡昭侯被软禁后，唐成公也骑着一匹骕骦马来了，然后另外一匹骕骦马送给了楚昭王。这种骕骦马是唐国名马，在当时中国也很有名气。贪婪的囊瓦自然又在酒席之后故技重施。唐成公也是脑袋一根筋，死活不给，结果自然也受到和蔡昭侯平等的待遇——被拘禁。两位国君一关居然就是三年。

由此可见，楚国虽然在对吴的战争上连连失利，但瘦死的骆驼比马大，对中原在自己势力范围一带的国家还能欺负；而现在年轻的楚昭王居然拿囊瓦无可奈何，试想如果楚平王能传位给太子建，能把令尹的位置给王子申，又怎么能出现这样的情况？而唐国和蔡国一下子没有了国君，也不知道该怎么办，就这样在无领袖的状态下混着过了三年，终于唐国有个人变聪明了，请求带几个人去为陪着唐成公的侍从换班。囊瓦似乎意识到了什么，点头答应了。

果然，那几个家伙一进去就请关了三年的兄弟喝酒，这批兄弟郁闷得要死，一杯接一杯地喝，终于都被灌醉了。然后这几个家伙把骕骦马给偷了出来，以唐成公的名义献给了

⊙ 河南淅川下寺楚国墓地出土春秋兽面纹玉饰

囊瓦。囊瓦和清廉二字着实不共戴天，收到礼物后马上放人。偷马的家伙主动向唐成公请罪。唐成公却叹气说："这是寡人的过失啊！各位不用这样了！"蔡国人一听这事，于是一批使者苦口婆心地去劝蔡昭侯，昭侯终于也答应了。

囊瓦自然又是挥挥手让放人，并且吓唬他们说："为什么我国关你们国君这么久？就是因为你们礼物不完备！明年还这样，我就杀了你们！"蔡昭侯气得要死，路过汉水的时候，把玉扔进汉水里祭祀河神，说："河神在上，寡人永远不再渡过汉水去朝见楚王！"返回国家的蔡昭侯，马上把儿子公子元送到了晋国做人质，要求晋国主持公道，进攻楚国。

第二年，晋国还真在召陵大会诸侯时像模像样、一副要打楚国的样子，没想到在这个国际峰会上，又出问题了。当时晋国的执政叫士鞅，他的助手叫荀寅。荀寅仗着自己是大国上卿，居然也厚颜无耻向蔡昭侯索贿。蔡昭侯火了，我要愿意拿钱，还用得着找你们？于是荀寅就对士鞅说："现在正在大雨，疾病也在流行，何况我大晋背后还有虎视眈眈的中山，何必在这个时候撕毁和楚国的盟约呢？打这仗对我国没有好处，不如辞谢蔡侯吧！"

士鞅和荀寅是一丘之貉，也就答应了。蔡昭侯实在是生气，都一些什么货色！没想到晋国不为他发兵不说，还摆出盟主的姿态，让蔡昭侯去攻打不来开会的沈国。蔡昭侯也是一股怒气没法发泄，借口说沈国（今安徽临泉）不参加会盟，抓住国君沈子嘉一刀给杀了。而沈国为什么敢不来？很明显背后是楚国撑腰。囊瓦愤怒了，派兵包围了蔡国，蔡昭侯只好采取乌龟战术坚守不出，楚军才撤退。与此同时，掌管外交事务的伍子胥，敏锐地捕捉到了这个信息。他马上致电万分愤怒的蔡昭侯，要想报仇吗？那就和我大吴合作吧！蔡昭侯顿时眼前一亮，对啊，为什么没想到可以依靠吴国呢，吴国对楚国可是连战连胜啊！

蔡昭侯还真是个给力的盟友，马上主动把自己的儿子公子乾送到了吴国当人质（真是多子多福），接着又主动把同样愤懑的唐成公给拉了进来。唐蔡两国实力平平，阖闾真的觉得他们有很大帮助吗？确实！只不过，阖闾需要的并不是军事协助，而是蔡国的地理位置和唐国的后勤补给！因为从蔡国国境内穿过，就可以绕过楚国重兵守卫的大别山一线。之后阖闾亲自率领大军，伍子胥、孙武、伯嚭以及阖闾的弟弟夫概一起随行，带领三军一同前至蔡国，唐国则发兵往东，计划和吴蔡联军在桐柏山和大别山之间的路口相会，一场血战即将拉开序幕。

是年为阖闾九年，公元前506年。郢都的天空上，乌云密布。

四、沈尹戌的计划

阖闾率领舟师在淮河中逆流而上，与蔡军在蔡国家门口的淮汭（汝水和淮水交界处）会合，然后吴军果断放弃了船只，连看守船只的士兵也不留，三万大军急行往西南向桐柏山进发，真的是做好背水一战的准备。为什么不继续往西了呢？因为再往西的淮河上游，就是楚国的重镇息县（今河南息县）！

桐柏山和大别山相连的地方，由西往东依次有三个关口，分别叫冥阨（今平靖关）、直辕（今武胜关）、大隧（今九里关），是崎岖的两座山脉之中相对平坦的三条通道。如果能顺利穿过这三个关口，等于走曲线穿过了大别山——桐柏山一线，进入楚国腹地的江汉平原地区。而幸运的是，唐国正好在这三个关口以西一带，对周边的地理环境自然是熟悉不过。

所以这个时候，吴军得到唐军的指引，疾如风地穿越桐柏三关。吴军的步兵在孙武的训练下，健步如飞，披荆斩棘，日夜不停地急行赶路，一两天就度过了桐柏山。正所谓“兵之情主速，乘人之不及，由不虞之道，攻其所不戒也”（《孙子兵法·九地》）。这时，摆在阖闾面前的又有两条路，一条是往西穿过随枣走廊先到清发河上游的唐国境内，这样能得到一些补给，然后再往南到达汉水；另一条是往南继续急行，到清发河下游注入汉水的地方驻扎。汉水以西就是楚国都城郢的所在地。

这两条路线如何选择呢？一般人肯定会觉得第一条更可行，但阖闾经过和伍子胥、孙武谋划后，认为虽然往西穿越随枣走廊能得到唐国的补给，但是也难免惊动唐国以南的随国，而随国可是楚国的忠实粉丝。所以不如速战速决，往南急行穿过清发河下游。这一片，正好是楚军的薄弱地带，仅仅在清发河中游有个郧城，吴军很容易避开郧城，到达清发河下游。这个时候，汉水以西的楚国反应再迟钝也察觉到了从天而降的吴军。楚昭王和令尹囊瓦根本想不到，远在大别山以东的吴国人是怎么从北边的桐柏山——大别山冒出来，现在还到达汉水以东了？

但是，楚国根本不怕吴军，长期以来，吴军只是在大别山以东的江淮地区，和楚军小打小闹，现在既然要进入大楚腹地，那可是自己送死了！囊瓦随即调集郢都的中央大军，以及附近重镇的军队，车辚辚，马萧萧，浩浩荡荡来到汉水以西，隔着汉水与吴军相望。军事史专家蓝永蔚认为，楚军的兵车部队应该是整个春秋时期最庞大的部队。据《左传》记载，早在楚灵王时期，楚国北部的陈、蔡、东不羹、西不羹四县的兵力就达到了12 万,四县是当时重兵所在，超过了中央军。而楚平王、楚昭王加强了中央防御，所以这次出动应该也至少有 12 万。

而吴、蔡、唐联军呢？根据《尉缭子》记载，吴军 3 万左右，唐蔡联军加起来估计不到一万，而且战斗力可以忽略，所以作战基本是靠 3 万吴军。《吕氏春秋》记载，吴军的 3 万人中，有一支 3500 人的先锋部队，“多力”者五百人，以及“利趾”者 3000 人。但分摊下来要一个人对付四个楚国人，压力确实很大。当然，失败不是最可怕的，最可怕是失败了连逃跑的机会都没有。有人就计划将江汉平原变成吴军的坟墓，这个人就是左司马沈尹戌。

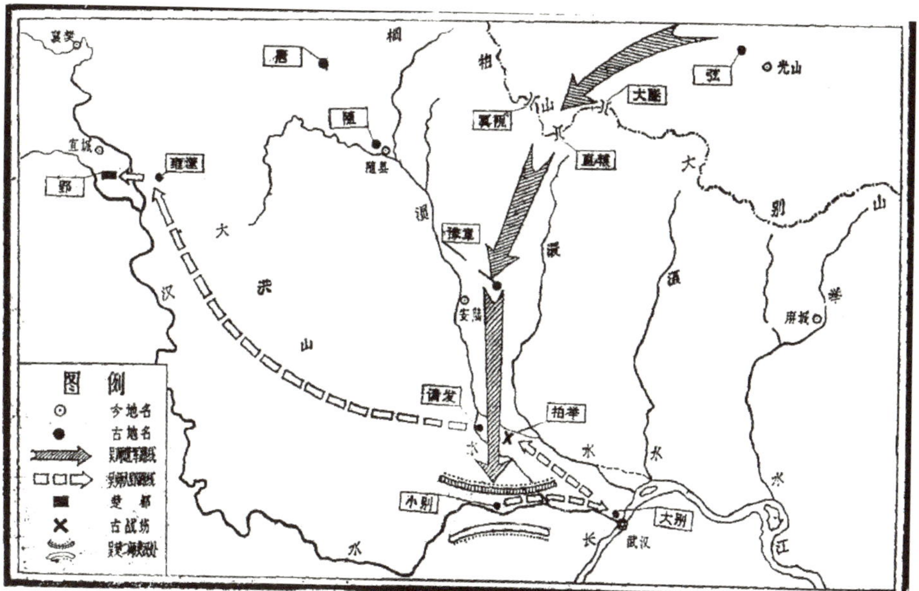

⊙ 柏举之战示意图

沈尹戌确实是个有才干的将领，他没有轻视吴军，而是在阵前对囊瓦建议，由他向北召集在方城山一带的兵马，先焚烧吴军留在淮水的船只，然后沿着吴军进桐柏的道路进三关，接着把桐柏三关给封死，最后抄往吴军的背后，这个时候囊瓦再带兵渡过汉水，东西夹击，必然可以让大别山以西、桐柏山以南、长江以北、清发河以东这块地方变成吴军的坟墓。

⊙ 孙武画像

客观来说，沈尹戌的战术确实非常恐怖，区区 3 万人的吴军根本拿不出人来守卫船只和关口，而只能一路向前背水一战。方城山也是个军事重镇，如果沈尹戌调来了那里的兵力来个前后夹击，那结果真是不堪设想，也许历史上就没有霸主阖闾和兵圣孙武了。阖闾和孙武怎么样才能化解囊瓦和沈尹戌的计策呢？难道吴国没考虑到这个问题吗？如果没考虑这个问题，那孙武也对不起兵圣这个称号了。《孙子兵法》云："知己知彼，百战不殆。" 吴国和囊瓦的数次交手，已经让孙武摸清楚了囊瓦急躁好胜的性格。"投之亡地而后存，陷之死地而后生。" 这就是兵圣！

果然，沈尹戌刚接到囊瓦的批准出发后，囊瓦这边就出问题了。原来天公不作美，开始下雨了。于是囊瓦的副将武城黑对囊瓦说："囊大人！吴国人是用木头做的甲和盾，而我们是用皮革做的，下雨天对我们不利啊！不如速战速决！" 皮革做的甲盾本来比木制的更坚固，可是浸水后受潮就容易穿透了，这样楚国装备的优势反而成了劣势。

这时候囊瓦仍然比较犹豫，毕竟刚下命令给沈尹戌，说好了等沈尹戌迂回包抄后自己再进攻的。如果自己现在进攻，也就会打乱全盘计划。正在这个时候，囊瓦的另外一个副将史皇说话了。他说："囊大人！你难道不觉得，我国君臣都更喜欢左司马，而不喜欢您吗？如果老沈在淮河边毁了吴国的战船并且堵塞了三道关口，这不是让他一个人独享歼灭吴军的功劳吗？到时候老沈的人气值肯定又会暴增，大人您这位置还能坐稳吗？"

武城黑说天气原因的时候囊瓦还犹豫，史皇这番话一说囊瓦马上就答应了。可见楚国最高统帅是以什么为重。而且根据史皇的话，很明显大家都一致认可沈尹戌的策略，但是——如此轻松的胜利方法还是被囊瓦的权利熏心给抛弃了。于是囊瓦准备渡过汉江，和吴军作战。当然，这也是在孙武计划中的，如果吴军先渡过汉江背水和楚军作战，那一点回旋的余地都没有了。而这一带多山，有大别山（今汉阳龟山，非大别山脉）、小别山（今汉川甑山）等，有利于吴国步兵集团作战；要是西渡汉水，那就是完全的一块平原了，吴国步兵那点的血肉之躯，是无论如何也抵挡不了楚国战车冲锋的。

五、夫概一马当先

得知囊瓦要东进后，伍子胥、孙武等人又和阖闾谋划，一定不能在楚军东渡的时候半渡击之，这样即使歼灭他们的先头部队，也会惊动他们大部分部队回郢自保，到时攻克郢都就很麻烦了。所以不如等他们全部过河摆好阵形，再一举全歼他们不迟。而囊瓦就这样稀里糊涂地放弃了汉水这道天然屏障，但他对战胜吴军还是稳操胜券的，毕竟自己这边12万大军，吴军只有3万大军，近四比一的压倒性优势还是让他很有自信的。而且他出动的中央军都是千锤百炼的英武之师。虽然楚昭王自己年纪小没上阵，但他的战车也出动了，他的直属部队分左右两广，每广30辆战车，每广又分左右两偏，便于互相接替，更是中央军之中的王牌部队。此外还有大量的战车，一支支长戟上的弯钩似乎要撕裂吴军的身体。

而最了解楚国地形的莫过于伍子胥。虽然80年前巫臣就教了吴人战车，但吴人最擅长的无疑还是水战和步战，现在船只已经抛弃了，那么吴军只能陆战，而陆战的最好方式无疑是把楚军引到山地去。囊瓦渡河的地方，正是小别山，吴人就沿着山头列好了阵形。而迎接楚军的，只有区区3500人的先锋部队而已。你没有听错，就是3500人，这也是吴军最精英的一支队伍，目的自然是引楚军上山而战。

果然囊瓦一声令下，楚军前锋部队开始登山，3500个吴国勇士且战且退，很快把楚军引入了吴军的包围圈。只听一阵鼓声，埋伏的吴军从南北两侧冒出来，一片箭雨朝楚国大兵身上奔来，接着3500个锐士也不再撤退，大喊着朝楚军身上砍杀过去。楚国的战车在山地完全失去了效果，有的轮子掉进了坑里半天出不来；有的颠颠簸簸完全没有方向，很快就乱成一团；而长戟兵呢，虽然对短剑兵有一定优势，但在茂密的丛林里也被大树和树枝磕磕绊绊。很快先锋部队就被吴军消灭了几千人。

囊瓦准备下令楚军撤退，但奇怪的是吴军也开始撤退，原来吴国人的持久力还是差了点啊！于是囊瓦指挥大军追逐到小别山和大别山交界处，结果惊奇地发现刚才还在逃跑的吴军突然不跑了，掉过头来疯狂地攻击楚军，山地中发挥不出优势的楚军又一次被打败；

⊙ 春秋霸主吴王阖闾画像

结果占上风的吴军又莫名其妙往东边走了，囊瓦不愿意放弃追杀的机会，带领楚军跑上了大别山，结果意料之中被吴军第三次打败，三战下来损失可能差不多一两万人。原来吴军是在利用地形巧妙地消耗楚军的力量和士气啊，难怪每胜一次反而撤退一次，实在太阴险了！

囊瓦这个时候害怕了，尽管他还指挥了10万左右的大军，吴军三胜并没有伤到楚军的元气，但他隐隐约约预感到了一定会战败。这个时候囊瓦居然想放弃楚军逃往国外，但被史皇阻止了，史皇说："国家太平的时候您忙着争权夺利，现在国家有了危难，您想去哪里呢？您一定要好好打这一仗，打胜的话以前所有的罪过都可以免除啊！"虽然史皇之前劝说囊瓦不要让沈尹戌争功，但此人还是心存国家大义。而囊瓦此人实在无耻，他虽然硬着头皮答应史皇留下来，但斗志已经基本全无了。有这样的人做统帅，楚国失败仿佛已是天意。

11月18日，楚军往西北退下了大别山，到达了一个叫柏举（旧说在湖北麻城东，较不可靠，本文采用湖北汉川新说）的地方。吴军也跟着退下了大别山。两军在柏举摆出了阵势，真正决战的时候到了。前面三仗尽管都胜利了，但并没有损伤到楚军的元气。囊瓦的部队还有十多万人，而且，如果等到沈尹戌把方城山的重兵调回来，那结果真不堪设想。

在平原和楚军作战，有信心吗？阖闾犹豫了，根据《韩非子》记载，阖闾三胜之后也预感到了可能会被包抄，产生了见好就收的想法。但被伍子胥劝阻了，伍子胥认为，只喝一口水呛不死楚国人，不如直接往他肚子里灌满水。这时似乎孙武也认为应该先观察敌方动静再说，但楚军一直没有动静。这样拖下去绝对不是办法，吴军这边的高层其实用脚趾都能想到沈尹戌的计谋，楚国肯定会调动北方部队的；可是毕竟敌众我寡，而且柏举一片平地又无险可依，这个时候，弱方先动手，肯定会吃亏的。

正在僵持的时候，有人忍不住了。这个人居然是夫概。夫概是阖闾的亲弟弟，父亲诸樊的尸体，大哥阖闾杀王僚，四叔季札推让王位，每件事他都历历在目。他一直在想：为什么大哥能得到王位，我却不能？他当然知道大哥的王位是怎么得来的，首先就是靠显赫的战功树立起威望，所以这次他主动请缨出战。但是，王兄有伍子胥和孙武这两位金牌参谋，自己的意见似乎一点儿都得不到认可，这让他很窝火。

也许现在正是我扬名立功的时候吧！几个懦夫都不敢上，那么就由我去吧！如果不把握这个机会，那我一辈子与国王的宝座无缘，干脆死了算了！于是夫概向阖闾主动请战："大王，楚国的统帅囊瓦不仁不义，他的属下一定没有必死的决心打仗。我们抢先进攻，他们一定会逃跑的。等我们大部队全面进攻，我们一定可以打败他们的！"

阖闾没有听他的，毕竟双方兵力悬殊太大了，不成功则成仁的道理阖闾还是懂的，而且他也不希望这个弟弟太表现。可是夫概没有听大哥的话，他让属下去对阖闾说："我认为能成功的就去做，难道一定要听从命令吗？今天我拼死作战，一定可以攻破郢都！"于是夫概带领自己的五千兵马，气势汹汹地朝囊瓦军攻杀过去。不得不说阖闾和孙武实在是太高估楚军的士气了，根本没想到在囊瓦的折腾下，一支楚国最精锐的部队居然被弄得士气全无。

只见夫概的五千人像风暴一样朝比自己多几十倍的部队席卷过去，士兵们挥舞着剑、戈、矛朝着士气涣散的楚国人拼命砍、削、刺，夫概本人也一马当先，亲自擂起战鼓，举起军旗。夫概的冒死一搏居然取得了成效，楚国的先锋部队很快被冲垮，而且戏剧性的一幕出现了——先锋部队被冲垮后，大部队立即转身就逃跑，之后十几万的楚军居然被五千的吴军追着跑，辎重和武器丢得满地都是！

这时，囊瓦展现了他一直以来的无耻精神，并将无耻进行到底，他竟然连十几万部队都不管了，居然还跳下了自己的车子，找到一辆小车就赶紧往北一路逃到郑国去了。而史皇在这个时刻倒表现出了大忠大义的精神，他跳上囊瓦的主帅车，指挥部队不要乱，有序撤退。

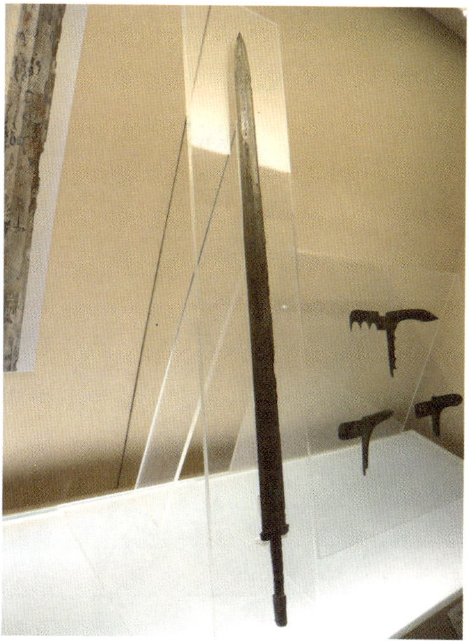

⊙ 春秋吴王光（阖闾）剑

六、入郢

阖闾知道夫概的胜利后，马上带领大军随后而至，亲自指挥全军朝楚军攻打过去。三战三败加上囊瓦逃跑的消息早已传遍了整个军队，楚军本来就早已军心涣散，现在主帅还真的逃跑了，楚军已经完全乱成一团，你挤我，我推你，都想先逃。当然，楚军还有一部分军队在史皇和另一将领薳射的指挥下，仍然英勇作战，他们知道如果战败了就保不住国都，他们要为国家而战，坚决抵御吴军！

于是，最短兵相接的一幕出现了，无数的吴楚士兵贴身厮杀着，吴国士兵用剑砍向楚国士兵，楚国士兵用戟刺向吴国士兵，两军的鼓声和呐喊声好像要把柏举的天空都震碎，大地也流淌着鲜血。阖闾、伍子胥、孙武、伯嚭都乘车当先，一支支四棱青铜箭像流星一样划破空气向楚军射去；史皇和薳射自然也不甘示弱，鼓声擂得响天彻地。

终于远方飞来一支箭，射在了史皇额头上，史皇倒了下去，楚军没有人指挥了，成了一群乌合之众，争先恐后要逃跑，薳射也拦不住。几个吴国士兵围住了薳射的战车，一跃而上，杀死了御戎和车右，生擒了可怜的薳射。而溃散的楚军现在只想着赶紧渡河回郢，根本没想到北上逃往郧城其实更方便。于是吴军一路追逐楚军，往西就到清发河了，阖闾准备指挥部队，趁他们没有过河的时候全部歼灭。但被夫概阻止了。

浙江博物馆藏越人模型，因常游水而断发文身，吴国民众主体也是越人

夫概说："困兽犹斗，何况人呢？如果不给他们逃跑的机会，他们一定会拼死抵抗的。不如等他们先头部队到河中间的时候再攻击，不是很好吗？"这次阖闾采用了夫概的意见。果不其然，吴军等到楚军的先锋部队到了河中间、后面部队还在岸上的时候，突然对岸上的军队发动了攻击。已经在河中央的楚军都想着逃过河就能回家，而后面的人又想赶紧过河，整个楚军根本没有斗志，被吴军杀死的、互相踩踏死的、淹死的不计其数，鲜血染红了清发河水。

楚军渡过清发河以后，先头部队一个个在地上搞野炊做饭吃，原来楚军消耗的动能过多，实在饿得不行。看到吴军赶来，楚军扔了饭碗赶紧逃跑，这下倒是请吴军吃了顿霸王餐，结果是吴军更有力气追楚军了。在清发河到汉水之间的雍澨一带，楚军又被吴军追上了，楚军根本没有反抗的想法，只想先走。然后到了渡过汉水的时候，吴军又故技重施杀了一批楚军。等到渡过汉水，面前就是郢都了，结果没来得及进城的后方部队又被吴军追杀了几千人。至此，吴军九战九胜，到达郢都城外，囊瓦十二万左右的部队基本被吴军全歼，郢都城内差不多无兵可守。

11 月 28 日的这天，柏举之战的十天后，见大势已去的楚昭王知道郢都肯定会被攻破。悲摧的这位大国国王，一边问候着囊瓦的母亲，一边带着中央领导班子迅速往西逃出郢都，到了睢水。这干随行人员包括楚昭王哥哥王子结、妹妹季芈畀我，以及针尹固、王孙由于、钟建等人。这个季芈畀我是楚昭王还尚在闺中的小妹妹，季代表她排行最幼，芈是姓。

根据《庄子》记载，跟随昭王的还有个羊肉贩子叫作屠羊说，楚昭王还是比较受人民爱戴的，所以这个羊肉贩子坚决表示要让大王在逃亡途中能吃上烤羊肉串。还有个叫蒙谷的大夫，在昭王走后还跑到宫里去看了看，发现法律《鸡次之典》没拿，马上把法典抱起来，逃出城去了。由此可见，楚昭王虽然弃国都而逃，但楚国人心没有散，而且还有沈尹戌从北方调来的几万部队马上要到。但是昭王随行只有几千军士，昭王能躲过吴军的捕杀吗?

昭王出奔的第二天，吴军就攻破了郢都，沈尹戌之前就预感过，不施政爱民的话，城墙砌得再高又有什么用呢？而囊瓦拼命地筑城，最后还是不能在自己心里筑起一道清廉的壁垒，以致全军覆没。这一天是公元前 506 年十一月二十九日，这是历史性的一刻。吴军攻入郢都，楚国的兵士早已逃得一干二净，只有受到楚昭王恩惠的首都人民拿起锄头、镰刀抵抗了一番，但他们怎么是训练有素、士气高昂的吴军士兵的对手呢？尽管郢都人民奋起反抗杀死不少吴国士兵，但更多人民被杀死，整个郢都城血流漂杵。而阖闾，就踏着血泊、挥舞着长剑走进了楚昭王的王宫，坐上了楚昭王的宝座。

很快，阖闾得知楚昭王逃跑的路线，下令轻装部队去追杀昭王。楚昭王正准备上船，一看吴军追杀过来了，吓得赶紧让部下划船逃跑。这时楚昭王身边的针尹固站了出来，原来他有项绝活——驯象。只见针尹固把负重用的大象牵出来，在它们尾巴上点上火，驱使它们向吴军冲去。虽然田单的火牛阵很出名，但在更早的春秋时代就有更威武的火象阵了。大象们尾巴被烧灼，一头头像疯了一样往吴军阵营冲过去。再见多识广的吴军也没见过这种疯狂的庞然大物，许多可怜的吴军战士都被大象撞倒在地，踩成了肉饼。就这样，楚昭王得以逃出吴军的追击。但楚昭王实在吓得不得了，这一逃就沿着睢水到了长江，居然逃到长江南岸的云梦泽中了。

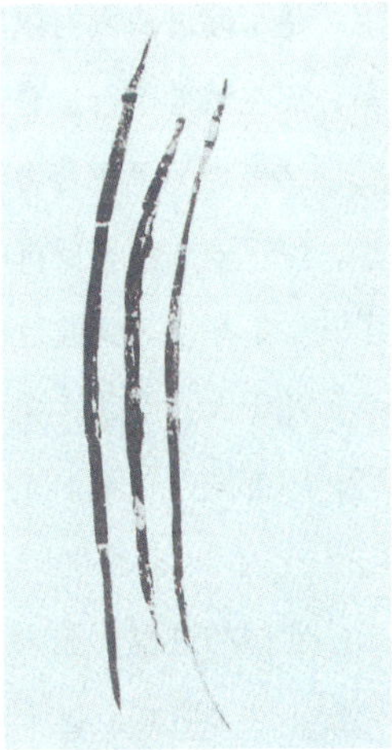

⊙ 春秋竹弓

占领郢都的阖闾、伍子胥、伯嚭和吴国士兵们，在这一刻野性得到释放。于是，阖闾时代也是整个吴国历史上最不光彩的一幕出现了：阖闾占领了楚昭王的后宫，还下令夫概、伍子胥、伯嚭等人按照官位的高低顺序分别进驻楚国大臣的家里，占有他们的财产和女人。而吴国士兵们，也上老百姓家里，奸淫掳掠，无恶不作。

而这一切，让一个人感到很恐惧。

七、日暮途穷　倒行逆施

根据孙武的想法，他只是愿意帮助吴国强大，扶助阖闾称霸于诸侯，但是没想到，吴国人在攻进郢都后，居然会变成这个样子！爱民如子、礼贤下士的阖闾，文能经天、武能纬地的伍子胥，驰骋沙场、训练有素的吴国士兵，在这一刻全成了恶魔。根据《吴越春秋》记载，阖闾强奸了楚昭王的妻子，伍子胥、伯嚭、孙武也强奸了囊瓦和沈尹戌的妻子。为什么野史会记载孙武也参与了这样的兽行，我一直纳闷这个问题，但我坚定地认为，以孙武作为一个兵圣的头脑，绝对不会做这种倒行逆施的事，或者是《吴越春秋》本身可信度不高，或者也是出于阖闾的逼迫吧，当然还有一种可能，那就是孙武本人也冲昏了头脑，至于为什么会这样，可以看篇末的附文。

父亲被杀的阖闾和夫概，父亲和兄长被杀的伍子胥，祖父和族人被杀的伯嚭，父老乡亲被杀的吴国士兵，几十年的仇恨，在这一刻完全释放了出来，他们践踏着楚国人的土地，残杀着楚国人的孩子，糟蹋着楚国人的女人……整个郢都陷入了一个恐怖的世界。根据《古列女传》记载，吴王阖闾强奸了楚昭王的夫人，还想去强奸楚昭王的母亲孟嬴。但是孟嬴拿着刀子对准自己，然后义正词严的一番话，说得阖闾也感到非常羞愧，于是退出了孟嬴的宅子，并下令军士严加守卫，谁也不准进来这里。当然，《列女传》也是小说性质，史料价值并不高，目的无非是为了突出孟嬴的贞烈。

《史记》所载，伍子胥没有抓到楚昭王，却找到了楚平王的坟墓，他让手下人拆了楚平王的墓碑，掘开了楚平王的坟墓，扯出了楚平王的棺材，拖出了楚平王的尸体。伍子胥不顾尸体早已腐烂发出的臭味，大哭着拿着鞭子就朝楚平王的尸体上鞭打过去，猛抽了三百下。而《吴越春秋》记载，之后伍子胥又用左脚踩着平王的肚子，右手还挖出了平王的眼睛，大笑道："谁让你听从奸邪小人的话来杀害我的父兄，我这样对你难道冤枉你吗？"又哭又笑的伍子胥，这一刻大仇得报，他也已完全进入了疯狂的状态。

伍子胥当年的朋友申包胥也逃到山中，得知吴军的兽行后，他非常生气，让人带信给伍子胥说："你这样报仇是不是太过分了呢？再怎么说你也曾经是先王的臣子，现在到了侮辱先王的地步，这不是伤天害理到了极点吗？我听说，人可以胜天，但是天也能毁灭人的！"伍子胥却告诉申包胥的使者说："我现在已经是日暮途穷（成语出处），所以才要倒行逆施（成语出处）啊！"饱经风霜的伍子胥确实也老了，他现在只想着报仇，哪里还害怕报应呢？

需要说明的是，《春秋公羊传》和《吕氏春秋》均记载伍子胥只鞭打楚平王的墓碑，后世也有不少人怀疑过鞭尸的真伪性，毕竟古人认为掘人祖坟是件非常伤天害理的事，以伍子胥这样的经天纬地之才还不至于做出这种惨绝人寰的事。而且伍子胥家的祖坟也在楚国，他就不怕别人挖掉吗？

不管如何，伍子胥的大仇得以报了。但夫概和阖闾的儿子子山又闹起来了。原来子山自恃是阖闾的儿子，大摇大摆地住进了囊瓦的家里。但是夫概认为决定性的柏举之战完全是自己的功劳，提起剑就朝子山砍去，子山吓坏了，赶紧跑到阖闾这里告状。但阖闾认为这次战争弟弟确实功劳很大，也就许可了夫概的做法。当然这里面也有夫概野心地膨胀。

《孙子兵法》曰："兵贵胜，不贵久。""夫兵久而国利得，未之有也。"孙武肯定认识到了，吴国军队在楚国待的时间越久，遇到的危险就越大。毕竟楚国不是只有郢都一个城，北面还有申息重镇，东面还有大别山一带的精兵，而且郢都人民的殊死反抗，更让孙武认识到楚国的凝聚力是非常强大的！但是没办法，吴国的君臣都已经沉浸在占有欲和破坏欲中，他们还烧毁了郢都的粮仓，销毁了象征楚国王权的九龙（一说十龙）之钟，没有人理会孙武，郢都已变成一个人间地狱。孙武这个时候不断地劝谏，但终于引发阖闾的愤怒，阖闾生气地让孙武退下。

⊙ 春秋铜镞

而这时候，北上刚到息县的沈尹戌也听

说了郢都被攻陷的消息，他已经来不及去堵住吴军的退路了，火急火燎地带着自己的偏师和息县的部队往郢都进发。阖闾也听说沈尹戌带兵赶到，他知道沈尹戌是楚国不可多得的一个将才，于是留一部分士兵守卫郢都，其他人迎击沈尹戌。于是沈尹戌军又在汉水和清发河之间的雍澨和吴军相遇。双方交战的力量也可以大概估算一下，陈、蔡和东、西不羹四县的兵力在楚灵王时代共 12 万，大概每县 4 万人，楚平王时代让陈、蔡得以复国，兵源应该分摊到中央和各地了，我们假设沈尹戌在息县征调了 4 万左右的军队；而吴军开始是 3 万左右，三战下来应该损失在 3000 名士兵左右，留在郢都算 7000，那么出战的还有 2 万左右。

沈尹戌年轻时曾在阖闾手下做过人质，对阖闾的性格和吴军的阵势非常了解。而且沈尹戌这个人特别忠义，不但政治宣传做得好，自己也能以身作则，所以兵士都愿意为他卖命。而吴军呢，在郢都中享乐得有点飘飘然了。两军相遇，沈尹戌亲自在战车上擂鼓，勇猛的楚军大声叫喊着杀向吴军。他们要为自己的祖国报仇，为自己的父老雪恨，楚军的大戟朝吴军刺去、钩去。吴军这些日子的淫靡生活早已消磨了战斗力，无数士兵的短剑被楚军大戟击落，杀死在战场，吴军大败。

但是，吴军毕竟是经过兵圣孙武训练过的；主要是往西就是汉水，根本没有退路！面对大概是自己三倍的楚军，备感生命威胁的吴军终于又一次激发了斗志和血性，和楚军杀成一团，青铜剑和青铜戟交错在一起发出清脆的金属声和呐喊声，车轮的滚动伴随着长矛的挥舞、弓弦的张弛。终于楚军还是敌不过身经百战的吴军，沈尹戌拼死苦战，亲自指挥三次战斗，但三次战斗都被吴军大败，连沈尹戌自己都被吴军重伤，现在也已经是奄奄一息了。

吴军的包围圈在渐渐缩小，沈尹戌知道自己跑不了了，因为他以前在阖闾手下做过事（不知道是卧底还是人质），所以他非常不愿意被吴军所俘虏，于是他对身边护卫自己的一些步兵说："谁能够杀了我，不要让吴国人得到我的头？"沈尹戌抱了必死之心，但他的属下却没有人忍心杀他。这时他的部将吴句卑说："下臣不才，愿意担当这项任务！"沈尹戌笑了笑："以前没有重视

⊙ 楚公家钟，可能是楚国最早的青铜钟

你，关键时刻还是您可以啊！”

这个吴句卑原来是吴国人，沈尹戌在吴国的时候认识的，后来被沈尹戌拐到了楚国。他割了沈尹戌的头用布包好，藏好尸体之后就逃跑了。楚国最优秀的将星就此陨落，沈尹戌虽然没有成功全歼吴军，但还是消灭了几千名吴军。更重要的是，他以死来激励了楚国军民的继续抗争，而且他的死也激励了另外一个人，这个人是他的儿子沈诸梁，我们通常叫作叶公。不错，就是叶公好龙的叶公。

八、蓝尹亹拒渡昭王

差不多在沈尹戌战死的同时，楚昭王也碰到了很悲剧的事。

话说楚昭王从睢水渡过长江后，实在困得不得了，就在江南的云梦泽一带睡觉。因为以前的长江中游一带南北都有很多湖泊和沼泽，这些星罗棋布的湿地就统称为云梦泽，包括现在的洞庭湖等。这一片虽然是楚国的领土，却是蛮荒之地，政府也没怎么管，属于楚国国王的捕猎区一类。

楚昭王一行就在云梦泽搭起帐篷睡了下来，又累又冷的昭王很快就睡着了。没想到刚睡不久就被斗殴声吵醒了，原来来了很多披发文身的土著人，他们看楚昭王君臣衣着华丽，人数又不多，就想杀人越货。楚昭王的侍卫马上就和这些强盗打了起来，但这些强盗非常彪悍，杀死了好几个侍卫。

有个强盗看到楚昭王爬了起来，只见这小子穿着光鲜，也不知道他居然是自己的国君，挥起戈就往昭王的脖子上砸去。大夫王孙由于一看不妙，连忙跳到两个人中间，大喊：大王快跑！强盗当然不跟王孙由于玩老鹰抓小鸡的游戏，正好一戈砸中他的后背，王孙由于的后背顿时被戈刺了个洞，血流如注。忠勇又悲摧的王孙由于眼前一黑，就栽倒在地。

在王孙由于和众侍卫的拼命保护下，楚昭王和妹妹畀我赶紧驱赶马车逃跑，各位大臣也不甘示弱地跟着大王逃跑。可是在云梦泽这样的湿地地带，马车非常不方便，轮子经常会陷到坑里。于是大家连车子也不要了，就徒步慌慌张张地跑着。强盗们一看死的死，跑的跑，没啥深仇大恨也就不追杀了，带着金银珠宝就返回山寨去了，留下一堆楚国大臣的尸体在地上。

过了一会儿，尸体中爬出个人来，原来王孙由于只是昏过去了，并没有死，不过等他醒过来时，大家已经走得影子都不见了。还好泥泞的土地上留下了很多脚印，王孙由于便

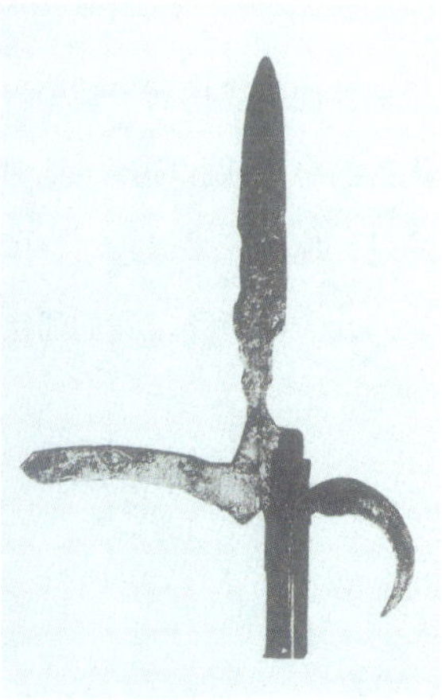
⊙ 春秋铜戟

顺着脚印加大马力去追赶昭王一行。

当时正是十二月严寒天，楚昭王一干人真的够倒霉了，在这寒冷刺骨的南方冬季，平时养尊处优的楚国君臣徒步在云梦泽中，踏着冰冷的泥水奔跑着，还要担心背后的强盗和可能无处不在的吴军。慢慢地王孙由于也跟上来了，于是大家一起商量，到底往哪里走呢？国不可一日无君，老在外面游荡也不行。于是就有人提议，不如沿着长江走到汉水下游，然后再沿着汉水的支流清发河而上，到清发河中游的郧城去，这也是最近的一个重镇了。

这条路其实正好和吴军当时的进军路线垂直，还好吴军不多，所以都是集团作战，否则只要在这个地方还留有几百人，估计楚昭王就在劫难逃了。大家跑着跑着，昭王的小妹妹畀我停了下来，原来小女孩子毕竟体力有限，皱着柳眉就说不走了。怎么办呢？大臣们一个个都累得气喘吁吁了，正在犹豫要不要主动站出来背这位公主。这时，大夫钟建想也没想就喊："下臣来背公主吧！"已嫁人的女人都不能让男人碰，未出阁的公主更是不行。但楚昭王也管不了这么多，就点头批准了。于是畀我就趴到了钟建背上，大伙继续赶路。

终于赶到了郧城，郧公斗辛立刻亲自迎接国君，并为他接风洗尘。流浪好多天的楚昭王终于看到了楚国旗帜，真是又悲痛、又喜悦。但是楚昭王没想到的是，才出狼穴，又入虎口。刚躲过云梦泽的强盗，却差点在自己的地盘丢了小命。想杀他的人正是斗辛的弟弟斗怀。原来斗辛、斗怀和斗巢三兄弟的父亲不是别人，正是楚国前令尹斗成然，而斗成然曾跟大夫养氏走得太近，有结党嫌疑而被平王杀害。这时斗怀正是想为父亲报仇，杀死楚平王的儿子。

斗辛知道弟弟的计划后，吓得魂飞魄散，马上跑到弟弟家里劝阻弟弟说："国君就是上天，国君要杀臣子，这难道不是天意吗？你现在欺负弱小的大王，是你不勇敢；乘人之危，是你不仁德；断了大王的子嗣，是你不孝；没有正当的理由而杀人，这是不聪明。如果你非要这样做，那我就杀了你！"斗怀吓坏了，只好中止犯罪。但斗辛却对这个弟弟不放心，他在我面前当然不敢不答应，我不在的时候杀了大王怎么办？不行，必须护送他走。于是斗辛和另一个弟弟斗巢，带上楚昭王，沿着清发河北上，往随国避难去了。

真是福无双至，祸不单行。楚昭王一行匆匆忙忙地跑出郧城，才想到连船都没有，恰巧这个时候看见蓝尹亹带着全家在清发河上准备逃难，而且老蓝的空船还真不少。这下楚昭王很高兴，连忙跑到岸上招手让蓝尹亹停船接客。没想到老蓝这人还非常冷幽默，他说了一句：“我大楚自从建国以来还没听说哪位国君丢了都城。大王您现在出现这种情况，完全是您的罪过！请恕我难以从命！”让手下人摇着棹和橹就走了，留下了在河岸上骂娘的楚昭王。

然后估计斗辛又让人进郧城找了几艘船来，终于让霉运不断的楚昭王平安到了随国（今湖北随州）。随国虽然是江汉诸姬之一，但却和楚国关系非常好，楚国周边的小国被吞光了，却还剩下它一个，直到战国才被楚国灭亡。那个很有名的曾侯乙墓的曾侯，其实就是随侯了。

这个时候的吴军，在做什么呢？

⊙ 湖北随州出土曾侯乙铜鉴缶

九、昭王与随侯盟誓

与沈尹戌的一战，让阖闾清醒了点，加上郢都人民的反抗还一直在风起云涌，据《吕氏春秋》记载，阖闾居然有一天被郢都市民赶着换了五个住所。阖闾知道不能老待在郢都享乐了，宜将剩勇追穷寇，必须早点揪出楚昭王来杀死才好。不过还要做一件事，就是趁此机会收服楚国的属国，在中原的陈国。阖闾找使者去见陈国老板陈怀公，让他来郢都覲见自己。一边是一百多年的宗主国，一边是刚刚完胜宗主国的另一大国，陈怀公怎么抉择呢？

老陈想来想去也想不出到底应该怎么办？于是他想了个前卫的方法——全民公投，让陈国人民都到国都来开会，会上，陈怀公先是慷慨激昂地演讲了一番，让大家高举大舜思想和陈胡公理论的伟大旗帜，然后才说到了主题："大家认为要依附楚国的站在我的右手边，大家认为要亲近吴国的站在我的左手边。"

结果黑色幽默的一幕出现了：陈国人有房产、地产的，家里离楚国更近的陈国人民就站在了陈怀公的右手边；家里房产、地产离吴国更近的呢，自然就都站在了老陈的左手边；没有房地产的呢，自然就跟着有房地产的族人站在一起。由此可见，根据大众的观点，跟谁混并不重要，趋利避害才是人的本性。

这样一来让老陈继续犯难了。这时大臣逄滑走了出来，对老陈说："老大啊！下臣听说，国家因为祸患而灭亡，因为福祉而兴起。可是现在楚国没有祸患，吴国也没有福祉，所以呢，我们暂时不能抛弃楚国亲近吴国。晋国是中原盟主，不如以亲近晋国为借口，辞谢吴国吧！"

陈怀公觉得奇怪了，问道："明明楚国被吴国攻占了首都，连他们大王都逃跑了，这难道不是祸患吗？"逄滑回答说："这种情况好多国家不都有吗，为什么就不能复国呢？小国都能恢复，大国难道还不能？把百姓当稻草随意践踏，这才是要亡国的祸患；把百姓当伤人好好照顾，这才是要兴起的标志。楚国虽然无德，但并没有践踏他的百姓，反而吴国在战争中一直损耗！这是上天给楚国的教训吧，吴国遭殃不会太久了！"

陈怀公听从了他的意见，回绝了阖闾的使者。阖闾气得鼻孔冒烟，但陈国到郢都之间还比较远，阖闾也拿陈国没办法。

根据《吴越春秋》的记载，这个时候伍子胥还决定带兵攻打郑国。为什么呢？因为太子建和伍子胥之前曾流亡郑国，但太子建阴谋造反被郑定公所杀，伍子胥也只好逃往吴国。所以伍子胥非常怨恨郑国，非要灭了郑国不可。当时在位的是郑定公的儿子郑献公，郑献公得知百战百胜的吴国大军压阵，自然是非常害怕。当时郑国也没有子产这样的高人了，于是郑献公只好贴出悬赏公告，说谁能让吴军撤退就把郑国

⊙ 春秋铜戈

的一半土地送给他。

结果还真有一个年轻人站出来了，这个年轻人说："我不需要兵器和军粮，拿一把船桨给我就行了。"郑献公想，这是要搞什么名堂？你难道是大灯大师的大弟子点苍渔隐吗？但也只好死马当作活马医，拿一把船桨给了这个年轻人。

这个年轻人扛着船桨，跷着二郎腿，摆着架势等吴军到来。等到伍子胥乘着战车赶到的时候，年轻人拿着船桨敲着路边的石头唱歌："芦中人啊！芦中人啊！"伍子胥大吃一惊："你是何人？"年轻人说："我是渔翁的儿子啊！我的国君现在非常害怕，我知道先父和您有一面之交，所以特意厚着脸皮乞求您保全郑国了！"伍子胥感叹道："唉！当初我受了令尊大人的恩惠，结果让自己弄得这么尴尬，可是我会忘恩负义吗？"于是就退兵回楚国了。

这个故事的传奇色彩很重，很可能是杜撰的。最重要的一点是，北方还有方城山一线的申、息、叶等重镇，伍子胥绝对不可能直接进攻郑国的，太子建之死也未必让他如此怨恨，真正怨恨郑国的人是太子建的儿子王孙胜。

楚昭王的行踪很快让阖闾知道了，于是阖闾派兵到达随国都城的南门，向随君要人，并且说："周朝分封的江汉诸姬这些国家，基本都被楚国灭了。现在上天已经惩罚楚国了，贵国君为何又把楚王藏起来呢？那些被灭的国家有罪吗？贵国君如果报答周室，让我国来完成天意，我国就和你国隔着汉水南北平分楚国！"

这时楚昭王的哥哥王子结站出来了，因为是一个爹生的，两人还有几分酷似，王子结要求由自己冒名顶替弟弟，穿上弟弟的服装让随国交给吴国去处置。要不要交出王子结呢？随国国君也想不出答案，自然就去求上天了，几个神棍弄了下蓍草还是龟壳后，得出的结果居然是不吉利！看来交出王子结十有八九会被吴国认出来，到时候王子结死得就太冤枉了。那要不要交出楚昭王呢？随侯想好了，一定是不能交的。这个很容易想到，陈国离楚国有段距离，逢滑都建议老陈不要抛弃楚国；而随国的西边、南边、东边都是楚国的领土，随国自然也是把利益摆在第一位，管他什么江汉诸姬呢，都多少年前的亲戚了！

于是随君派使者辞谢了吴国使者，说："随国这么狭小的土地，楚国确实一直保护着我们，我们两国世代都有盟约，一直没变啊！如果有了危险而抛弃他们，又怎么来侍奉大王您呢？您担心的不应该仅仅是楚王一个人，如果大王您能够完全平定楚国境内，我国又怎么能不听从您的命令呢？"

这份外交辞令真是说得太精彩了，明明是自己不想交，还装出一副大义凛然的样子。而且随国也具备一定的实力，阖闾没有把握强攻，更重要的是统治区也相当不稳定，于是吴军只好先撤退到郢都。楚昭王对随君真是感激涕零，和随君歃血为盟，保证楚国一定不会欺负随国这位小弟。为了表现诚意，楚昭王不用鸡血为誓，而是把刀子往身边的王子结胸膛上割了一刀，用王子结的血来和随君盟誓。——王子结也够悲摧的。

此时的楚昭王，已经经历过吴军追杀、当地人抢劫、斗辛谋杀、蓝尹亹拒渡、吴国索人五道大关，终于告别了倒霉的岁月，开始安定下来。与此同时，在楚国的吴军，一片大好的形势也开始拐入转折点了。

⊙ 山西侯马出土春秋晋国侯马盟书

十、申包胥哭秦庭

堂堂大楚昭王逃到自己属国寻求庇护，其实是件很丢脸的事。不过，因为当时通信条件的限制，楚国人也并不是都知道昭王躲在随国，更多的人不知昭王的所在。这时如果阖闾妖言惑众说昭王死了怎么办呢？不是就瓦解人心了？而且曾经在鸡父之战的时候，阖闾就这么干过。王子申这么想，他当时也从郢都逃出来了，但没和昭王同路；所以他辗转到脾泄这个地方，伪造了一套昭王的专车和制服，对外宣称大王在此，脾泄是我们大楚的临时国都了！

正是因为王子申的大力宣传，楚国军民才一直没有放松对吴军的抗争，这时北方、东方各县的部队也在当地的长官带领下，一批又一批地朝郢都走来，坚决要把吴军赶走。当然，这些都不是对阖闾最致命的攻击，最可怕的人即将登场。这人说起来也是我们的老朋友了——正是伍子胥的朋友申包胥，这两君虽然名字都有个胥字，但立场完全不同，一个坚决要消灭楚国，一个立志要恢复楚国。申包胥当时在山里劝阻伍子胥无效后，果断地沿着汉水北上——他要去秦国求救兵。

秦国当时的都城在雍城（今陕西凤翔），因为一直被晋国压着无法东进称霸中原，所以秦国只好往西北两边发展，消灭了不少戎狄部落，也成为一个实力较强的国家。申包胥千里跋涉，日夜奔走，连脚底板都裂开了，膝盖也磨破了，从江汉平原到渭河流域，终于来到了秦国。

当时的秦国君主是秦哀公。申包胥在秦国朝廷上拜见秦哀公，声泪俱下地说：“吴国就是凶猛的野猪，狠毒的长蛇啊！它一再吞并中原国家（这句话实在没道理，吴国吞并了哪个中原国家？楚国吞并得还少么？），危害我们楚国。现在我们大王丢失了国都，逃到荒郊野外，特地让我来报告祸患。我家大王还让我转告您说：‘吴人的本性就是贪得无厌啊！如果它灭了我国而成为了贵国的邻居，那这就是贵国的祸患了！贵国不如乘着吴军没有安定下来，赶紧发兵驱逐吴国；如果我国灭亡了，秦国还能得到一块土地；如果我国没有灭亡，那么我国将会世世代代侍奉贵国啊！’”

秦哀公想了一会，觉得没必要做这事。吴国将士能攻破郢都，其威力实在太惊人了，我大秦犯不着冒这个险去莫名其妙得罪吴国。于是便对申包胥说：“寡人知道你的意思了。你先去宾馆休息吧，让寡人和大臣商量商量，考虑考虑！”申包胥一听，什么叫商量商量，考虑考虑，这不就是跟我拖着吗！机关办事怎么都这样，要我一直跟你耗着，等我们楚国的军民一批批被杀？

于是申包胥开始大哭，一边哭还一边说：“我们大王逃到荒郊野外去了，连个安身之地都没有，我怎么还敢在这里休息呢？”秦哀公实在烦了，让申包胥赶紧退下。申包胥显然知道，这一退就完全不可能得到援助了，于是就耍赖不走，一直在秦庭中间站着哭。秦哀公实在受不了他了，你不走，寡人走！看你一个人耗到什么时候！于是宣布退朝。

秦哀公实在太小看申包胥了，没想到申包胥这一哭就创造了一个世界纪录——连续哭了七天七夜，站累了，他就靠着墙继续哭，而且，他这七天居然还没有喝一口水！

秦哀公感动了，这是一种什么力量呢？这是楚国人心的凝聚力啊！楚国这么大的土地，人心没有涣散，所以楚国一定不会灭亡！既然如此，为何不表现出一个大国的气度，支援一把呢？当然，还有一个秦哀公不方便说出来的原因，借此机会也能勘探楚国的地理一把，到战国时代白起一举克郢实际上走的差不多就是这次的原路。

于是秦哀公站到了申包胥面前，他亲自对申包胥演唱了秦国的流行歌曲《无衣》：“岂曰无衣？与子同袍。王于兴师，修我戈矛，与子同仇！岂曰无衣，与子同泽，王于兴师，

⊙ 春秋铜矛

⊙ 春秋铜矛

修我矛戟，与子偕作……”原本是秦国大兵阵前互相勉励创造的军歌，现在秦哀公却用慷慨激昂的秦腔为申包胥吟唱，言下之意自然是同意出兵了。

申包胥也明白了，他停止了哭泣（应该是干号了），扶着墙壁缓缓跪下，对着秦哀公叩首了九次，然后在秦国侍卫的搀扶下坐了下去。他这时候体力严重透支，晕倒了过去。秦哀公自然又是忙上忙下叫御医来救人。

等到申包胥苏醒后，秦哀公派大夫子蒲和子虎，带着五百辆战车，合计一万五千兵士，车马不停朝着楚国进发，用了半年时间，于阖闾十年（前505年）六月，秦国的虎狼之师终于到达了楚国。而阖闾自然也得知了秦国发兵的消息，一向听说秦军彪悍好斗，阖闾不敢轻慢，派弟弟夫概前往迎战。

吴军和秦楚联军在桐柏山北部的稷地相遇，秦国统帅子蒲非常狡猾，让申包胥带领一部分集结的楚军先与吴军作战，这样一方面可以耗损吴军，另一方面可以让自己观察吴军的战法。夫概的战法就是横冲直撞，果然楚军一下子就被冲垮了，秦楚联军退到沂地。而沂地和稷地不同，是一片比较开阔的平原地区。夫概这个时候已经沉浸在胜利的喜悦中，指挥步兵拼命追杀楚军，哪里想到秦楚联军故意把他引到这个地方来。果然，到达沂地后，楚军继续往后撤退，但秦军却不退了，而是布好装甲战车阵等待吴军。

吴军毕竟是步兵作战，冲锋和追击消耗了不少体力，更重要的是夫概骄傲自大，以为秦军和楚军一样没用。没想到子蒲把吴军的战法琢磨得一清二楚，结果子蒲指挥虎狼之师朝夫概迎头痛击，在平原上步兵更是打不过战车，被秦军杀死了不少人。这时逃跑的楚军也掉头杀了回来，夫概无奈之下，指挥吴军撤退，夫概的部队才五千，硬拼肯定不是对手。

而几乎是同时，脾泄的王子申通过大力忽悠，成功地纠集了郢都和附近一些溃散的兵种，其中包括柏举之战中被俘的将领薳射的儿子薳延等，在军祥（今湖北随州）这个地方开始对吴军反攻，并击败了吴军。

7月，打败了夫概的秦楚联军越过了桐柏山，挺进到清发河的上游，和随国出来的王子结一起，南北夹击，消灭了吴国的盟友唐国，这样就断了吴国的补给。这时的楚国，在秦国的协助下，已经进入了战略反攻的阶段，而吴军兵力本来就不足，现在只好退守到郢都一带。

秦楚联军已经将阖闾整得够呛了，但阖闾随后又得知发生了令他最害怕的事——后院起火了，还连续起了两把火。

十一、王子结火攻吴军

第一把火倒没什么。几个月前越王允常为了救援盟主楚昭王，想采用围魏救赵的方法，攻打吴国来让阖闾退兵。但因为之前阖闾攻破了越国的槜李，现在吴军守住了这个重镇，越国实力实在不咋地，没能攻破吴国这条防线。

第二把火才是最可怕的。原来夫概在沂地被子蒲和申包胥打败后，心里也大概算到吴军在楚国是凶多吉少了，于是乘此机会带领自己的部队溜回了姑苏，大家一看夫概回来了自然放他进城。没想到夫概一进来，立马让部属控制了城门和留守的官员，之后就登上了吴王的宝座。夫概这小子！威胁到自己的王权，这是阖闾最不能容忍的，如果时间长了，估计在国都的大臣都会屈服于夫概的淫威了。必须赶紧回家！

如果是半年前，阖闾随时可以回家；现在想回家，却不是那么容易了。原来秦楚联军消灭唐国后，沿着汉水以东南下，和王子申、沈诸梁、斗辛等部队会合。这时吴军也放弃了郢都，往东回撤。两军在汉水以东的老地方雍澨相遇。

狡猾的子蒲故技重施，又让倒霉的楚军打前锋。这时候楚军眼看就要收复郢都了，也是士气大增，作为前阵向吴军冲锋过去。但阖闾指挥的部队是百战之师，也非常骁勇，剑戟交错，终于吴军背水一战的勇气还是突破了楚军的围攻，阖闾指挥着全军继续向东前进。

楚军一溃散，秦军马上又来捡漏儿了。没走多远，阖闾看见一支可怕的陌生队伍，排列起数百乘泛光的青铜战车和上万名步兵，整整齐齐地在前面等候着吴国。没办法，只好继续突围！经过王子结消耗的吴军，此时已经非常疲惫，子虎和子蒲两人指挥着秦国的虎狼之师，这群复活的兵马俑，似乎就是为了战争而生，高大的青铜装甲车碾进吴军的队伍里，战车上的甲士用长戈狠狠地往吴军身上刺去。

尽管有阖闾、伍子胥、孙武这样的军事天才，但天才毕竟不是神仙，在数倍于己的秦楚联军猛烈攻击下，吴军很快溃败。吴军多战下来也损失了不少人，加上夫概带走的五千人，吴军可能现在只有一万五千人左右。而秦军就有一万五千人，楚军更是基本把周边的武装都集中起来了，至少有十万人。吴军的数量和他们比起来实在太悬殊，但英勇无畏的吴军还是突破了重重包围，一路前进到了麇地，筑起篱笆，搭起帐篷，休整队伍。

秦楚联军自然不会这么容易放过阖闾，继续追杀到麇地。吴军虽然现在估计也就一万人左右，但勇悍的战斗力和求生的动力，还是使得吴军的防御相当厉害，一万左右的士兵在阖闾的指挥下，居然以小小的麇地大营为依托，用箭雨和剑网打退了十万左右楚军的一波又一波进攻，在阵营之前留下了楚军一具又一具尸体。

⊙ 陕西西安出土秦始皇陵兵马俑

王子结没想到，直到此时，吴军的战斗力还这么强悍！王子结也是位将才，为了争取己方最小伤亡，他要求主帅王子申先暂时停止进攻，然后他仔细观察了麇地一带的地形和吴军布置的阵营，加上当时是干燥的秋季，麇地一带杂草丛生。于是王子结冒出一个大胆的想法：用火攻！

火攻在当时无疑是非常前卫的一种战术，中国军事史上之前似乎没有记载过，倒是在孙武的《孙子兵法》中提到过“发火有时，起火有日”“火发于内，则军应之于外”。而上天似乎开了个玩笑，最早用这个战术的并不是孙武，而是孙武面对的敌人！

有意思的是，如此彪悍的战术，居然被王子申阻止了。王子申的意思是：“我们不少父老乡亲的尸体还暴露在他们阵营前，现在不但不收敛，而且还用火烧掉，怎么行呢？”原来，古代人都不推行火葬，觉得肉体应该完整下葬，当时西北有个义渠国火烧尸体还被视为异

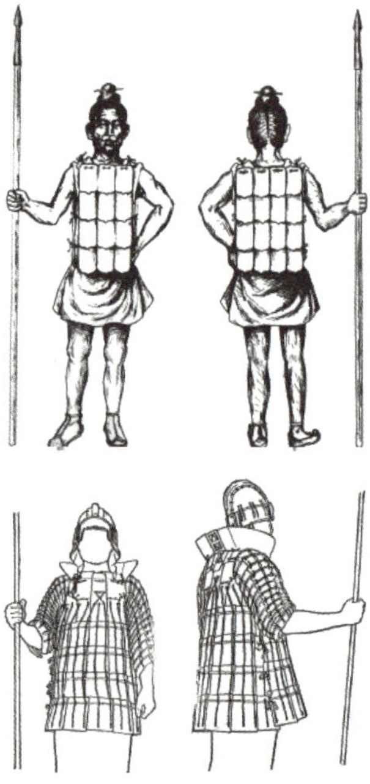

⊙ 上图为春秋早期陕西韩城梁带村芮国墓地M28出土铜甲复原图，下图为战国早期湖北随州曾侯乙墓出土皮甲胄复原图

类。但是王子结认为："国家就要灭亡了啊！（明明吴军正在撤退）如果死去的人有知觉，国家复兴后就能恢复他们的祭祀了，哪里会害怕焚毁尸骨呢？"王子申也就准了。

然后王子结马上布置好兵士，在吴军大营的上风向积累好干草，火把一点，干草堆马上就烧了起来，火仗风势，火苗迅速蔓延到了吴军大营。吴军什么时候见过这种大火烧营，纷纷乱成一团，抢先撤退。这时王子结的第二波又来了，他布置好了几百名死士，躲在轒床车里准备好干草和火把，把车子朝着吴军大营就一路推过去。吴军的哨兵发现了这路人马，连忙通知弓箭手射箭，但轒床车皮厚，吴军连绵不绝的弓箭也阻挡不了，结果楚军硬是把火焰又带到了吴军大营的篱笆前。

很快吴军大营里里外外都是火光，吴军战士的装甲和盾牌也都以木制为主，很多吴军都被烧得伸拳舒腿，大声惨叫。阖闾、伍子胥、孙武、伯嚭连忙爬上专车，在部属的保护下撤退。王子结马上下令楚军追击，麇地成了一片火海，这一仗吴军不少人被烧得尸骨无存。

王子申和王子结不放弃追杀吴军的机会，继续在后面追赶吴军，一直追到公婿之溪一带。这个公婿之溪具体在哪里不知道，应该是两国交界的地方，楚军趁着吴军渡溪的时候发起突击，又杀死吴军一批人。

阖闾终于平安返回了自己的国家，靠着手上的几千残军能攻入姑苏吗？

十二、屈原天问

夫概根本没想到阖闾还能活着回来，显然没有做好准备，等到急急忙忙抽调兵力的时候，大夫们早就作鸟兽散了，原来阖闾平时礼贤下士、爱民如子的工作作风现在起效果了，夫概只好带着自己的五千亲兵迎战阖闾。没想到阵前还有士兵倒戈，反戈一击朝夫概脑袋砸去。

夫概终于明白了，自己的实力和哥哥相差还是太远啊！现在别说王位了，保命要紧吧，于是他赶着车子急急忙忙地逃往楚国去了。楚昭王得到吴国的反革命分子，自然非常高兴，把他安排在棠溪落户。夫概的故事算是结束了，不过他的后代倒是发扬光大，据说汉朝东北的扶余国就是他的后裔呢。

阖闾终于回家了，尽管吴军回国的时候所剩无几，但更大程度地创伤了楚国。阖闾对功臣伍子胥、伯嚭、孙武都给予了奖赏。但之后任何史书都没有兵圣的记载了，据说是隐居完善作品去了，也许是因为吴军在郢都的烧杀淫掠让他寒了心吧！尽管历史上再没有孙武的记载，但他的大名却名垂千古并漂洋过海，许多古今中外的军事哲人比如曹操、丰臣秀吉、毛泽东都对他的思想推崇备至，他的著作《孙子兵法》如今已翻译成了三十多种文字。现在，苏州第一高峰穹窿山的望湖公园南侧还有孙武苑，苑内还有孙子铜像和《孙子兵法》碑刻呢。

孙子，不朽！

至于伍子胥呢，虽然大仇已报，但他对阖闾的知遇之恩却感激涕零，他决定此生都留在吴国，把自己的一生奉献给大吴。

吴阖闾十年（前 505 年）十月，霉气冲天的楚昭王也终于回了郢都，结束了他将近一年的流亡生涯，登上了久违的国君宝座。从楚文王开始，楚国十代国君经营的国际大都市郢都，现在却是一副千疮百孔的样子，楚昭王流下了眼泪。但是，挫折也让这个年轻人变得成熟起来，他决心一定要让楚国重新振兴起来，回归庄王时代的辉煌。他开始论功行赏。这一仗令尹囊瓦逃了，左司马沈尹戌捐躯，自然由自己的两个哥哥、也是两大功臣替补，由王子申担任令尹，王子结担任司马。此外，郧公斗辛、斗巢、王孙由于、沈诸梁、钟建、王孙圉、王孙贾、宋木等人都受了奖赏。

当赏到申包胥的时候，他却拒绝了。申包胥说：“我是为了国家，并不是为了自己！现在国君已经安定了，我还要追求什么吗？难道要我像斗成然一样贪得无厌吗？”拒绝了赏赐。你能亡楚，我必兴楚，哭秦七日，两袖清风，申包胥，真君子也！

其次是斗怀和蓝尹亹两个得罪过昭王的家伙，昭王居然也给了他们奖赏，为的是表示和斗怀的怨恨一笔勾销，以及感谢蓝尹亹警惕自己的过失。两个家伙死里逃生，自然也是对昭王感激涕零。

最后是钟建，这个幸运的家伙不但得了钱财，而且还成功抱得美人归。原来这个时候昭王想把妹妹畀我出嫁，但是畀我却害羞地说：“女人本来不应该让男人碰，可是小钟他

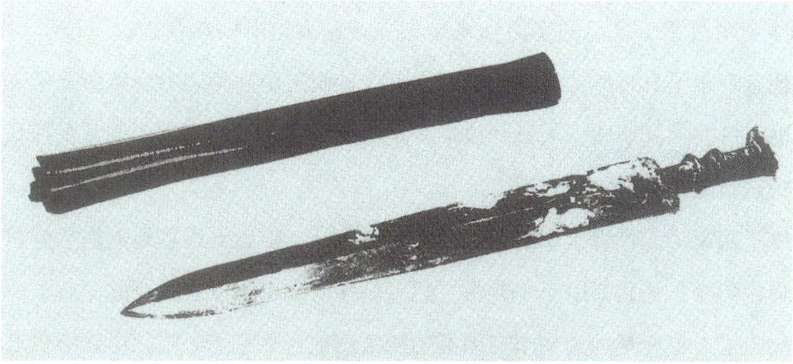

⊙ 春秋铜剑和漆鞘

背过我了啊！”于是昭王便把她嫁给钟建。在这喜庆的日子里，楚国的元气也开始慢慢恢复。

下面盘点一下吴破郢之战。这一仗吴军虽然最后狼狈地被赶回家，但是却以三万大军横扫老牌霸主楚国的都城，震惊了当时的整个华夏大地，不得不说是中国军事史上的一个奇迹。究其原因，吴国方面主要是阖闾励精图治，重用贤才，孙武、伍子胥的卓越练兵和指挥，以及吴国君臣上下一心，并能结交蔡国和唐国两个关键盟友；而楚国那边却奸臣当道，失去盟友，而当年楚平王滥杀忠臣也留下了后遗症，还有就是在任楚昭王年纪小，政治经验自然不能和壮年的吴王阖闾相比。

而为什么吴国没有征服楚国呢？从根本上来说，吴国方面因为兵力、财力、物力的限制，根本无法吃掉楚国这么一个庞然大物，在郢都的倒行逆施又极大程度地激起了楚国军民的反感，以及越国的偷袭、夫概的叛乱、盟友唐国的灭亡导致补给中断；即使没有申包胥乞秦师，吴国也不可能成功，因为楚国经过几百年的奋斗，军民具有很强的爱国感和凝聚力，而且楚国在方城山、大别山两条线还有数十万兵力，消灭吴军可以说绰绰有余。这点陈国的逢滑和随国的随侯都注意到了。

这场持续一年的大战，实在太累了。回到姑苏的阖闾，也觉得自己苍老了不少。但被秦楚联军追着打的经历一直让他愤懑不已，于是他在回国后的第二年，命令他的太子终累（《史记》为夫差）为统帅，带领大军进攻楚国。终累也是个颇有父亲之风的将才，首先走淮河水路，这一仗吴军水军部队大获全胜，俘虏了楚国的潘子臣、小惟子等九个大夫。接着终累又登陆上岸，结果陆军又在繁扬一带击败了楚国的司马王子结。阖闾终于挽回了上一年狼狈突围的面子。

楚国经历这接连两场大败，朝廷上下又是一阵恐慌。为了避免重蹈都城被破的悲剧，加上郢都也千疮百孔百废待举，于是在王子申的主持下，把国都往南迁到江陵（今湖北江陵）去了，不久又在鄀（今湖北宜城南）建立临时都城。

两百年后，楚国的爱国诗人屈原在他的《天问》中也留下这样的疑问：“吴获迄古，南岳是止。孰期去斯，得两男子？……勋阖、梦生，少离散亡。何壮武历，能流厥严？……吴光争国，久余是胜？”

翻译现代的语言，就是：“吴国自古就存在了，江南衡山一带栖止。谁能想到其中原因，是因为得到两男子（太伯、仲雍）？……阖闾是寿梦的孙子，少年时曾受丧父苦。为何壮年如此英武，能让他的威严远播？……阖闾和我们长期战争，为何能一直战胜我们？”

屈原问苍天，苍天也沉默无语。

参考文献：

[1] 杨伯峻：《春秋左传注》，北京：中华书局，2006 年。

[2] 张正明：《楚史》，北京：中国人民大学出版社，2010 年。

[3] 吴恩培：《勾吴文化的现代阐释》，南京：东南大学出版社，2002 年。

[4] 喻宗汉：《吴师入郢之战有关问题探讨》，载张正明主编《楚史论丛（初集）》，武汉：湖北人民出版社，1984 年。

[5] 台湾三军大学：《中国历代战争史》（第 2 册），北京：中信出版社，2012 年。

[6] 黄朴民：《梦残干戈：春秋军事历史研究》，长沙：岳麓书社，2013 年。

[7] 谭其骧主编：《中国历史地图集》（第 1 册），北京：中国地图出版社，1996 年。

[8] 李零：《吴孙子发微》，北京：中华书局，2014 年。

[9] 童书业：《春秋史》，北京：中华书局，2012 年。

[10] 顾德融 朱顺龙：《春秋史》，上海：上海人民出版社，2003 年。

附 伍子胥："其实我才是孙武！"

作者：林屋公子

伍子胥向天大喊："其实我才是孙武！还我兵圣的称号！"

孙武，又称孙子，后世称为"兵圣"，是《孙子兵法》的作者，名扬天下的历史人物。但孙武很可能只是一个人物的分化，孙武的真身正是他的吴国同事，另一个超级名人——伍子胥。但众所周知，孙武不是齐国人吗，怎么和楚国人伍子胥扯上关系的？

证据一：成书于战国的《左传》《国语》皆无孙武其人，关于孙武的最早记载是在《史记》。

其中《左传》偏重记事，《国语》偏重记言，是公认关于春秋史最详细而客观的历史散文，但两本书均未提到孙武其人。《左传》详细记载了吴王阖闾攻破郢都之战，却只提到伍子胥，没有提到孙武；《国语·吴语》更是很大程度直接取材于吴国史料，也没有孙武其人的记载。

不仅如此，同时的诸子散文也未提到有孙武其人，仅《韩非子》提到"孙子膑脚于魏，吴起收泣于岸门"，这里虽然以孙子和吴起并称，但很明显这个孙子是孙膑而非孙武！这样又产生一个新问题，有人怀疑《孙子兵法》难道是孙膑的作品？但1972年在临沂银雀山同时出土的《孙子兵法》《孙膑兵法》的汉简否认了这点，不仅证明这是两本不同的著作，而且汉简《孙子兵法》中还记载了孙子和阖闾的对话。可见这个孙子应该是阖闾部下。

那这个孙子到底是不是孙武呢？其实最早把孙子叫作孙武的，是司马迁的《史记》。不仅如此，司马迁还为孙武立传："孙子武者，齐人也，以兵法见于吴王阖闾。阖闾曰：子之十三篇，吾尽观之矣，可以小试勒兵乎？……于是阖闾知孙子能用兵，卒以为将。西破强楚，入郢，北威齐晋，显名诸侯，孙子与有力焉。孙武既死，后百余岁有孙膑。膑生阿鄄之间，膑亦孙武之后世子孙也。"中间一大段是孙武练女兵的，大家都非常熟悉。

根据《史记》记载，可以发现，除了练兵这事比较详细，其他记载都非常简单。甚至没有说孙武是什么时候来吴国的，没有说孙武之后怎么样，没有说孙武的具体战绩，只含糊地说了句"孙子与有力焉"。还有孙武，既然到了吴国生根发芽，为什么他的后人孙膑又出生在齐国呢？

⊙ 伍子胥像

证据二：孙武的经历与伍子胥基本重合，能力与伍子胥极其相似。

“员如吴，言伐楚之利于州于。公子光曰：是宗为戮，而欲反其仇，不可从也。”（《左传》）伍子胥（员）最早到吴国陈述讨伐楚国的好处给王僚（州于），但阖闾（光）从伍子胥的进言中认识到伍子胥是个政治和军事的大才，诬陷伍子胥是为了给自己的父兄报仇，让王僚不要听从。伍子胥也识破了阖闾的异心，于是投入了阖闾阵营，并推荐专诸为阖闾杀了王僚。

之后，伍子胥向阖闾进言：“楚执政众而乖，莫适任患。若为三师以肄焉，一师至，彼必皆出。彼出则归，彼归则出，楚必道敝。亟肄以罢之，多方以误之。既罢而后以三军继之，必大克之。”（《左传》）明确提到，伍子胥用了一种先进的“疲楚战略”，即把部队分成三支，轮流骚扰楚军，之后的结果是“阖闾从之，楚于是乎始病”。（《左传》）

实际上，伍子胥也有军事作品《水战兵法》，其中伍子胥还对阖闾详细地阐述了水战的操作：“大翼一艘，广一丈五尺二寸，长十丈，容战士二十六人，棹五十人，舳舻三人，操长钩矛斧者四，吏仆射各一人，凡九十一人。当用长钩矛长斧各四，弩各三十二，矢三千三百，甲兜鍪各三十二。”（《越绝书 · 佚文》引《水战兵法 · 内经》）可惜伍子胥没有完整的作品流传于世，但也能从吉光片羽中看出，伍子胥是个杰出的军事家，更有《孙子兵法》没有的水战理论。

为人熟知的政治家伍子胥是个军事家，同样，广为人知的军事家孙子也是个政治家。汉简《孙子兵法》中记载孙子和阖闾的对话，孙子就天下形势详细地分析过，并根据晋国六卿的土地制度，准确无误地预测了韩、赵、魏三家将瓜分晋国。而汉简《盖庐》则记载了盖庐（阖闾）和申胥（伍子胥）关于政治、军事的对话。简单对比即可知道，孙武的经历，伍子胥可以全部包容；孙武的能力，伍子胥可以全部具备！

证据三：孙武的性格与伍子胥相差不大，名字与伍子胥有些雷同。

孙武和伍子胥，不仅经历、能力相似，性格、名字也相似。孙武喊出“臣既已受命为将，将在军，君命有所不受”“王徒好其言，不能用其实”（《史记》），并不顾阖闾反对斩杀了二姬；而伍子胥也多次向夫差苦口婆心，劝说夫差不要接受勾践投降、不要受奸臣伯嚭蒙蔽，甚至直斥夫差。由此可见，两人性格都非常刚硬，比较讲原则，尽管都有经天纬地的智慧，但都缺少政客的圆滑。

但究竟是如何把伍子胥一分为二的呢？值得玩味的是孙武和伍子胥的名字。“（伍子胥）使于齐，属其子于鲍氏，为王孙氏。”（《左传》）伍子胥预料到了自己要被夫差所杀，于是把儿子托付给齐国的鲍氏，并让儿子改伍氏为王孙氏。“孙氏者，或王孙之班，或公孙之班也。”（《潜夫论》）很可能之后王孙氏简化为孙氏，所以《孙子兵法》实际上就是伍子胥的作品，伍子胥即孙子，孙膑也就是伍子胥的后人。而司马迁给孙子取上“孙武”的名字，则很可能是“武”“伍”谐音，或者“武”只是武经的意思，但太史公却误认为是人名，所以才臆造了“孙武”这个名字。

值得说的是，尽管《史记》对孙武的记载颇为简略，但之后的许多资料都建立在信任太史公的基础上，为孙武编造了更多的故事。比如东汉的《吴越春秋》《越绝书》都提到孙武随从阖闾、伍子胥一起攻入楚国郢都。但《吴越春秋》也对孙武的身份提出了质疑：“孙子者，名武，吴人也，善为兵法，僻隐深居，世人莫知其能。”《吴越春秋》认为孙武是齐国人的说法没依据，孙武更应该是吴地的隐士。但春秋时代的隐士能有如此高的文化水平实在令人质疑。

《新唐书》给孙武生造了一个世系表，认为他是齐国大夫孙书的孙子，因为齐国是这个孙书最早拥有孙这个姓氏的，但《左传》明言孙书在前484年还参与了吴齐艾陵之战，孙武作为他的孙子却参加了前506年的吴破郢都之战？同样经不起推敲。《全唐文》则认为孙武是卫国孙氏的后代，实际上这些矛盾的记载，更能说明很多说法只是想象和推测。更有现代一些读物，直言孙武来到吴国是为了避祸，甚至把孙武的年表和隐居地都列出来了。

但这些，都只是文本的孙武，并不是历史的孙武。孙武就是伍子胥，我们应该还兵圣一个真面目。

（作者按：因该观点系作者一家之见，故正文还是以孙武与伍子胥为二人。孙武是否就是伍子胥，当需进一步研究。）

血腥的王冠

——英格兰玫瑰战争

作者：米南德

1590年，英格兰王国首都伦敦。处于童贞女王伊丽莎白一世统治的黄金时代的英格兰人，纷纷走入著名的“内务大臣供奉剧院”。如此趋之若鹜，只是因为新晋的剧作家、文学新星莎士比亚创作的三部曲《亨利五世》《亨利六世》《理查德三世》正在热演之中。这些新剧目非常受当时观众的欢迎，其故事内容恰好发生在这个黄金时代之前的一百多年间，主角、配角的名字都是几代人儿时的睡前故事中的常客，又或是酒馆、大街边游吟诗人不停传唱的主旋律。也正是因为莎士比亚为这段历史书写下了异常精彩的经典剧本，后来的学者们纷纷用《亨利六世》剧中的一幕来将这段历史命名为“玫瑰战争”，并在此后成为了教科书和正规理论中的严肃称谓，一切只因两朵分别象征着两股敌对势力的红白玫瑰在剧中被从花园里同时摘下。

⊙ 分别象征着玫瑰战争中两个敌对家族势力的白玫瑰（约克家族）和红玫瑰（兰开斯特家族）

一、动荡的英格兰

让我们首先回到15世纪的欧洲，那是一个动荡不安的年代。欧洲大地上的所有国家仿佛都被来自身边和自己国内的敌人所包围。法国的奥尔良派和勃垦第派已经开始相互倾轧；神圣罗马帝国的各个诸侯破碎不堪；意大利的城市与王国繁如散沙；巴尔干半岛任由异教徒奥斯曼人逐个击破。刚刚结束一次大规模内乱的英格兰王国似乎是一个例外，只要一有机会，他们就会把战火烧到海对岸的法国去。其实这场旷日持久的拉锯战已经在过度消耗着英格兰的人口和各类资源，表面平静的王国内部实则是千疮百孔，全身上下都埋藏着威力大小不一的定时炸弹，只等指针停止走动。

让英格兰人如此身心俱疲的战争正是我们今天经常津津乐道的英法百年战争。这场战争原本只是英格兰国王爱德华三世于1340年发起的短促军事行动，却在不知不觉中演变成了长期鏖战。作为中世纪英国最杰出国王的代表，爱德华三世凭借自己的法国贵族血统

⊙ 莎士比亚，英国文艺复兴时代最著名的剧作家。他编写的一系列带有历史背景的舞台剧最终成为了几百年来不断重演的经典，更是电影电视时代不可或缺的优良剧本选材

⊙ 一幅中世纪手抄本上的画作。图中所画人物正是爱德华三世与他的儿子黑太子爱德华，然而这对父子却最终在相隔不到一年的时间里先后离世

对法国王位提出了要求，并且倚仗自己一手建立的职业常备军制度，在战争的初期取得了巨大优势。然而面对家大业大的法国，国力不足的英格兰很快就显出了疲态。1346 年克雷西战役后的一路狂进带来的巨大领土收益，很快让军队数量处于劣势的英国军队在兵力上变得更加稀薄。纵然有爱德华三世的天才军事家儿子——黑太子爱德华——在 1356 年普瓦捷战役中的逆天表现，法国王室的抵抗依然没有停止的迹象。英法两国之间只能开始不定期地进行战争和休战，等于进入了一种死循环。底子薄、家底差的英格兰，不可避免地因为战争而出现大量内部问题。虽然只要爱德华父子这样的强力领袖还在，这些问题就容易被扼杀在萌芽状态，但是他们毕竟不能像属下宣誓效忠时候的口号“吾王万岁”(long live the king）那样永远坐在王座之上。

1376 年，原本年富力强的黑太子爱德华，由于法国战事而疲于奔命，导致积劳成疾，最后死于疟疾。王位继承人的位子顺移到了他年幼的儿子理查德手里。已是暮年的爱德华三世也没能为弱冠的长孙保驾护航，一年后的 1377 年撒手人寰。于是，尚且年幼的理查德在他 10 岁那年成为了理查德二世，而他的叔叔兰开斯特公爵约翰成为了摄政，掌控了实权。对于年轻的国王而言，最大的麻烦不仅仅是继承父辈的对法战争，爷爷爱德华

⊙ 一幅19世纪的油画，描绘的是莎士比亚所写的《亨利六世》中的一幕。象征着两个敌对家族势力的红玫瑰和白玫瑰分别被采下，“玫瑰战争”这个带有浪漫色彩的名字也出于此

在其长时间的执政期间还给他带来了几位位高权重的叔叔。除了兰开斯特公爵约翰，格罗斯特公爵托马斯也是野心勃勃，而约克公爵埃德蒙德则是尚无子嗣的理查德之后的第一王位继承人。这样一个凶险的环境也注定了之后几十年里英格兰的一片混乱。由于年幼而没有军事经验，理查德二世无法像祖辈父辈们那样远赴战场建功立业，威信自然不能提高。不巧的是，法国人在名将盖斯克兰的带领下，越战越勇，将英格兰两代人打下的疆域蚕食殆尽。已经习惯于在对法战争中捞得盆满钵满的英国贵族们自然怨声载道。骁勇善战的兰开斯特公爵则声望日涨。

年轻的理查德自然不能坐以待毙。成年后的国王开始对他的叔叔们逐个下手。先是废

成年后加冕为英王的理查德二世画像。这位少年君主完全具备成为一个有为之君的天赋，但身处极端恶劣的国内外环境下，最终因为国内贵族们的反叛失去了国王之位

英格兰国王亨利四世，在反叛了年轻国王理查德二世后加冕成为了兰开斯特王朝的开国君主。然而他的反叛行为最终成为了后来者的模仿对象，他亲手建立的王朝也因为贵族的反叛而最终被颠覆

亨利四世的儿子亨利五世。他不仅仅是一名强悍的指挥官和精明的战略家，更是一个施展帝王权术的行家。然而在他英年早逝后，他的努力成果基本全部化为泡影。他的儿子亨利六世花费了自己一辈子的时间，让兰开斯特王朝走向毁灭

除了格罗斯特公爵托马斯，然后将年迈的兰开斯特公爵的儿子亨利驱逐出国。1399 年，兰开斯特公爵病死，理查德趁机废除了这个爵位，并没收了公爵全部的领地财产。如此触怒众贵族的行为让理查德的威望降至了最低。同年，这位国王决定亲自镇压一场爱尔兰地区的叛乱，给自己增加军事履历。早有准备的亨利趁机回国夺取了王位，成为了亨利四世，新的兰开斯特王朝也就此开始。不过这样一来，约克公爵这边自然就不高兴了。

新建立的兰开斯特王朝很务实地坚持了与法国的休战协定。由于亨利四世废除国王，又不是第一王位继承人，“篡位者”的骂名伴随始终。对于同样有野心的对手而言，这是最好不过的借口了。亨利在恳请议会废除理查德时，搬出了当年祖父爱德华三世时候议会废除前任爱德华二世的案例作为依据，他自己的行径则比他的祖父更具有诱惑力和说服力。于是继位两年后的 1401 年，珀西领导的叛乱就险些扼杀这个王朝，他聚集起来的叛军在数量上是亨利的王室军队的三倍。若非后者在战场上轻率出击被杀，亨利很有可能已经被作为叛国者而处死了。亨利四世不得不在一次次妥协中对权力日益强大的英格兰议会让步，后者的话语权与实力自著名的《大宪章》颁布以来一直稳步提升。无形中，国王的权力就被限制和削弱了。1413 年亨利四世死后他的儿子亨利五世在 1415 年重启对法战

争，并且在同年的阿金库尔战役中再次收获了奇迹性的大胜。这一成功不仅仅让亨利五世取得了法国王位的继承权，还让英格兰国内暂时联合到了一起。在战役的前夕，约克公爵的儿子剑桥伯爵理查德阴谋投降法国，被勇武的亨利五世下令处死。这一插曲不仅让兰开斯特家族除去了一个对自己正统地位威胁甚大的对手，也为此后两个家族的矛盾埋下了定时炸弹。此后不久，终日为战事奔波的亨利在统治 9 年后的 1422 年也病死了。兰开斯特王朝的王位现在由下一个亨利来继承，这就是亨利六世。

二、难有作为的国王

亨利五世驾崩之时亨利六世尚不满一岁，比起之前 10 岁即位的理查德二世更为年幼。所以新国王的登基仪式一直没有举行。虽然只是一个没有断奶的孩子，小国王却已经被赋予了英格兰、威尔士、法兰西、爱尔兰四个地方的王冠，只是这些地方的权力都不在他自己手里，他的王位脆弱而需要呵护。但是无论如何，这位天性善良的君主都难有作为。

⊙ 圣女贞德，法国历史上第一个真正意义上的民族英雄。她在百年战争的后期突然出现，留下了谜一般的身世来历，却挽救了濒临崩溃的法国。她在帕提战役中的出色表现，让已经闻英军色变的法军重拾了抵抗入侵的信心

父亲亨利五世的两个兄弟现在成为了他的左膀右臂，善文的格罗斯特公爵汉弗莱在英国成为摄政，善武的贝德福德公爵约翰在法国摄政。前者打理繁杂的议会事务，后者则靠武力维持兰开斯特王室在法国的统治。靠着贝德福德公爵的军事才能，英格兰军队并没有因为亨利五世的去世而陷入低谷，先后在克拉旺战役和维尔纳伊战役中击败了有苏格兰雇佣军支援的法军。到 1429 年，整条战线推进到了法国中部的瓦鲁瓦河地区，并且包围了法国残存抵抗力量所在的奥尔良城。倘若奥尔良被英军占领，那么法国反对派的抵抗将受到致命打击。然

⊙ 成年后的亨利六世。他的无能不仅造成了英国在百年战争中的最终失败，也直接导致了兰开斯特王朝的覆灭。一系列的国内外军政失利所带来的打击让贵为国王的他在自己的后半生饱受不定期发作的间歇性精神病折磨。他唯一让人称赞的成就是对宗教的虔诚和对教育业的资助

⊙ 亨利六世的王后，安如的玛格丽特。她的能力、野心都完全超过了自己软弱的丈夫，并且在家族需要之时，能够挺身而出。在遭遇一次次失利后依然能够重新振作，并在战场上展现出了不输于同时代大部分男性的军事素养。唯有女性特有的阴柔与嫉妒限制了她的成就

而上天注定年幼的亨利六世无法坐稳法兰西的宝座。圣女贞德在奥尔良失守之前横空出世，并且很快在帕提之战中带领法军取得了久违的胜利。已经失去父王多年的法国王太子查理抓住时机在传统加冕圣地兰斯加冕成为法王查理七世。这一举动让英国人坐不住了，于是已经渐渐长大的亨利六世必须来履行自己权力之下的义务了。

1429 年 11 月，经过精心的准备，已经 8 岁的亨利六世正式在西敏寺大教堂举行了自己的加冕仪式，这里是历代英王加冕桂冠的地方。但是加冕典礼并没有在当天结束，在举行完了特定的仪式与宴会后的第二天，亨利六世连同 5000 大军以及众多贵族一同渡海来到法国，他们原计划直奔巴黎，并在巴黎接着举行带有传统法国色彩的加冕典礼。这样别出心裁的设计无疑是为了向世人宣示亨利国王对英格兰以及法兰西无可争议的统治权。然而美妙的计划再次碰壁，由于战事吃紧，亨利在鲁昂逗留了将近两年，然后缓慢前进，一直到 1431 年的年底才顺利进入巴黎，完成了这个时间长度罕见的加冕。1432 年，亨利六世就渡海回到了英格兰，结果这辈子他再也没能再去一次法国。作

为英格兰和法兰西共同的国王，他也从来没能为自己在法兰西建立实际上的统治做过一星半点的实际努力。

在英格兰国内，兰开斯特王朝的统治也出现了新的裂痕。作为摄政之一的格罗斯特公爵是一个典型的书呆子，虽然满腹经纶却没有任何实际的治国才能，无论是财政税收还是控制议会，都弄得一团糟，他已经成为了众人指责的对象。1435 年，贝德福德公爵病死，兰开斯特王朝一下子失去了法国前线的主心骨，加上反法的重要同盟勃垦第公爵重新加入法国王室一边，英格兰在法兰西的统治已经渐渐走到了最后。

1436 年，亨利六世完成加冕的法国首都巴黎被查理七世的军队夺回，而此时英格兰国内的贵族对于赴法国参战已经越来越不感兴趣。过去曾经可以带来大量土地、财富和荣誉的机会，而今不仅收获甚少，成本和危险也在不断增加。黑死病的流行使得国内人口锐减，劳动力价格因此迅速提高也使得雇用士兵的军费跟着一起水涨船高。兰开斯特王朝自第一任国王亨利四世开始就彻底将税收权丢给了议会，在这样的氛围下，想要征收特别的战争税款，难上加难！亨利六世的法国对手却在反击英国人的战争中日益强大起来，1439 年，查理七世正式为法国建立了自己的常备军部队，使得分散于法国各地的英格兰守军更加难以为继。而亨利能做的事情只是在国内为教育业发展筹得款项，如今声名远扬的伊顿公学就由他在 1440 年亲手建立。然而再多的学者也无法马上转化成军队的战斗力，为亨利在法兰西大地上的统治权续命。

⊙ 某教堂窗户上的约克公爵理查德的形象。他并没有自己儿子那样彪悍的军事指挥水平，但是凭借他巨大的野心和自己的高贵血统出身，一直在为自己谋求权力的巅峰。最后因为轻敌而被敌人诱杀，死也算恰如其分

在这个节骨眼上，亨利开始有了与法国休战的想法，并且企图靠联姻来维持英格兰在法国所剩不多的权益。于是查理七世的侄女——那不勒斯王国的公主，安茹家族的玛格丽特，在 1445 年嫁到了英格兰。不想，这一联姻不仅不能保证英法两国的长期和平，更让亨利身边多了一个性格强烈且主张极多的亲法妻子。从小被各种弄臣与仆人保护辅佐的亨利总是非常温和而缺乏主见，醉心于宗教且非常虔诚。这样的个性在和平年代完全可以做一名中规中矩的贤王，但是放在 15 世纪前期——英法百年战后期的英格兰，注定会酿成悲剧。看似高贵的王冠实际上布满了刺人的荆棘，一旦顶着这顶王冠的脑袋不够强大，那么势必被王冠本身勒去性命。以法国血统自居的玛格丽特则个性强烈而意志坚定，颇

有过去埃莉诺丽和伊莎贝拉这样两位英国王室史上最响当当的法国媳妇的做派。她经常劝说耳根子软的亨利六世放弃一些英格兰在法兰西残存的领地。难做三夹板的亨利只能先答应了王后的要求，等到事情公布，又难免英格兰议会的群情激奋。不知不觉中，法王的军队在 1450 年的福尔米尼战役获胜后夺回了整个诺曼底。

三、强劲的挑战者

福尔米尼战役的灾难性失败，让亨利六世为首的兰开斯特家族在英格兰国内的统治地位受到了前所未有的严峻挑战。挑战者不是别人，正是当年由他父亲亨利五世亲自得罪的约克家族。新的约克公爵理查德虽然不在议会的核心圈内，却依然依靠家族产业富可敌国，每年 7000 磅的收入在英格兰贵族中高居第一。同时，他还是国王之后炙手可热的王位继承人。如此强劲的对手一直被兰开斯特家族所刻意压制着，尤其是已经成为了国王新的重臣的萨默塞特公爵。然而很不凑巧，诺曼底失守之时，法国地区的军事总管正是萨默塞特本人。这次战败给了约克公爵大肆攻击他的机会。

⊙ 与亨利六世国王及萨默塞特在朝堂上对峙的约克公爵理查德

也在1450年，英国的肯特郡发生了杰克·凯德起义。当萨默塞特下令军队镇压之时，王室军队拒绝前往。原来，之前还是对法主战派的兰开斯特家族成员大都已经逐渐居于高位，又因为王后玛格丽特强势的亲法立场，使得不少依然希望以军功获得地位与财富的军人纷纷投靠到约克家族门下。兰开斯特家族在议会中势力膨胀，飞扬跋扈，大量看不惯他们的贵族和议员也不由自主地聚集到了约克公爵身边。正是这样的情况，使得原本难有还手之力的约克家族一下子有了与兰开斯特掰手腕的资本。杰克·凯德起义就是在这样的大背景下爆发的，这远远不是一次碰巧爆发的农民起义，起义者直接打出了"拥立约克公爵为新国王"的口号，并且要求严惩萨默塞特等兰开斯特家族的要员。地方上的兰开斯特贵族们不得不自己组织部队进行镇压，却丝毫奈何不了起义者，这些人很多是从法国退伍归来的老兵，战斗力丝毫不比兰开斯特一方的民团差。最后，还是英格兰的教会出面调停，起义才被平息下去。

起义虽然被平息，约克家族的议会攻势又接踵而来。当年的国会召开前，约克一方利用关系在不少地方的郡议会和城市议会操纵选举，让自己一方的支持者成为地方代表，并最终参加首都的全国议会。通过这些手段，约克家族首先控制了议会中的下议院，不少小贵族、商人和市民代表成为了他们的主力。1450年11月，议会召开，约克党占据多数的下议院向国王上书，要求弹劾萨默塞特公爵等一干人，并以叛国罪将他逮捕。软弱的亨利六世根本无力调停，最后还是控制了上议院的萨默塞特等人将请愿书驳回，并让亨利六世授予自己加来总督的位置。加来是当时英格兰在法国北部最后的据点之一，由于按照《大宪章》规定国王不能私自拥有和征召军队，所以名义上英国唯一的常备军只能在加来这样的前线。议会召开期间，约克家族的支持者在伦敦煽动暴动，企图逮捕萨默塞特公爵，并抢劫了他的扈从的住所。结果这些人被兰开斯特一方镇压后，判处了谋反之罪。约克公爵理查德进入核心权力机构——御前会议的计划也落空了。

1451年，查理七世的法军进攻位于今天法国西南部的加斯科涅地区。与一年前收复的诺曼底不同，该地区几百年来一直是英国国王的领地，以当时的人特别是当地人的眼光来看，加斯科涅就是英国领土。不过站在法国国王的立场上来看，加斯科涅在法理地位上依然是法国的臣属，法国国王有权收回这块领地。于是，当地脆弱的防御力量被经武多年的法军彻底击碎。当地首府波尔多的沦陷消息很快传到了伦敦，早就摩拳擦掌的约克公爵立即展开了更加激进的行动。在他的授意下，德文郡伯爵与科巴姆勋爵一起聚集了大量人马，一行人总计1万，浩浩荡荡地开向伦敦。理查德的口号简单而明了：清君侧！矛头直指萨默塞特。兰开斯特家族急忙从各自的领地征召了3万勤王军，在伦敦以北的达特福特

⊙ 1453年的卡斯蒂永战役。此战是英法百年战争的最后一战。英军部队在反击中被引入了法国人精心设置的炮兵阵地，在几百门火炮和火枪的打击下全军覆没，英国人最终失去了他们在大陆上保有了几百年的领地加斯科涅。国内的矛盾则进一步深化，酿成了后来的玫瑰战争

堵住了南下的约克军队，亨利六世则作为名义上的统帅随军前往。约克公爵自知敌我实力悬殊，轻易开战得不偿失，因此他选择面见国王，并向国王当面陈述自己的请求，并且为自己辩护称起兵只是希望亨利严惩渎职、违法的萨默塞特。于是在第三方贵族的调停下，双方达成和解。约克公爵解散部队，而亨利也同意将追究萨默塞特所造成的战败损失。然而约克军队解散后，萨默塞特依然逍遥法外，理查德却需要当面向国王重新宣誓效忠，并保证永远不会对国王采用武力。亨利六世宣布原谅公爵，但后者以后永远只能在自己的领地内生活。国王在两派冲突中如此公开的偏袒一方，不但无法缓解双方的矛盾，反而是在激化矛盾。

1452年，英格兰军队在加斯科涅地区发起最后的反扑，曾经在帕提战役中败于圣女贞德之手的老将塔尔博特重新披挂上阵，率领一支规模较小的援军在当地人的支持下夺回了波尔多。这场胜利成为了英国人在百年战争中最后的回光返照，也为剑拔弩张的英格兰国内局势换来了一丝喘息之机。兰开斯特家族一方却没有闲着，他们计划在第二年的国会上提出并通过清算约克公爵的法案。不料第二年的国会博弈尚未分出胜负，法国军

⊙ 沃里克伯爵理查德·内维尔。他是约克家族在玫瑰战争前期最大的盟友和最得力的将领

队在夏季卷土重来，重新占领了波尔多。1453年7月，塔尔博特再次临危受命来救场，结果他和他的小规模部队在卡斯蒂永战役中全军覆没。英法百年战争就此结束。经过几代人的较量，英格兰人不仅没能征服法兰西，连祖传的领地加斯科涅也被法国国王永久性没收了。噩耗传来，内心已是极度脆弱的亨利六世再也支撑不住而突然晕厥，之后的3个月里一直神志不清，无法主持任何政务了。这年10月，王后玛格丽特为亨利六世生下了第一个王子爱德华，神志不清的亨利丝毫没有任何喜悦之情，而原本的第一王位继承人约克公爵再也坐不住了。

原本已经命悬一线的公爵理查德，现在迅速与原本站在兰开斯特家族一边的内维尔家族结成了同盟，沃里克伯爵理查德内维尔的父亲曾经是亨利六世的老师，而今同样具有野心的他不愿意看到兰开斯特家族最后控制一切。他与约克公爵的联盟使得约克家族实力大增。两家随即兵合一处，在议会中再次弹劾萨默塞特，并且要求后者为对法战争的失败负责。兰开斯特一方也再次提出对约克公爵的指控，结果已经在议会中占据巨大优势的约克一方笑到了最后。萨默塞特被判处叛国罪，并关入了伦敦塔。这座原本以国王宫殿标准来建造的著名建筑，从这个时代开始正慢慢变成一个英格兰国内的政治犯监狱，萨默塞特的被捕只是一个开始。

两大家族阵营的斗争并没有因为萨默塞特的被捕而告一段落。由于亨利六世神志不清，议会需要选出摄政来暂时主持国务。约克公爵作为贵族中权势最大、财富最多、实力最为雄厚的人物自然是不二选择。兰开斯特一边因为萨默塞特的被捕而群龙无首，性格刚烈的王后玛格丽特于是站出来要求议会选举自己作为摄政，这是这位强势而能干的女性第一次从幕后站上前台，以兰开斯特领袖的身份参与英格兰的内部争斗。然而议会中的大部分人都害怕玛格丽特成为执政后发起报复，于是在一番讨价还价中约克公爵成为了英格兰的摄政。同时他还被授予了加来总督的职务，这样他不仅仅成为了议会的头号人物，也掌握了英格兰唯一的常备军。玛格丽特则为自己与亨利的儿子爱德华争取到了王位继承权，即使亨利六世永远疯癫下去，只要爱德华成年，约克公爵的摄政就会随即结束。

这份原本可以让两个家族势力维持多年平衡的协议很快在第二年因为亨利六世的突然康复而变成了一张废纸，约克公爵的摄政岁月提前被终结了。作为国王的宠臣，萨默塞特立即被释放出伦敦塔，这次他决心要一劳永逸地解决约克公爵和他日渐庞大的家族势力。1455 年 4 月，萨默塞特鼓动亨利六世在雷切斯特召集一次大会议。理查德知道来者不善，萨默塞特必定在大会上想方设法迫害自己，于是做出了一个重要决定。约克公爵及属下离开领地后并没有直接赶往雷切斯特，而是召集了部分部队，准备在伦敦到雷切斯特的半路上拦住国王和萨默塞特。这么做无疑是自 1451 年那次失败的兵谏之后再次进行“清君侧”行动，只不过这次约克一方没有大张旗鼓，召集的部队规模也不大，一切只为了能尽快拦住国王一行人。结果就是这么一个决定，让之后三十年的英格兰大地战乱不断。

1455 年 5 月 22 日，约克公爵的部队在伦敦北部的圣阿尔班斯遭遇了国王与萨默塞特公爵率领的兰开斯特家族部队，玫瑰战争就在这一天开始了。

四、英格兰人的战争艺术

大部分人对于中世纪，尤其是百年战争和玫瑰战争中的英格兰军队的印象是一支“使用特制长弓的封建军队”。得益于多年来英语作为全球通用语言的优势，英国的戏剧、小说不断被信息时代的传播方式，譬如电影、游戏，在全世界滚动传播。BBC 的纪录片以及剑桥大学的研究著作也不断在人们脑海中加深了中世纪英格兰军队的形象。甚至在说起当时的英军作战方式、战术时候，往往都会冠以“英格兰战术体系”的专用统称。所以英格兰军队可能是今人对于那个时代而言最为熟悉的古代军队之一。

英格兰战术的起源，来自国王爱德华一世时候对威尔士地区的征服。作为不列颠岛西南部的古代凯尔特民族的“保留区”，威尔士人一直到 12 世纪还保留着他们一贯坚持的传统战术。相比已经从欧洲大陆引入了骑士、弩兵等中世纪战争元素的英军，威尔士人更喜欢使用传统的长矛、盾牌和弓箭的武器组合。此时的英军战术体系与欧洲大陆上的同僚们基本是一致的，战斗中往往由弩手和普通弓箭手构成散兵部队和远射火力存在，骑士担任的重装骑兵部队在中路或者两翼发起冲锋，打垮敌人。使用长矛等武器的重步兵部队则经常处于次要地位的第三线位置，作为预备队使用。又或者部署于骑兵的两侧结成方阵，以便骑兵第一次冲锋被击退时能进入这些战场上的人肉堡垒暂避。英军在威尔士北部遭遇的

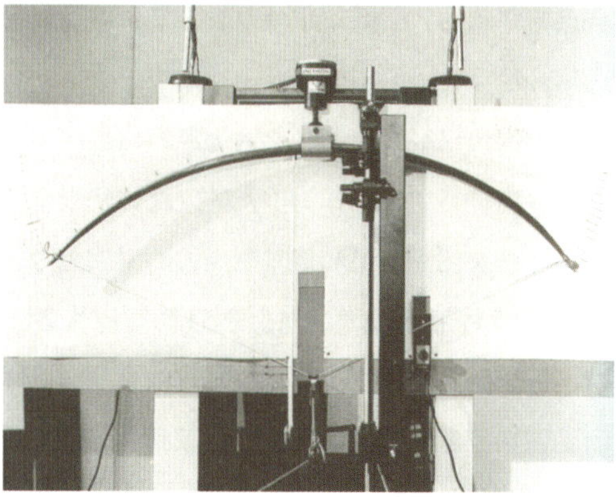

⊙ 图为现代科学家正在为一把从16世纪的沉船玛丽罗斯号上发现的长弓进行拉力测试。对这艘古船上发现的多把长弓所进行的一系列的测试结果得出令人惊讶的结果，这些中世纪欧洲最负盛名的远射武器的平均拉力可以达到120磅~150磅。这样恐怖的拉力水平对于一把构造简单的单体弓而言是非常优秀的，即使是很多名声在外的复合弓都难有长弓的威力

⊙ 作为威力巨大的远射武器，长弓需要使用者有足够的时间和精力用在射击训练上。这位现代弓箭爱好者正在为我们展示如何使用长弓进行直射击和抛射击。前一种射击方法能在百米左右的距离内射穿锁子甲、鳞片甲等护具，对后来的板甲也有一定威胁。后一种射击方式能让长弓的最远射击距离达到300米以上，在不超过270米的距离内，依然保持可观的攻击力。个别神箭手甚至能够能达到400米以上远距离射击

使用长矛和盾牌的重步兵战斗力很强；而在南部，使用威尔士长弓的当地弓箭手杀伤力惊人。威尔士长弓手使用的这种致命远射武器长度可达 1.5 米到 2.3 米，比古代世界大部分国家使用的弓都要长。这些长弓往往以榆木、白蜡木、橡木等坚硬的木材制成，射程和穿透力都非常可观。攻打他们的英军部队往往以弩作为自己的远射武器，在射速、射程和穿透力上都落于下风。因而在爱德华一世基本控制了威尔士之后，就立即将长弓这种武器引进英国，同时引入的还有大量新的威尔士部队。新组建的英格兰长弓部队很快在随后的对苏格兰战争中获得了巨大的成功。1298 年的福尔柯克战役中，爱德华一世派遣长弓部队连续射击，很快打垮了之前在斯特林桥战役中血洗英格兰人的苏格兰长矛方阵部队。不过在当时，长弓的引入对于英格兰军队的变化并不显著，他们只是简单地替换了过去常常由普通弓箭手或弩手所在的位置。作为传统战术中一种重要的补充火力，长弓在后来 1314 年的班诺克本战役中难以发挥其优势。

爱德华一世时代虽然没有为长弓这种新式武器设计专门的战术，但却为在英国国内大力普及这种致命武器而制定了意义深远的法律条文。这些法律包括了鼓励甚至强制规定国内各个郡的民团成员必须训练和使用长弓，尤其是那些过去因为无力购买足够装备而不能作为骑兵和优秀步兵参战的穷人。每个星期的周末，英国的各个乡村的教区都会进行弓箭手的集合训练，以便督促这种原本属于强制性的训练规定得以实施。为了让民众都能腾出时间来进行弓箭射击训练，爱德华一世甚至下令禁止民间已经流行起来的足球运动。与传统的欧洲大陆国家不同，地方民团部队一直是英格兰军事力量中非常重要的组成部分。虽然封建骑士武装和雇佣兵部队一度在英军中起着非常重要的作用，但随着战争规模扩大和《大宪章》颁布后国王雇佣军受到严重限制，地方民兵的作用被不断提升。爱德华一世征服威尔士就大量使用民兵作为其军队的主力。根据 1181 年由他本人颁布的《温彻斯特军备法令》，大量平民阶层必须为随时到来的战争准备好弓箭等武器，加之长弓的不断引入，此后英军的历次战役中，弓箭手的比例都呈现增长趋势。与之相适应的是长弓生产业的飞速发展。英国人发现，上等的紫杉木是制作长弓最合适的材料，但是这些优质木材英国本土数量稀少，于是国家不得不从运输外国货物进入英格兰的商船中加收了专门的紫衫税，用于支持他们不断从西班牙、意大利、克里特岛甚至黎巴嫩进口更多紫杉木。正是爱德华一世在位期间的不断努力，让英格兰逐渐拥有了大批高质量的弓箭手部队，也使得英格兰的射箭文化流行了几百年之久，在当时的西欧地区独树一帜。相比之下，不少英国人的对手在后来争先模仿英国人为自己的弓箭手配备长弓，但大部分都由于训练不足或者数量规模不够而难以发挥重大作用。

⊙ 图为正在进行射击训练的长弓射手。受到法律的约束，英国人每个礼拜都必须抽出时间在自己的教区内进行射箭训练。为了确保这种训练能够持之以恒，包括原始足球在内的不少娱乐活动被限制和取缔。作为回报，英格兰人成为了西欧地区独树一帜的射箭大国，并拥有了大量堪称世界一流水平的弓箭手队伍

爱德华三世时代开始，英格兰人以自己数量众多的长弓射手为基础，逐步改进了自己的战术习惯。由于军队中弓箭手部队比例的持续增长，过去那种将弓箭手作为散兵来掩护主力部队的布置方式已经不适合了。同样由于军队中重步兵部队的减少，在保持作战方阵一定厚度的情况下，掩护大部分弓箭手，将之置于自己身后的做法也行不通了。爱德华三世的变通做法就是：将重步兵力量集中于战线的中央，顶住敌人的正面猛攻；大量弓箭手分布在重步兵的两翼，依靠地形、野战工事和长弓火力本身自我保护；装备和训练最佳的骑士部队在作战防御阶段下马加入重步兵队伍，稳固战线，敌人出现松动后再上马冲锋追击。这样的做法并非由他和英格兰军队所首创，拜占庭的军队就曾经采用重步兵居中、弓箭手侧翼、骑兵下马防御的战法在意大利地区屡屡击败哥特人的军队。只不过相对于拜占庭人的部队，英格兰人的骑士装备和训练更加精良，一般重步兵的数量更少，弓箭手的数量更多，质量则是巨大的飞跃。和拜占庭人所信奉的古代罗马战术思想一样，英军也不会将全部部队置于一线铺开，最强的那部分力量总是会出现在第一线部队的身后，成为可以

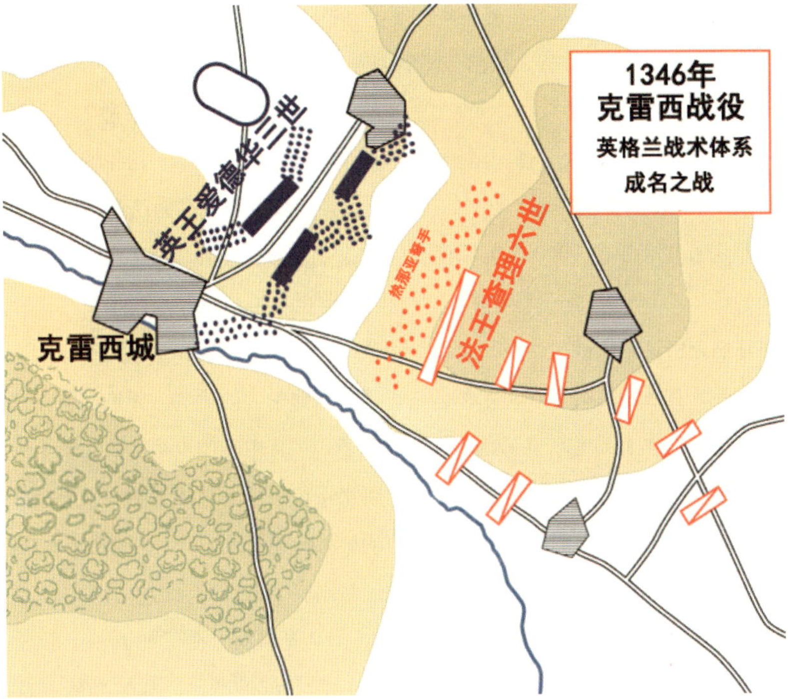

⊙ 1346年的克雷西战役，不仅仅是英法百年战争中的第一次大规模陆地决战，也是英格兰战术体系的成名之战

发挥关键作用的总预备队。很多情况下，英国人给自己的弓箭手配备代步马匹，以便与骑士部队一起组成机动速度较快的快速反应部队。作战时大家都会下马防御，得胜后骑士再上马追击。法国人最早建立了被欧洲中世纪军队奉为典范的骑士——骑马弩手合成军队，而今英国人的做法更胜一筹。此外，由于火药武器的出现，英格兰军队开始吸收大炮加入部队，这些效率不高的早期火炮有时候也会出现在英格兰军队的阵地上。这些元素交织在一起，也就成就了我们今日所谓的“英格兰战术体系”。

1332年，爱德华三世干涉苏格兰内乱，他的一小支军队第一次使用“英格兰战术体系”，就在都柏林沼泽战役中消灭了苏格兰军队2000多人。接着在1333年的哈里登山战役，亲自出马的英格兰国王指挥他的新式军队再次屠杀了苏格兰军队包括大量贵族在内的4000多人，英军仅仅损失了14个人。百年战争开始后英格兰战术得到了更好的发挥。先是1340年的斯鲁伊斯海战中，长弓的压制性火力将有强劲的热那亚舰队帮助的法国舰队全歼于其锚地。随后的1346年，克雷西战役中，英格兰战术体系与长弓一起登上了神坛，人数仅仅9000的英军在爱德华国王的指挥下成功击败并消灭了法王菲利普六世率领的3万人的精锐法国军队。战前法军特意从欧洲驰名的弩兵产地——热那亚，招募了6000个职业弩兵，结果在英军5500名长弓射手和3门火炮的无情打击下，全军覆没。10年后的普瓦捷战役，黑太子爱德华指挥的6000名英军再次重创了法王约翰二世与名将盖斯克兰带领的1.1万人的法军，约翰二世本人也在战役中被英军抓获。1415年，阿金库尔战役，亨利五世手下的9000名英军再次成功击败了数量达到3.6万人的法军。这三次战役被人们称为"百年战争三大战役"，胜利的原因也总是被全部记到了长弓这种武器头上。然而仔细分析这三次战役中英军部队的组成，我们不难发现，除了赢得最凶险的阿金库尔战役之外，其实长弓射手在英军部队中并不占据非常大的比例。无论是首先建立这套战术的爱德华三世本人或者军事天赋超群的黑太子，军队中其他步兵部队和骑士的比例一直不低，合在一起数量上都比长弓手多很多。骑士不仅可以下马成为当时素质最好的重步兵部队，在战局有利于己方时发起的骑兵冲锋同样致命而必要。普瓦捷战役中，黑太子更是依靠埋伏在全军后方的一队骑士，成功挫败了法国骑士的迂回攻击，最终导致了法军的全线崩溃。而诸如威尔士长矛兵、加斯科涅的弩手、标枪部队以及各种来自欧洲大陆的雇佣军也很好地纳入了英格兰人的战术体系中，不仅有利于防御英军的阵线，也能为英军带来很多长弓以外的火力补充。

⊙ 从爱德华三世的时代开始，长弓射手就成为了英国军队中最为倚重的力量之一。长弓和射箭文化本身也成为了英格兰的国家名片。这种传统从14世纪开始，一直保持到莎士比亚写作的伊丽莎白一世女王所在的16世纪晚期

爱德华三世为了发动对法战争，不仅仅改进了英军的战术体系，更是将英格兰的兵役制度进行了改进。在原先的军备法案的基础上，爱德华三世时代的英国军事贵族被继续允许以缴纳金钱的形式代替自身的服役义务。各地的民团部队则会按照国王的要求外出服役，只要离开了自己家乡所在的郡，就需要按天从国王那里领取工资。为了方便组织和集结军队，英国国王经常将征兵的任务下放给很

⊙ 1448 年的一场英格兰乡间道路械斗。作为一个矛盾尖锐而潜在军人众多的国家，玫瑰战争的突然爆发其实一点儿都不应该感到意外

多大大小小的军事契约承包商。这些人基本以贵族为主，他们与国王签订合同，在规定的时间内为国王的军队招募一定数量各种类型的士兵服役。这样组织起来的军队不仅更具有专业技能素质，并且基本都出于自己自愿参军，也方便国王进行指挥。不过，随着英格兰人不断陷入战争泥潭，国内的厌战情绪逐渐高涨起来。贵族们因为无法在法国得到更多利益，却要为对法战争支付各种税款而怨声载道。这样造成的恶果就是英王难以募集到足够的战争资金，在招募士兵的时候不得不越来越多地雇用价格较低的长弓射手，而不是装备更多更好的重步兵和骑士。于是在法兰西前线的英军部队中的弓箭手比例逐渐增长，从原先的不足 50% 一下子发展到了 70% 甚至更多，在战场上由于人数不足和肉搏能力严重下降而吃足了苦头。1429 年的帕提战役中，立足未稳的英军部队就被抵达战场后立即发动冲锋的法国骑士杀得抱头鼠窜，丝毫无法发挥长弓的射程和威力优势。

到了亨利六世的时候，对法战争的节节失利反而让当年爱德华三世创立的非常有效的军事兵役制度成为了社会的严重不安定因素。大批从法兰西回国的老兵已经习惯了过去战争年代的生活方式，因为战争而失去了耕地或者不愿意重新务农的人大有人在。大贵族势力的扩张让越来越多的自耕农和小贵族选择依附于这些大贵族旗下，求得庇护。正巧，很多贵族原本就是在海峡对岸战场上的上下级部属，回国后继续维持了这种原本在国内所不必要的关系，弄得不少大贵族的领地内都有很多以耕作土地为报酬的军事人员存在。而连这层“战友情节”都没有摸到的老兵则更容易成为贵族需要时候能够找来的打手。加之英格兰本身各郡都有强制规定的军事训练，使得贵族只要能够出钱，就很容易将军队聚集起来。这些因素加在一起，使得蓄势待发的两个阵营都兵强马壮，玫瑰战争的爆发成为了一种必然。

不过正所谓塞翁失马焉知非福。英格兰人的军队虽然相比建立之初似乎是愈发萎靡，但一系列失败也促使了他们的改良。当在野战中来不及构筑阵地工事的时候，各个部队将会组成类似混合方阵的步兵阵线，负责白刃战的披甲部队位于方阵的前列，弓箭手居后。整个军队依然会被分出两线，分队数量经常由过去的三个增加为四个，各个步兵分队之间的灵活度大大增加了。这样布阵适合部队快速集结反应，也非常适用于进攻作战。受到欧洲大路上胡斯城堡和卡斯蒂永战役的教训影响，英国人也经常利用军队中的辎重马车组成临时堡垒，并会在其中布置火炮和火枪，便于防守。随着文艺复兴的悄然开始，很多中世纪时候就非常流行的古典战术手册与历史书籍在西欧越来越受到重视，也让百年战争结束后，15 世纪后期的英格兰将领在排兵布阵和指挥之时比过去中世纪的前辈们更加乐于变通。英格兰人的这种改良虽然还不能创造和建立后来近代化军队的基础，但已经让英军在战术上逐步摆脱了传统中世纪军事范畴的束缚。

五、第一次圣阿尔班斯战役——约克人的初胜

1455 年 4 月，兰开斯特家族召开的新一轮议会，旨在全面清算约克公爵理查德和他的整个阵营。约克公爵与沃里克伯爵，两个理查德虽然没有被邀请参加会议，却已经收到了消息，知道此次会议的严重性。双方一合计决定不请自来，再次发动兵谏行动，如果兰开斯特家族依然态度强硬，他们就将不惜动用武力逼迫软弱的亨利六世满足自己的要求。于是约克公爵与沃里克伯爵急忙从自己的各个领地内征召部队，很快，一支多达 7000 人的约克家族军队被聚集起来。这一数字不仅大大超出了当时亨利六世身边的卫队数量，也是几十年来在海峡对岸一次次奋战法国人的英军所远远达不到的数量。这支军队包括了不少披重甲的步行武士以及数目更多的长弓射手，这些战士中不少人都配备了马匹行军，这样就以很快的速度就赶到了约克公爵那里。对面的兰开斯特家族还对此一无所知。

5月，国王一行人在萨默塞特公爵贝德福德率领的卫队保护下，浩浩荡荡地开赴雷切斯特，准备召开一次新的“批斗”大会。队伍走到圣阿尔班斯镇附近的时候，兰开斯特阵营的使者带来消息，约克公爵的大军正在赶来。这一紧急情况让亨利六世再次六神无主，这时候最好的选择只有赶快逃回伦敦了。然而队伍实际的领袖贝德福德却不这么认为，在他看来，如果国王因为约克家族的威逼而逃跑，不但无法如期抵达雷切斯特主持国会，还会对兰开斯特家族的声誉造成巨大损害，所以国王不但不能逃跑，还应该继续前进。为了以防万一，萨默塞特公爵立即派人从兰开斯特家族的各个领地内征召部队赶来勤王。但是远水救不了近火，为了等待援军，国王的队伍反而不能以较快的速度前进，慢吞吞地在罗马人遗留下来的主干道上磨蹭前行。5月21日，双方的队伍逐渐在圣阿尔班斯附近接近，约克家族一边的7000人的军队来势汹汹，而兰开斯特家族当中只有匆忙赶到的白金汉公爵斯塔福德和2000人的部队。一同赶到的还有包括克利福德领主托马斯、诺森伯兰伯爵亨利·珀西等一干兰开斯特家族的贵族战将。兰开斯特家族的军队和约克家族的一样，由披重甲的步行武士和长弓射手组成，并且是骑马急行军而来。由于天色已晚，双方的部队就面对面仅有20米的距离内安营扎寨。虽然局势已经剑拔弩张到了极点，但双方大部分人都觉得这次冲突会在又一次政治妥协中结束。这样的事情在1451年就发生过一次了，只不过这次约克人完全占据上风，但约克人终究能拿英格兰全国乃至全欧洲和教廷都公认和合法的国王如何呢?

⊙ 中世纪的欧洲骑士和其他重骑兵经常下马步战，在英格兰这种作战方式更受青睐。到了玫瑰战争的时代，身披板甲、手持各类斧子和剑的英国贵族武士们已经成为了步兵队伍的精锐中坚。这些人之间的厮杀，往往决定着战役最终的胜负

唯一不愿意妥协的恐怕只有贝德福德了。由于人数完全处于劣势，这位萨默塞特公爵

觉得不能停留在原地，任由近在咫尺的约克军队恃强凌弱。夜间，兰开斯特家族的军队首先在贝德福德的带领下向着附近的圣阿尔班斯镇前进。公爵希望以城镇本身作为军队的理想防御阵地，依靠建筑物和街道来抵消约克人数量上的优势，以便在对峙中坚持到后续援军抵达。然而如此大规模的移动自然难以逃过约克一方侦察兵的眼睛，于是约克家族的军队也跟着兰开斯特对手平行移动，双方在整个夜里展开了一场看谁先到圣阿尔班斯镇的赛跑。最终，起步早、人数少的兰开斯特军队在早上 7 时首先抵达了圣阿尔班斯，成功地抢占了城镇中心的建筑物与街道。追赶而来的约克军队稍后抵达，在城镇的东部停下了脚步，对峙再次开始。双方依然不觉得事情已经发展到了必须开打的地步，3 小时里，贵族和信使们在两军之间奔走不停。约克公爵再次向亨利六世发出申诉信，要求国王遵守并按照之前议会的决议，将萨默塞特公爵革职，并以叛国罪逮捕；还要求兰开斯特家族的部队立即撤军。这封让兰开斯特家族无法接受的信自然没有流传到国王手里，兰开斯特家族一方的决策完全由萨默塞特这位刚愎自用的公爵所垄断，根本轮不到唯唯诺诺的亨利六世来做出判断。在一次次无功而返的议和中，3 小时过去了，约克公爵和沃里克伯爵已经觉察

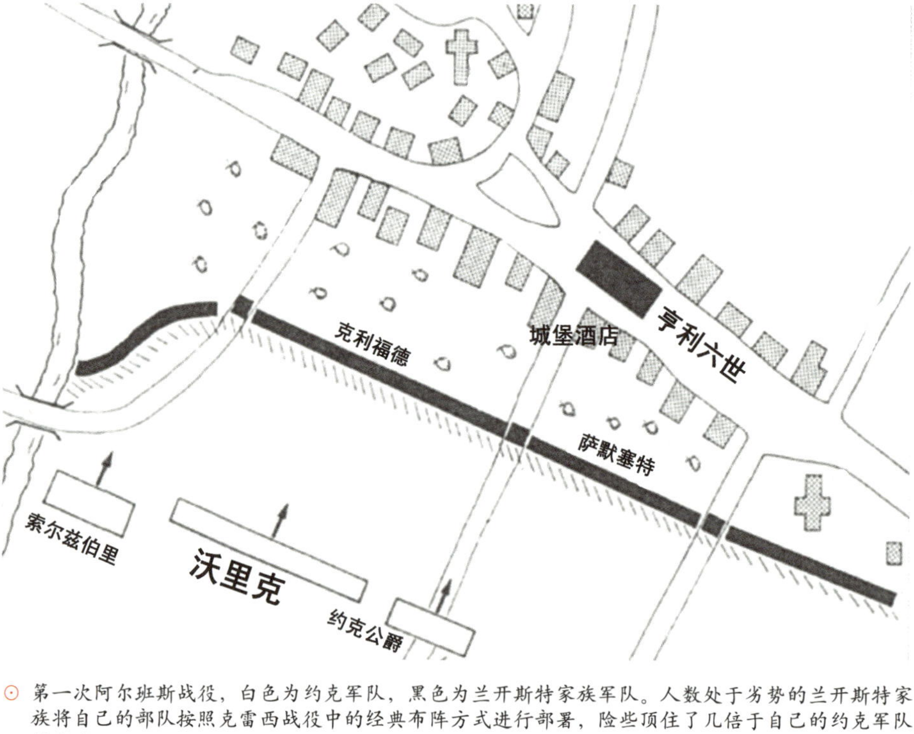

⊙ 第一次阿尔班斯战役，白色为约克军队，黑色为兰开斯特家族军队。人数处于劣势的兰开斯特家族将自己的部队按照克雷西战役中的经典布阵方式进行部署，险些顶住了几倍于自己的约克军队的进攻

到他们的诉求根本不会为国王所知道，权衡再三后，约克公爵理查德终于在10时后下令部队进攻。第一次圣阿尔班斯战役爆发。玫瑰战争的爆发再也无法避免了。

使用长弓的英格兰军队对抗另一支同样装备长弓的英格兰军队，这已经不是第一次了。1401年的亨利四世击败珀西之后，两支武器装备相同、战术组织一致的英格兰军队再次遭遇。双方的布阵也几乎一样。约克军队被分为四个部分，右翼由约克公爵理查德指挥；左翼由索尔兹伯里伯爵指挥；中路的主力部队与预备队由沃里克伯爵指挥。兰开斯特军一方虽然在数量上处于劣势，却因为害怕约克军队包抄而将部队的阵线尽可能地拉长，他们的阵线从穿过圣阿尔班斯镇的河流一直延伸到约克军队阵列之外。兰开斯特人的部队仅仅分为三个部分，亨利六世和贴身的卫队成为了预备队，位于城镇中心的圣彼德大街上；其他部队全部部署于第一线位置，右翼由克利福德领主托马斯指挥；左翼由萨默塞特公爵亲自指挥。因为是处于防御阵列，兰开斯特军队将手里为数不多的骑士和重步兵集合起来，分别把守从东面进入城镇的三条道路。这些重装部队的两侧是长弓射手的阵地，抵达圣阿尔班斯的3个小时内，他们已经在主要道路之间的地形上构筑了拒马和壕沟组成的防御阵地。对面的约克军队则是典型的进攻部署态势，几个分队都由部署在前面的下马骑士和重步兵组成，身后是负责掩护的长弓射手。约克军队尽管数量占优，但他们的进攻计划依然是避重就轻。约克公爵的分队直接对准了国王亨利所在的位置，这样他不必与战斗力较强的萨默塞特公爵交战，而只需要集中攻打兰开斯特第一线部队左右两翼的集合部。沃里克与索尔兹伯里的部队则对准了实力较弱的克利福德部队的中心位置。如此一来，约克军队可以利用他们的人数优势进行纵队突击，撕破兰开斯特军队那看上去稀薄无比的防线。

约克军队在约克公爵理查德的命令下首先开始攻击，各个分队前排的下马骑士与重步兵们率先带头，在战斗开始的号角声中开步前进，他们的头顶飘扬着象征约克家族和他们自己所在家族的旗帜。这些人中不少人从小就被当作战士来训练培养，格斗与杀戮早已成为他们生活与条件反射的一部分。不是贵族出生的平民重装战士也往往来自贵族家庭的亲戚，从小与贵族子弟相伴长大，有着类似的训练经历。更有一些是从战争中逐步摸爬滚打出今天地位的资深老兵，对于如何杀死挡在面前的对手，早已胸有成竹。他们身上护身利器——板甲，则是那个时代顶级武器制造技术的结晶，在非近距离内已经可以让穿着者不用担心长弓箭矢会立即带来致命伤害，普通的武器，诸如刀剑、长矛，也很难对其造成严重伤害，唯独是作为破甲利器的锤子、骨朵才能对这些优秀盔甲造成重创。在此之前的几年里，在位于欧洲顶级武器研发中心北意大利地区的米兰，当地的盔甲制造大师刚刚研发了新一代的优秀板甲——米兰式板甲，防护性能比之前的产品有了进一步的提高，一些时髦的英格兰贵族已经购买并穿上了这些新式护甲。此时，这些板甲庇佑着前进的约克家族武士们。只不过能穿上这样高级装备的人少之又少，大部分中小贵族与扈从的盔甲还是旧的款式，财力不足的战士无法为自己配齐全身盔甲，只能买半身甲上阵了。在他们身后，长弓射手们仅仅戴着一顶头盔，身披着带有层层铁片护甲的战斗夹克，他们一边缓步前进，一边张弓搭箭，然后听从被称为“弓箭大师”的队长指令，有序地射出致命箭矢。队伍中还有一些平民出身的士兵，他们穿着和弓箭手一样的战斗夹克，戴着头盔，只是手中的武器是钩镰，他们既被用来保护弓箭手，又常常伴随着重装武士加入团体肉搏，无奈因为装备和身份，在征兵花名册上只能屈居“弓箭手”身份。

出乎意料的是，约克军队的攻击并不顺利。由于兰开斯特军队已经建立了稳固的阵地，约克士兵要攻击对方，必须先冒着头顶不断落下的箭雨接近对方，而后还要顶着长弓可怕的近距离直射火力，翻过兰开斯特人挖掘的壕沟，再越过或者拔掉壕沟后面竖立的拒马。兰开斯特一边的士兵早就在土木工事后面蓄势待发，少数穿越工事的约克家族武士很快就遭到了他们手中钩镰的迎头痛击。位于战线左右两翼的两条道路上，倒是没有这些烦人的工事挡道。于是大量约克一方的士兵不自觉地聚集到了这一线上，但很快就与兰开斯特家的下马骑士和重步兵短兵相接。但事情并不是那么简单，当约克部队都向着中央的道路集中之后，兰开斯特人在两翼的长弓手们纷纷射来可怕的侧翼火力。不仅后排的士兵和武士护甲较弱，就是装备最好的板甲，后背的防御水平也是做得最低的。兰开斯特人虽然人数不占优势，却充分运用了英格兰战术体系中的阵地防御战模式，两翼的工事和长弓火力迫使对手不自觉地选择向着战线中央聚集，而后当己方的重甲部队死扛住暴走的对手，弓箭手再从侧面进一步发挥手里弓箭的射击效能。约克军很快就意识到自己陷入了当年法国人在克雷西、普瓦捷以及阿金库尔的窘境，损失惨重之余，他们迅速后撤，这才避免了法国人曾经经历的惨痛悲剧。稍后，约克军队进行了第二次攻击，依然被兰开斯特一方打退。兰开斯特人看样子就要赢得一场以少胜多的经典“英格兰式”的胜利了。

不过就在约克军队发起第二次“失败”的攻击的同时，沃里克伯爵派出的预备队已经离开了原先的位置，这一大波约克军队绕过了兰开斯特人设置的极长的战线，通过一大片花园，沿着圣彼德大街直扑国王亨利六世的所在位置。当约克军队冲到国王的队伍跟前时，发现国王的士兵们根本毫无准备。由于不相信敌人会迂回过来，更是因为国王身边的很多人依然坚信冲突最终会再次以妥协收场，他们连头盔都没有戴，只是松松垮垮地在道路中心的广场上休息，一些人还在同国王聊天。当他们惊慌失措地面对突然出现的约

⊙ 1450 年代的英格兰骑士装备，高质量的米兰式板甲给了他们巨大的安全保障，这也是那个时代最好的盔甲

⊙ 一套现代人复制的中世纪“战斗夹克”。这种护具是那些买不起昂贵板甲的平民士兵们的最爱。夹克的里侧布置了大量防护用的铁片，由夹克外侧的大量铆钉固定在夹克上。我国明清时代不少武将喜欢穿的布面甲就属于功能和形制类似的盔甲

克军队时，几乎全部被后者密集的长弓火力所射杀。前一刻还在谈笑风生的国王，此时已经成为了约克家族的俘虏，巨大的惊吓让他再次神志不清。更要命的是后方的轻易失守让前线的兰开斯特军队士气大跌。沃里克伯爵于是调集手头全部的弓箭手向着克利福德部猛烈射击，随后重甲部队第三次冲锋，一举杀入了兰开斯特人的阵地。在沃里克的两翼，索尔兹伯里伯爵和约克公爵的军队也一同发起总攻，三个分队几乎同时突破对面的防线，杀入了圣阿尔班斯镇。克利福德的部队损失惨重，而萨默塞特的手下士兵更是害怕他们会遭到约克军队的包围，全线溃退，抛弃了他们的主帅。萨默塞特公爵只能在少数扈从和亲兵保护下逃进城镇，躲入了一家名为“城堡酒店”的酒馆，死对头约克公爵理查德的部队在后面死追不放。忠于萨默塞特的贵族珀西、哈灵顿，以及随后赶到的克利福德领主一同在酒店的门外拼死抵抗。等到这些人纷纷被约克家族的部队所砍倒，自知生还无望的萨默塞特公爵贝德福德自己冲出门，在连续杀死四个敌人后被人用斧子砍倒，结束了充满争议的一生。

第一次圣阿尔班斯战役就在约克军队的大胜中结束。平心而论，兰开斯特军队在数量远远少于对方的局面下，打得非常出色，双方的损失几乎相差无几。但让兰开斯特家族备受打击的可不是那100名战死的战士，国王亨利六世的被俘和病发意味着议会将重新倒向约克家族一边，萨默塞特公爵的死则让家族失去了领袖人物。虽然只是一场小规模战役，但几位位高权重的贵族被杀已经震惊了整个英格兰。两个家族很快在议会中达成了“妥协”，约克公爵重新成为了英格兰摄政，哪怕是在亨利六世恢复神志之后。沃里克伯爵被任命为加来总督，控制了当地常备军部队。这种妥协完全是在约克家族在议会中占据了压倒性优势所带来的结果。由于群龙无首，兰开斯特家族一方的领袖实际上已经由王后玛格丽特所接任，她很快就和摄政王在议会上展开了激烈交锋。

六、峰回路转的西部攻略

1455年的圣阿尔班斯战役以及之后的妥协并没有维持多久。在议会中已经取得优势的约克公爵并不甘于仅仅取得摄政的位子，他很快按计划进行自己的第二阶段行动，在议会中发动对兰开斯特家族的新一轮攻击。由于亨利六世已经恢复了神志，约克人的目标就转移到了亨利两岁的儿子——威尔士亲王爱德华身上。约克公爵希望废黜爱德华的继承权。于是，已经成为兰开斯特家族领袖的玛格丽特站出来与之针锋相对。王后与兰开斯特家族尽力抵制一切威胁到王子继承权的法案，但由于约克和内维尔两个家族的联盟压制，他们毫无还手之力。新的萨默塞特公爵亨利·贝德福德已经继承了父亲的爵位与家族仇恨，并且担任了王后的主要幕僚，亦如他父亲过去二十年里一直做的那样。

1456年，兰开斯特家族展开了反击。在王后的鼓动下，举棋不定的亨利六世决定出游英格兰北方。虽然约克家族的大本营约克郡就位于英格兰的东北部，但在北方的其他地带以及威尔士的部分地区，依然是兰开斯特家族及其党羽的主要地盘，亨利巡视当地，既可以安抚英格兰北方民心，又可以向自己的支持者宣布国王依然值得效忠，远非约克公爵手里的一个傀儡。同时，萨默塞特公爵也帮王后出谋划策。结果在强势的玛格丽特劝说下，唯唯诺诺的亨利六世又下令，解除约克公爵理查德的摄政位置。一不做二不休的兰开斯特人索性将国王扣在了英格兰北方，随后在中部的考文垂设立了一个新的朝廷，在广大北方和中部土地贵族的支持下，撇开国都伦敦和在那的约克人议会，发动了一次不流血的“政变”。已经失去了摄政职务的约克公爵选择以退为进，离开伦敦，逃往他在爱尔兰的领地。在当时的英国，国内政治或者军事斗争的失败者往往选择去两个地方暂避风头，一个是爱尔兰沿海的英格兰人殖民地，当地的军事根据地有着“山高皇帝远”的优越条件。兰开斯特王朝的开国君主亨利四世也是在爱尔兰蛰伏之后，才回国夺权的。约克公爵现在的做法颇有几分效仿之意。另一个地方就是海对岸的加来港，作为英格兰在欧洲大陆最后的据点和唯一的常备军驻地，自然有它得天独厚的便利条件。沃里克伯爵理查德·内维尔依然控制着加来，并且已经带来了一小支援军赶来增援。

另立朝廷的做法虽然短期内让亨利和玛格丽特扳回一局，但也给兰开斯特家族之后的攻略留下了无尽的麻烦。相比北方和中部的那些乡下土地贵族，包括伦敦在内的英格兰东南部地区则是市民和商人阶层占据优势的地区。兰开斯特王朝在考文垂常驻之后，这些地方的商人和市民团体成为了国家的弃儿，他们的需求虽然还能传递给亨利六世，但已经难以得到国王的重视和保护。两个朝廷的对立实际上也意味着兰开斯特和约克两个家族遍布在全国各处的封地彼此对立。这些大大小小的封地错综复杂，很多为不同家族效力的大小贵族们彼此就是邻居。就是连成一片抱团的大块土地，如今也是山头林立的局面。这对于依靠贸易生财过活的商人来说，绝对不是好消息，他们的商队将会在沿途遭遇各个家族随时出现的任意盘剥。国王的北逃也让南部沿海失去了控制，大量本国和法国来的海盗横行肆虐，这些沿海又恰恰是英国商人们最主要的贸易港口所在地。沃里克伯爵于是抓住这个机会，出动手里的军队打击海盗和各类匪徒，在他的努力下，英国南部同欧洲大陆尤其是传统贸易伙伴弗兰德斯的贸易逐步恢复。伯爵以及整个约克阵营因此开始得到东部和南部地区的支持，兰开斯特的国王、王后渐渐开始不受待见。这种全国性的分裂进一步促使两个阵营发起新一轮攻击，战场范围也将遍及全国。

1459 年 9 月 23 日，已经在爱尔兰休养生息足够了的约克公爵在英格兰西北部登陆，同行的还有他的妻子和四个儿子——爱德华、乔治、理查德、埃德蒙德。全面战争由此引发。两个阵营都动员了大量军队准备开打。同一天，在约克一方的大本营约克郡，索尔兹伯里伯爵带着 5000 人的部队从米德勒姆城堡出发，向西进军，准备与约克公爵从爱尔兰带回来的部队在卢德罗城堡会师。兰开斯特家族一边的奥德利领主詹姆斯·塔切特和达德利领主约翰·索顿率领的 1 万人的军队已经在约克军队的必经之路上的布罗尔荒原设下埋伏，沿着道路两侧修筑了坚固的防御工事，他们不仅仅在长弓射手的数量上占据优势，还有更多的重步兵和骑士部队，等着急行军的约克军队强行闯关。然而这一切都被提前抵达的约克军队侦察兵发现，索尔兹伯里伯爵意识到敌人的数量远远多于他的部队，但急于赶去和约克公爵会师让他不得不硬着头皮迎战。于是双方在 300 码开外的地方布阵，因为人数较少，不少约克士兵觉得凶多吉少，只能靠亲吻脚下的土地缓解紧张情绪。兰开斯特一方是典型的英格兰式布阵，重装部队分布在中路，两翼是有阵地保护的弓箭手，身后还有一支骑士部队作为预备队。在他们的前面还有一条湍急的小河保护着整个阵地，河流的两岸都比较陡峭，不易攀爬。约克军队人数只有对方的一半，并且来不及构筑阵地，索性将主要兵力集中在中路和左翼，弓箭手部署在阵线最前端，随军的辎重车队被用来在军队的右翼建立了一个临时的圆形车堡阵地，这在 15 世纪的欧洲军队野战中屡见不鲜，当年老贝德福德公爵在维尔纳伊战役中就依靠这类阵地挡住了法军一边的意大利雇佣骑兵。约克军队一方还有几门大炮，但这些原始的早期火炮并不能帮上多大忙。索尔兹伯里与塔切特在最后时刻都派出使者努力谈判，无奈双方都不肯让步，于是布罗尔荒原战役就在约克人的大炮射击声中开始了。

伴随着约克军队的炮声，弓箭手们上前，向着河对岸的兰开斯特军队射击。依靠阵地掩护的兰开斯特人马上以手里的长弓予以回敬。战斗的第一阶段里双方都隔着小河互射弓箭，遮天蔽日的落顶箭伴随着嗖嗖的呼啸声笼罩了战场，约克人那边断断续续的炮声成了

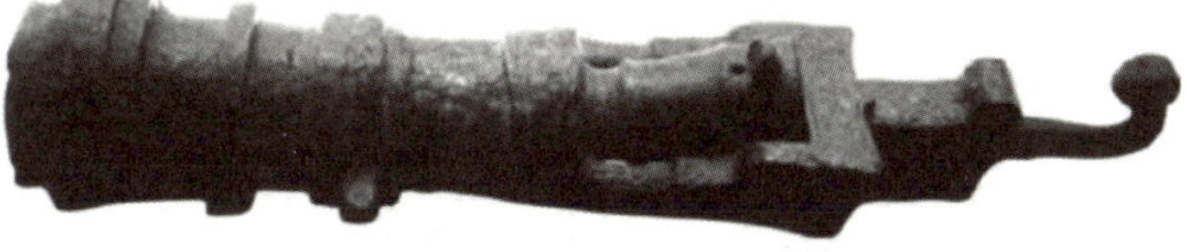

一门 14 世纪制造的欧洲早期后装火炮。这种武器也在玫瑰战争中多有露面，但是在大部分战役中并没有取得显著的战果

一种不错的伴奏，却没有多少实际效果。这种战斗下双方互有损伤，却都不能取得决定性战果。眼看自己的部队经不起这样的消耗，索尔兹伯里决定给伏击自己的对手设一个反陷阱，他下令前方正在射击的弓箭手开始后撤，这一举动让塔切特误以为人数较少的对手经受不住消耗战，开始溃败了。为了不放过他的约克对手，兰开斯特军队的骑兵预备队立即发动了冲锋，想以此一举奠定胜局。接着一大波披着板甲，手持骑枪、利剑的骑士们从兰开斯特人的阵线中冲出，跳入湍急的河流之中，奋力爬上陡峭的河岸。看准时机的索尔兹伯里马上命令军中的重装部队发起冲锋，结果约克一方的骑士和步兵们将刚刚跨过河流的兰开斯特骑士们打得措手不及，伤亡惨重。少数来不及渡河的骑士都掉头逃向了自己的阵地，约克军队顺势也跟着冲下了河岸。目睹此景的塔切特迫切地想挽回颓势，并救出那些被对方抓住的受伤骑士，他亲自率领骑兵部队，发起第二次冲锋。这次，处于河岸之下的约克军队被对手击败，索尔兹伯里伯爵不得不让全军再次后撤，兰开斯特军队跟着主帅塔切特杀过了河。当兰开斯特人胜利在望的时候，塔切特被约克军队中一名叫罗杰的骑士杀死，约克军队乘势发起第二次冲锋，一鼓作气杀入了对手的阵地。兰开斯特人的另一位主帅索顿急忙带领 4000 名步兵，几乎占全军人数的一半，发起第三次进攻。这次反攻很快就被气势如虹的约克军队击败，甚至有 500 名兰开斯特的士兵临阵倒戈，加入约克一方，战败也就不可避免了。

⊙ 布罗尔荒原战役的纪念碑。当初血腥的战场如今只是一块安静的草地

之后的一整天里，约克军队都在追杀逃跑的兰开斯特部队。一直到晚上，2000 多名兰开斯特将士被消灭，约克军队自己也损失了 1000 人马。索尔兹伯里伯爵下令部队停止追击，全军向西连续前进。为了不让附近的兰开斯特部队发现自己已经开溜，伯爵收买了一个当地的修道士，并给了他一门火炮。整个晚上，修道士都在持续发射火炮，隆隆炮声之中，散布在周围的敌人都以为战斗还在继续，约克军队就在敌人的继续惊恐中悄悄溜走。

然而，在卢德罗镇会师的约克军队发现大麻烦还在后头。约克公爵和索尔兹伯里的军队加起来依然数量不多，沃里克的增援部队也仅仅 600 人而已。10 月 12 日，当约克公爵准备尽快率军挺进伦敦之时，大量兰开斯特军队陆续赶到，犹如一堵巨墙挡在他面前。兰开斯特军队这次不仅仅在人数上占据优势，还有国王亨利六世和王后玛格丽特一同助阵，指挥官还是刚刚册封白金汉公爵的斯塔夫德，士气极高。约克公爵一筹莫展，只能带着军队在卢德罗边上的梯姆河边建立防御阵地。除了挖掘壕沟之外，约克还效仿几十年前的波希米亚人，用辎重车为自己建立了一座车堡，并且在车堡上布置了火炮。约克人阵地的整个正面都由梯姆河保护，河上仅有一座名叫卢德福德桥的石桥可以通过，如果兰开斯特军队贸然进攻，那么必将损失惨重。但是约克军队的士兵此时却士气异常低落，除了因为发现对手的数量远远高于自己的估计，还因为他们通过对方阵营内飘扬的旗帜知道国王已经御驾亲征，甚至在亨利六世几次出来巡视他的军队的时候，目睹了这位国王的风采。约克军队的不少骑士和士兵长期以来被告知，他们作战的目的是打败亨利国王身边的奸臣派系，现在他们突然意识到，他们与之为敌的其实就是国王本人。对于那个年代的大部分人来说，反对自己合法的国王是很难接受的事情。约克公爵此时也忙于为自己辩护，他写信给亨利六世，表示自己仅仅是出于对国王的忠诚而站出来反对奸臣，然而这封信就和他在圣阿尔班斯战役前的诉求一样，石沉大海。亨利六世根本不会从萨默塞特和王后那里知道信件的存在，否则以他心慈手软的作风，约克公爵可能又要被从轻处罚了。

眼看谈判无望的约克军队，最终因为自己内部的人心涣散而不战自溃了。12 日晚上，沃里克伯爵派来的加来增援部队在指挥官安德鲁 · 特洛普的带领下叛逃到了兰开斯特军队一边。安德鲁是一名上了年纪的职业老兵，长期在加来服役让他与本土的两大家族很少有什么牵扯，因而在忠诚度方面显然不如大部分本土的军官。约克公爵知道自己的军队已经没有心思与亨利国王作战了，当晚就急匆匆地带着最喜爱的小儿子埃德蒙德出逃威尔士，然后坐船逃回了在爱尔兰的领地。他的大儿子爱德华第一次上战场，也不得不和内维尔、索尔兹伯里伯爵一起向西逃窜，然后找到船只，绕了一个大圈逃亡加来。来不及逃跑的人包括约克公爵的夫人，以及另外两个儿子乔治和理查德。约克军队在第二天早上就向国王投降，并取得了国王的赦免，卢德福德桥战役就这么草草收场。进入卢德罗镇的兰开斯特军队在市场的十字路口找到了公爵夫人和她的两个儿子，这三位重要俘虏此后被交给了指挥官白金汉公爵的夫人照料。因为不战而胜而欣喜不已的兰开斯特军队在当天喝得酩酊大醉，最后竟然趁着酒性，抢劫了卢德罗镇。这一事件对于兰开斯特阵营的声望，产生了非常不利的影响。

卢德福德桥战役的戏剧性结局使得两大阵营在玫瑰战争中的第二阶段较量暂告结束。1459 年的这一阶段是约克家族阵营利用爱尔兰和加来两个据点发起的联合行动，这个计划最大的问题在于约克一方首先攻击了兰开斯特一方占据绝对优势的英格兰西北部地区。如此抉择还在于约克阵营自己这边，爱尔兰的军队和力量远远超过了孤悬海外的加来港的军力，但是约克家族在英格兰本土之外的这些力量在兰开斯特家族的核心地带就显得异常渺小不堪了。这次西部攻略的失败，也让那些在议会中支持约克公爵和沃里克伯爵的人遭到了王后玛格丽特的清算，不少人被剥夺了自己的封地。兰开斯特军队还计划继续发动对约克家族海外基地的军事行动，不过无论是对爱尔兰的进攻，还是萨默塞特公爵本人对加来的远征，都不是在国内打内战那么简单。而王后继续让兰开斯特家族以考文垂为基地发号施令，却没有及时带着国王本人南下伦敦安抚人心，也在无形中犯下大错。

1460 年年初，萨默塞特公爵让王后玛格丽特授命他为新的加来总督。兰开斯特家族开始集结部队，准备渡海拿下加来。但首先，他们需要一支舰队来帮助他们渡过英吉利海峡，萨默塞特随即在南部的三维治港组织舰队，准备远征。得到消息的沃里克等人立即抢在兰开斯特军队之前展开了行动。

七、烟消云散的胜利

1460 年 6 月 20 日，2000 人的约克军队在沃里克伯爵、索尔兹伯里伯爵、爱德华的率领下，突然袭击了毫无防备的三维治港。兰开斯特一方早先已经在当地部署了一支几百人的加强部队，却没有料到对手敢于先发制人发起反击。约克军队很快就消灭了准备不足的守军，并占领了三维治港，当地的兰开斯特守将也被处决，为进攻加来准备的武器和粮秣都落入约克军队手里。沃里克由此也为约克阵营新的反击建立了一个桥头堡。亨利六世与玛格丽特很快得到消息，但他们依然身在考文垂的大本营。由于沃里克在英格兰南部拥有大量的支持者，很多人在约克军队登陆后就纷纷赶来投奔。7 月 2 日，约克军队兵不血刃地进入伦敦，其军队规模已经扩大到了将近1万人。兰开斯特家族原本就在南方不受欢迎，这让约克家族成功地在当地建立了自己的基地。如此迅速的成功即便是当年的征服者威廉都要自叹不如了。

兰开斯特家族等不及组织部队就匆匆南下伦敦，他们派驻伦敦的守将斯凯尔斯依然没有投降，带着不多的部队困守伦敦塔。沃里克伯爵留下一支部队包围伦敦塔后与同样来自内维尔家族的富康伯格、爱德华一起率军北上。亨利六世在兰开斯特一干得力干将包括白金汉公爵斯塔福德、塔尔伯特伯爵、埃德蒙德领主陪同下，抵达了位于伦敦和考文垂之间的北安普顿。出于安全考虑，王后玛格丽特和王子爱德华被留在了考文垂。兰开斯特领导层决定在此必经之路挡住沃里克伯爵等人的约克军队。5000人最精锐的兰开斯特军队陆续赶到，虽然人数不多，却有大量包括骑士在内的重甲部队。在萨默塞特的指挥下，兰开斯特军队在去往北安普顿的大道边上建立了防御阵地，全军背靠内内河，并扼守着通过此河的唯一桥梁。兰开斯特军队被分成三个分队，塔尔伯特男爵的主力部队位于战线中央，右翼分队由白金汉公爵指挥，左翼由埃德蒙德领主指挥。阵地的外侧已经布置大量拒马并挖掘了壕沟，任何企图强攻的敌人都会在遭遇炮兵和长弓密集火力射击后被这些防御工事所阻挡。守军背后的河流也让进攻方难以发动迂回攻击。7月9日，沃里克率领的约克军队抵达战场，人数也在5000左右，面对已经建立稳固防御的守军，约克人选择先在附近安营扎寨。不过他们没有多少时间可以挥霍了，时间越久，兰开斯特从北方来的勤王军也就越多。这样的情形又与征服者威廉在黑斯廷斯战役前的困局何其类似。

⊙ 15世纪的卡拉克帆船与后来大航海时代前期纵横四海的大帆船已经没有多大的区别。在西北欧国家，尤其是英国这样的岛国，这类军舰比较受欢迎。利用船上高耸的艏楼和艉楼，无论是火炮还是长弓射手，都能发挥更好的作战效果

7月10日上午，沃里克下令约克全军出动。5000人的部队同样也被划分为三个分队，沃里克伯爵自己、富康伯格、爱德华分布率领其中的一个分队。不过约克军队并没有马上

同一时期英军的攻城技术也基本依靠长弓、弩和各种大小火炮来完成的

正在守城的英军。这类城防战中，除了长弓和火炮，英国人也会使用各种各样的弩和炸药瓶来击退敌人。不过在玫瑰战争中，城市围攻战并不多，强度也不大

一名15世纪后期的英国重步兵。这些人往往来自平民中的富裕家庭，或者担任贵族骑士们的扈从。虽然没有贵族身份却也能为自己购置较好的战斗夹克和武器，他们还能为自己配备随军代步的马匹。由于骑士数量并不算多，这些装备较好的步兵往往承担了很多原本需要骑士们去完成的攻坚任务

发起攻击，沃里克伯爵依然按照贵族礼节向兰开斯特一边传达了和解意愿。不过这种礼节性的尝试很快就被兰开斯特人所回绝，白金汉公爵更是直言不讳道：“沃里克伯爵没有资格自称国王的仆臣。如果他敢过来，就是送死！”于是沃里克最后给王后玛格丽特送去一封信，表示：“如果下午2时他还没有战死，那么必定会同国王说上话！”最终双方无法达成任何一致，约克军队在下午2时准时开拔，向着兰开斯特军队的阵地缓缓前进。

碰巧此时天公不作美，突然降下大雨，约克军队的战士们只能冒着瓢泼大雨，排着整齐的队伍，行走在已经被雨水打湿的泥泞地面上。虽然大雨很快就变成了小雨，但是整个战场的泥地都已经难以行走，尤其是穿着重甲的战士在这种环境下难免步履蹒跚。雨水滴滴答答地打在钢铁头盔上，也顺着盔甲间的细缝浸湿了里面的内衬。约克士兵们此时更加担心的是他们的弓弦，由于雨天潮湿，受潮的弓弦在弹性上要大打折扣，而沾了一身烂泥的护甲也让人不由得想起阿金库尔战役前的雨天，还有法国骑士们的遭遇。不过他们的兰开斯特敌人也面临同样的问题，不仅仅是弓弦受潮，大雨还打湿了他们的火药，这使得早就可以开火的兰开斯特炮兵迟迟没有发射，仅有几声稀稀拉拉的闷响能让约克军队知道，敌人已经开火了。尽管如此，沃里克伯爵对于进攻敌军的设防阵地依然不敢掉以轻心，为了能够集中力量突破敌人的防御工事，约克军队不再将手头的重甲兵与弓箭手分开编成各个独立分队。他们集中手里全部的骑士和重步兵，组成一个专门用于冲锋肉搏的方阵，在约克公爵的长子爱德华的率领下担任突击力量。军中的弓箭手则分别编成了富康伯格和沃里克分队，紧跟在爱德华的方阵后面。这样一来，不仅约克人最大限度地集中兵力，还以纵队避免了兰开斯特守军在整条战线上的火力。当爱德华的方阵一进入长弓的射程，守军的箭矢就劈头盖脸地打来，不过在极限射程上，长弓也拿骑士们身上的板甲没有什么办法。爱德华一声令下，全队的重甲兵们立即发起短距离冲锋，翻过壕沟，跃过拒马，跳入兰开斯特阵中。面对这样强力的冲击，兰开斯特中路的塔尔伯特分队一下子被打闷了，双方在阵地的中央展开了一场血腥的肉搏战。

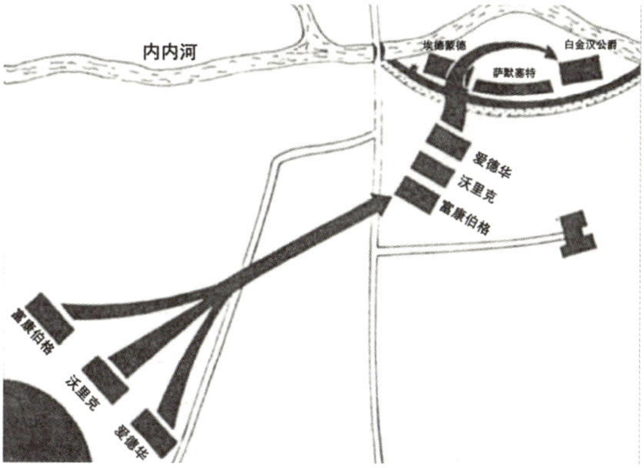

⊙ 北安普顿战役，堪称经典的英格兰式军队的攻坚战例，爱德华率领的第一方阵是约克军队大获全胜的关键

在爱德华的分队与敌人血战时，沃里克分队抵达了工事，但他们并没有从前面方阵突破的缺口跟

着进去，而是绕到了敌人右翼。这时负责兰开斯特军队右翼的埃德蒙德突然造反，加入了约克军队一边。原来这位领主早前就因为土地纠纷没有得到兰开斯特家族上层的公正对待而怀恨在心，眼看约克军队冲破阵地，埃德蒙德率领自己的部队放下武器，并拆掉了他们面前的拒马工事，放沃里克的部队进来。这一反叛直接决定了北安普顿战役的走向。沃里克和富康伯格的部队就这样成功进入了守军阵地，从侧面猛攻塔尔伯特的部队。两面受敌的守军很快就开始奔散了，不少兰开斯特家族的骑士在乱战中被砍死或者被俘，左翼的白金汉公爵与塔尔伯特男爵跑到国王所在的帐篷前保护亨利六世，这里聚集了 300 个抵抗到最后的兰开斯特士兵，他们稍后也在肉搏战中被全部杀死。更多的守军士兵无路逃生，只得跳入背后的内内河，结果淹死在里面。亨利六世在自己的帐篷内被一名弓箭手俘虏，巧的是，这名弓箭手也叫亨利。

北安普顿战役就在兰开斯特军队的血流成河中落下帷幕。这是第一次，兰开斯特人不仅仅吃了败仗，而且全军覆没。更为不利的是国王再次被约克家族所抓住，加之约克军队已经控制了伦敦和整个东南部，对于考文垂的兰开斯特朝廷而言，这是重磅打击。这一年的 9 月，约克公爵理查德从爱尔兰的领地返回伦敦。王后玛格丽特与威尔士亲王爱德华依然坚持留在考文垂，拒绝南下伦敦投降。由于兰开斯特一边的几个主要指挥官都因为战败而失势，孤儿寡母的他们一时间也难有依靠。北安普顿战役的胜利大大超过了理查德的想象，之前被俘虏的老婆和两个儿子被放回。接着在伦敦的议会中，公爵第一次提出了对王位的要求，他希望自己和亨利四世一样，能从爱尔兰直接走上国王的宝座。但是这一次他失算了，包括铁杆盟友沃里克都被他的这个要求所震惊，整个议会陷入了沉默，他们原本只想打击国王身边的兰开斯特家族，而不是废立新君。第二天，约克公爵搬出了自己的家族族谱，为自己的继承权正名。最后议会勉强通过了一项《调解法案》，亨利六世依旧是国王，但他的继承权被转给了约克公爵。这个法案不仅将威尔士亲王爱德华废除，也规定了约克公爵可以作为摄政王在亨利六世活着的时候，以亨利的名义进行统治。这样釜底抽薪的法案让玛格丽特大为恼火，她立即会同萨默塞特公爵一起赶往威尔士北部，准备在当地重整旗鼓。

在威尔士北部，玛格丽特得到了包括欧文 · 都铎在内的当地贵族的支持，这个地区依然效忠于兰开斯特家族，都铎老爷自己也成为了王后的姘夫，他自己的儿子加斯普 · 都铎也成为了王后的铁杆。随后，玛格丽特继续北上，去往英格兰多年来的死敌苏格兰求援。虽然英苏两国交恶多年，但是玛格丽特的法国血统依然给她帮了不少忙。苏格兰方面派出王后玛丽来接洽玛格丽特，双方讨价还价之后达成了协议，苏格兰出兵帮助兰开斯特王朝发动反扑。当然苏格兰的应急午餐绝不是免费的，玛格丽特不仅要为这支军队支付工资，还需要将边境线上的贝里克镇割让给苏格兰，这块地方正好是当年爱德华三世入侵苏格兰、干涉该国王位继承之事时候收取的费用，而今兰开斯特家族因为同样的问题又将这个地方还给了苏格兰；最后，王子爱德华成年后需要迎娶玛丽王后的女儿，让英苏两国结成姻亲。1460 年 11 月，玛格丽特就带着她的苏格兰志愿军南下，首先攻占了北部重镇约克，接着招募大量北方和威尔士来的兰开斯特军队加入她的队伍。在伦敦的约克公爵得报后马上着手镇压这次叛乱，他首先派大儿子爱德华赶往威尔士，在南部地区招兵对抗当地的兰开斯特部队；然后他让沃里克伯爵留在伦敦的大本营中，负责稳定后方，并保持补给线的通畅；自己则带着小儿子埃德蒙德和索尔兹伯里伯爵一道在 12 月 9 日率军北上平叛。一路上，逐渐有约克的支持者加入进来，使得约克公爵的军队最后多达 9000 人。不过这次兰开斯特一方的联军规模更大。

15 世纪的苏格兰军队一直秉承着他们自 13 世纪末就形成的传统，除了少量的骑士部队和弓箭手外，主力部队一般往往由使用 3 米长矛的步兵担任。这样的部队屡次在不列颠本土和法国被英国人击败。苏格兰部队曾经加入兰开斯特家族一边，但并没有承担多少作战任务，更多时候只是在进行抢劫和守卫工作。苏格兰军队粗野的作风被他们一直保留到了近代，并在三十年战争和英国资产阶级革命内战中大放异彩

约克公爵原本希望阻止玛格丽特的苏格兰军队同西部来的兰开斯特军队会合。他的一支先头部队赶在他之前拦截了西部来的敌军，这支兰开斯特主力部队由萨默塞特公爵埃德蒙德 · 贝德福德的儿子亨利 · 贝德福德带领。结果在 12 月 16 日的沃克索普战役中，约克的先头部队被击败了，兰开斯特军队成功与苏格兰部队会合。约克公爵于是收拢部队继续向北进军，在 12 月 21 日抵达了距离韦克菲尔德以南 2 英里的桑达尔城堡。侦察兵告诉约克公爵，兰开斯特家族的军队就在距离他们 4 小时路程的小镇上驻扎，数量远远超过了约克一方。于是约克公爵下令全军在桑达尔城堡驻扎下来，派人去威尔士通知爱德华带兵来

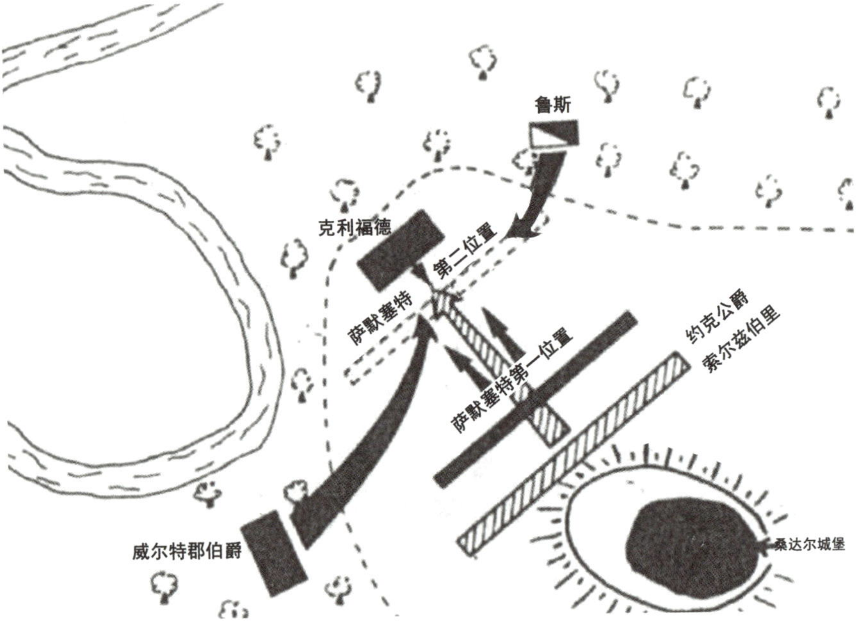

⊙ 韦克菲尔德战役。这是一场非常经典的诱敌出城尔后围歼的战役，约克公爵因为自己的鲁莽和自信而遭到了惨痛的后果

⊙ 韦克菲尔德战役中最后阶段的复原图。约克公爵和他的小儿子埃德蒙德就在这种惨烈的近身肉搏中惨遭杀害

增援。兰开斯特军队随后赶到并封锁了城堡附近的道路，他们现在拥有 1.8 万人的力量，是约克军队的 2 倍。

12 月 30 日，爱德华的援军迟迟未到，玛格丽特则敦促兰开斯特军队攻城。约半数的兰开斯特军队赶来靠近了城堡，但他们并没有马上攻城，他们已经指定了一个诱杀约克公爵的计划。半数的兰开斯特军队在亨利 · 贝德福德的指挥下列阵在桑达尔城堡前，佯装就要攻城。一支由新的克利福德领主约翰指挥的预备队部署在后面的第二线，但距离较远，难以被约克军队目测到。兰开斯特军队的右翼由威尔特郡伯爵指挥，埋伏在了战场右侧的树林里。左翼是一支由领主鲁斯率领的骑兵部队，同样埋伏于边上的树林里。约克军队一旦出击，第一线部队将会后撤，而后出动两翼部队进行合围。约克公爵果然如他们所料，认定兰开斯特军队远远少于侦察兵报告的庞大数目，于是率领全部军队走出城堡迎战。由于桑达尔城堡位于一个陡峭的小山坡上，列队攻击的约克军队占据着上坡优势，当他们顺着斜坡往下攻击时，兰开斯特的部队节节败退。看到大仇人的儿子开始溃退，约克公爵毫不犹豫地下令全军冲锋，约克军队追逐着兰开斯特的第一线部队逐渐远离了城堡和斜坡。突然，逃跑的贝德福德部队掉头反扑，然后在约克人凶猛的冲锋下被打得七零八落，好在克利福德领主的预备队及时赶到，稳定住了整条战线。双方僵持不下之时，威尔特郡伯爵的步兵和鲁斯的骑兵从左右两翼杀出，韦克菲尔德战役就这么结束了。约克公爵理查德和他的小儿子埃德蒙德都在战斗中被杀死，索尔兹伯里伯爵被抓获后也被下令处决。约克军队死伤达到 2500 人，兰开斯特和苏格兰部队仅仅 200 人的伤亡。

韦克菲尔德战役使得原本已经非常有利于约克家族的局势一下子被逆转了。在 1460 年里的两大家族第三阶段较量中，原本处于劣势的约克家族，依靠沃里克伯爵的先发制人，成功地扭转了 1459 年年底的颓势。北安普顿战役的大胜更是有希望使得约克人扳倒兰开斯特家族，建立自己的王朝。但是在英格兰北部和西部依然拥有根深蒂固势力的兰开斯特家族很快就在韦克菲尔德后又一次夺回了主动权。约克公爵的被杀更是让约克一方失去了自己的领袖。现在只要挥师南下，占领伦敦，解救国王，兰开斯特家族就可以获得最后的胜利。出于对约克公爵所作所为的仇恨，玛格丽特下令将理查德的头颅从尸体上割下，然后送往约克，悬挂在城墙之上，以此威慑所有敢于反对兰开斯特家族的人。理查德的头颅就此在约克城头风吹日晒，逐渐腐烂，唯有对手出于嘲弄给他戴上的假王冠格外醒目。

八、新的领袖已经降临

⊙ 作为约克公爵的长子，爱德华总是表现出了超过父亲一筹的能力。无论是行军打仗还是内政外交，爱德华的作为和成就都堪称名王将相水准。可惜他在他的统治后期沉迷酒色，最终早早地结束了生命

老约克公爵理查德战死在韦克菲尔德时，他的长子爱德华还在威尔士召集军队。他的父亲原本派遣他来当地对抗欧文·都铎的儿子加斯普·都铎，不想噩耗突然传来，于是在队伍中众人的一致拥护下，爱德华在1461年开始的时候成为新一代约克公爵，这时候的他年仅18岁。1月，他已经在威尔士招募到了足够的部队，接着他收到了沃里克伯爵从伦敦发来的消息。玛格丽特的军队正在南下伦敦的路上，爱德华必须马上出发去同沃里克的部队会合，阻止兰开斯特人的大军，否则伦敦不保，约克家族将彻底失败。

1月，爱德华带着组建完毕的大军从赫利福德出发，很多属于约克家族和老公爵理查德的旧部都争相跑来加入他的队伍，这些人都希望为爱德华的父亲报仇雪恨。在行军过程中，爱德华得到了一个消息，玛格丽特的妍夫欧文·都铎爵士以及他的儿子彭布罗克伯爵加斯普·都铎也组建了一支规模庞大的大军，向东进发，去与玛格丽特的主力队伍回合。这支军队主要是从威尔士北部的当地人中招募的，此外还有威尔特郡伯爵詹姆斯·巴特勒带领的大量雇佣兵，都是兰开斯特家族从爱尔兰、法兰西以及布列塔尼亚地区招募而来。与兰开斯特人占主导的威尔士北部不同，在威尔士南部和边境地区依然有大量的约克家族的死忠。于是爱德华和都铎的两支军队都带着大量的威尔士人分别从南部和北部向东进发。年轻的公爵决定改变计划，在与沃里克伯爵会合前先拦截这支兰开斯特部队。虽然年纪轻轻，爱德华已经展现出了一流将领所应该具备的素质，他下令手下的军队突然向着北面急行军了17英里，一直抵达了莫蒂默十字这个地方。所谓的莫蒂默十字，其实是一个重要的十字路口，从东向西去往威尔士和英格兰的道路以及南

北走向的罗马时代主干道在此交汇，莫蒂默十字战役由此得名。爱德华率领的约克军队正是利用罗马时代就使用至今的南北走向的大道快速前进，而都铎的兰开斯特部队则沿着东西走向的道路不紧不慢地前行着。在进入英格兰之前他必须沿着此路，并通过鲁格河上的桥梁。现在爱德华带兵抢在他前面抵达了这个十字路口，也堵住了他通向河流的道路。

2 月 1 日，兰开斯特军队抵达莫蒂默十字路口，双方在第二天就拉开了阵势。彭布罗克伯爵的主力部队部署在了兰开斯特军队的中央阵线上，他的父亲欧文 · 都铎率领右翼部队，指挥雇佣军部队的詹姆斯 · 巴特勒伯爵则在左翼。对面的约克军队将自己的战线部署在了南北走向的罗马大道之前，爱德华公爵亲自带兵组成了军队的中央部队。爱德华的支持者们包括了理查德爵士和米勒沃特爵士等不少小贵族以及很多地方上的士绅豪强，他们在对手的指挥官眼里都不被当作贵族看待，因而连谁负责指挥两翼部队都没有留下记录。但可以肯定的是，兰开斯特将领眼中，对面的这支约克军队不堪一击，带头的主将只是一个乳臭未干的毛头小子，几个带队的都是无名之辈、小喽啰。这是爱德华第一次作为全军统帅来指挥战斗，同时他也需要站在第一线与敌人搏杀。他没有按照传统的习惯先构筑一个工事，时间不允许他这样准备，他也更相信在运动战中打败敌人。

2 月 2 日的破晓，与以往有些不同，早起的士兵们惊奇地发现，在雾气尚未散去的天上一下子出现了三个太阳。这种奇异的景象我们今天称之为“幻日”，一般是由于空气中

幻日景象，在生活中并不多见。在缺乏现代科学常识的古人眼里，这绝对是各种带有不同解释的神迹。当然，每个时代都会有智者们巧妙地利用这些“神迹”来表达自己的诉求，谋求自己的利益。年轻的爱德华就是这么一个典型，无论他本人是否真的坚信

的湿度太大造成的阳光反射效果，现代气象记录在很多地方都有出现幻日现象，人们看到的太阳数量往往有两个，但也有出现三个、四个甚至五个太阳的时候。1461年的世界，没人知道幻日现象到底是怎么回事，这让爱德华有了发挥的余地。这位少帅头一次显露出自己天生的领袖才华，向着他的部下们宣布，这天上的三个太阳是上帝保佑约克家族的最好证明！三个太阳不仅仅寓意三位一体，更代表着约克家的三个年轻领袖，爱德华自己，以及弟弟乔治和理查德。原本就摩拳擦掌要复仇的约克军队，经过爱德华这么一套理论升华，更是士气大振。两军在上午就爆发了一系列冲突，尤其是弓箭手，彼此之间你来我往地射击，络绎不绝。这种冲突持续到下午，吃完午饭两军才终于真正短兵相接地开打。

图为爱德华的个人旗帜上的图案。上面是他继承约克公爵时候的旗帜，白色的狮子与玫瑰格外醒目。下面的第二幅是他加冕国王后的旗帜，除了戴着王冠的狮子，还有象征着两个家族的红白玫瑰。玫瑰的外侧故意添加了火焰，象征着天上的太阳。爱德华以此来纪念莫蒂默十字路口战役前的幻日景象

两军的战斗从一开始就针锋相对。因为都没有构筑阵地工事，也都拥有致命的远射武器长弓，所以双方都不希望在对射中消耗自己的有生力量，开战后很快就催促部队前进，冲锋后与对面打成一片。约克军队的右翼与兰开斯特的左翼部队同时担任首先攻击的任务。结果兰开斯特那边经验丰富的雇佣兵轻易地打退了约克人的右翼，逼着他们向后撤退，越过了罗马大道。在中路，爱德华亲自指挥的主力和彭布罗克的主力杀得难解难分。双方的剑、短柄斧、钩镰、长矛、盔甲、盾牌碰撞到了一起，发出持续而可怕的响声。战友与敌人，彼此间都近在咫尺，一张张陌生而狰狞的脸在人群中不停地闪现。由于两边都重视中路，这里集中了双方最好的部队，数量也最多，厮杀非常激烈。兰开斯特军队的右翼也迫不及待地发起攻击。欧文·都铎计划从约克军队的左翼外侧迂回，来一个漂亮的侧击，击溃对手。然而当他指挥的兰开斯特右翼部队正在进行这一计划时，约克军队的左翼部队直接杀出，冲入了他们的侧面。欧文的兰开斯特部队还没有来得及完成转向，就被这一突如其来的反击杀得措手不及，整个右翼就此崩溃。得胜的约克左翼部队很快就从侧面攻打兰开斯特中路的彭布罗克部队，进而导致了兰开斯特全军的溃败。混战中，欧文·都铎被他的手下抛弃，约克军队抓住他后将之处决。莫蒂默十字路口战役以爱德华和约克人的完胜而告终。

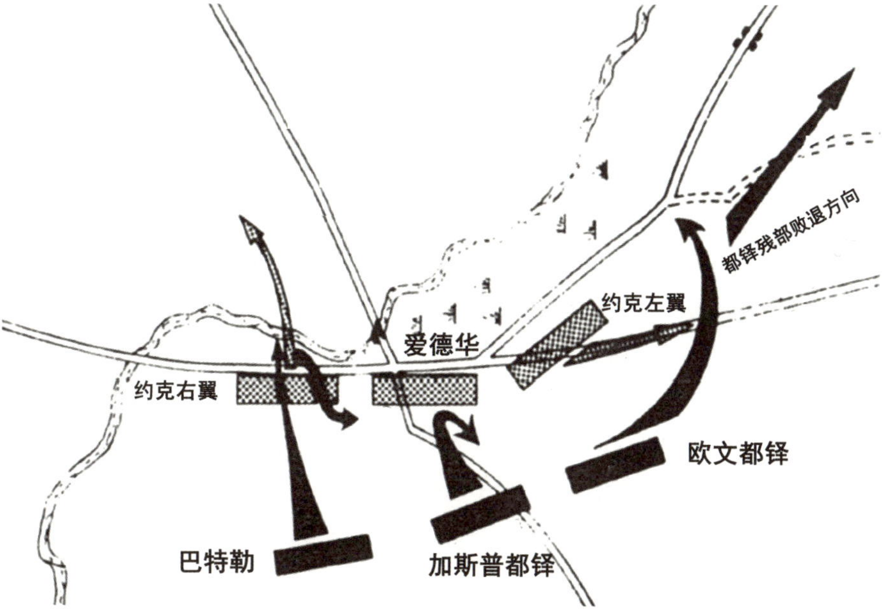

⊙ 莫蒂默十字路口战役。此战中欧文·都铎失败的迂回行动说明了在步兵复兴的前夜，15世纪中期，步兵的机动战水平和执行力依然存在诸多问题。不过，欧文·都铎的策略恰恰也体现了他那个的时代的指挥官们已经不再恪守各种看上去显得迂腐的战争观念。军事史上的每一次重大进步，无不是靠许许多多这样的小提升来累积的

2月10日，莫蒂默十字路口大胜的消息就传到了伦敦，给了在那里一筹莫展的沃里克伯爵一剂强心剂。在此之前，沃里克伯爵发现自己势单力薄，根本无法阻止兰开斯特军队不停地南下。一直到爱德华在威尔士边界大胜后，不少人终于放下包袱，加入到他麾下。玛格丽特带领的兰开斯特军队此时正在英格兰中部地区一路肆虐。由于苏格兰人只答应给她支援部队但不承担军费，手头紧的王后竟然允许这些外国人在特伦特河以南地区进行无限制的抢劫。该河以南地区，大部分人支持约克家族，而在河的北面，是兰开斯特家族的传统势力范围。不只苏格兰人，很快地，兰开斯特军队里的雇佣军部队、威尔士人也加入了抢劫的队伍，结果在兰开斯特人行军的路线上出现了30英里长的废墟地带，这位法国女贵族的心狠手辣可见一斑。但是这种行为也让她的声誉降到了最低，听闻她南下的伦敦出现了恐慌。沃里克伯爵在12日组织了一支军队离开伦敦，向北前去阻击玛格丽特。虽然担心自己寡不敌众，但他还是有信心挡住这头法国母狼，坚持到爱德华赶来为止。所以，他不仅仅带着军队和全部的炮兵部队，更把已经稍稍精神失常的亨利六世也一起带着，以便需要的时候威慑众人。他的军队大约在1万人左右，自伦敦北上，不久就抵达了当初约克军队战胜兰开斯特人的旧战场——圣阿尔班斯镇。两天后的14日，从约克

郡进军而来的玛格丽特军从一个流浪汉那里得知沃里克的军队已经抵达了圣阿尔班斯，并且随军带着亨利六世，于是玛格丽特决定在这个富有纪念意义的老战场上给她的老对手狠狠地来一记重击。第二次圣阿尔班斯战役就这么爆发了。

沃里克的约克军队抵达圣阿尔班斯之后就着手开始准备防御。他总共有1万人的部队，其中大部分捏在自己手里，在圣阿尔班斯的北面建立了主防御阵地。在罗马时代就使用的南北走向主干道——沃特大道两侧，约克军队的主力挖掘壕沟、布置拒马、构筑车堡，不仅架上了火炮，更从伦敦带来了不少单兵火器手炮来加强自己的火力，以便尽可能地减少人数差距给他带来的劣势。他目前只知道兰开斯特的军队数量很多，但对具体数目和敌人具体攻击的方向都心里没底。沃里克伯爵推测，兰开斯特军队最有可能直接顺着罗马大道南下，所以在主力阵地之前还布置了一支前卫部队，由诺福克公爵率领，主要防御北面这个方向。在诺福克公爵的阵线的更北面是一个名叫邓斯泰的小镇，镇上的居民都站在约克家族一边。这三条线的预警和防御力量，让沃里克伯爵觉得比较安心。不过在他主要阵地的南面身后，还有一个分岔口，连接着一条通向西北方向的小路。为了预防兰开斯特军队从西北的小路进攻，沃里克伯爵派出自己的兄弟约翰·内维尔带领一支部队组成后卫，防御这个路口。而圣阿尔班斯镇上也驻扎了一小支部队进行保护。这样的布置可谓面面俱到，但是由于一个叛徒的出卖，让沃里克的计划完全暴露在玛格丽特眼前。内维尔家族的管家亨利爵士在韦克菲尔德战役中被俘，由于投诚而没有被杀死。兰开斯特家族以肯特郡公爵的爵位收买了他的忠诚，让他被放回后一直在暗中给玛格丽特传递情报，因而玛格丽特现在对

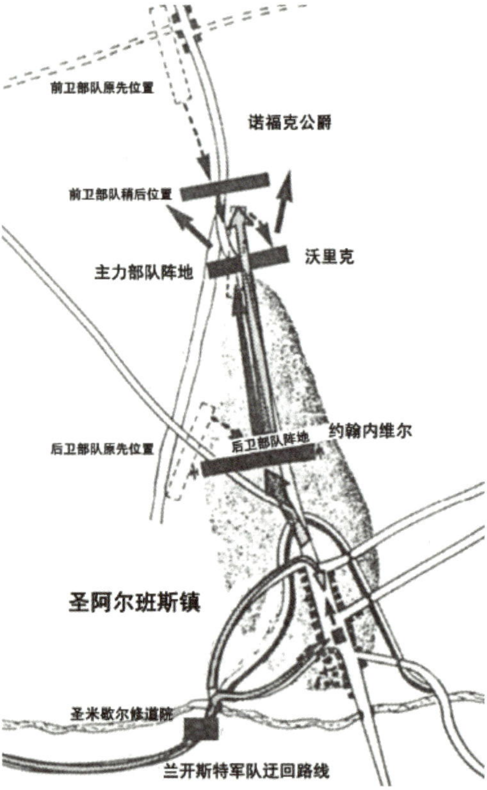

第二次圣阿尔班斯战役。兰开斯特军队采取大范围迂回突袭的战法，成功地瓦解了约克军队的防御体系。作为总指挥的王后玛格丽特的军事能力丝毫不弱于同时代的男性将领，在整个玫瑰战争中能击败沃里克伯爵的只有她和爱德华两人

沃里克的军队部署了如指掌。王后决定采用迂回战术发起突袭，同时以声东击西的策略加以掩护。对于一个从未接受军事训练和上阵打仗，而且还是第一次统领全军的巾帼而言，这些都是难能可贵的。为了更好地迷惑经验丰富的沃里克伯爵，玛格丽特让她的军队尤其是缺少工钱的苏格兰人继续洗劫周围的乡村地区，造成兰开斯特军队依然停留在原地的假象，其余的军队则养精蓄锐，在16日突然开拔，以强行军的速度首先冲向了邓斯泰镇。

邓斯泰镇并没有沃里克的约克军队驻守，但当当地居民发现兰开斯特军队突然到来后，勇敢地进行了抵抗。在抢劫杀人方面已经劣迹斑斑的兰开斯特军队很快就将200名坚持抵抗的当地人全部杀死。由于是夜间突袭，还下着雨，南面的约克部队根本毫不知情。这仅仅是玛格丽特一手制订的突袭计划的开始，休息片刻的兰开斯特的军队在这个夜里进行了更大范围的机动。他们继续强行军12英里，绕过了约克军队的三条防线，由西南方向渡过流经圣阿尔班斯镇的威尔河，随后再绕到镇子的南面，经过附近小山的圣米歇尔修道院，从北面杀入了圣阿尔班斯。结果在镇上的圣乔治大街，兰开斯特先头部队遭遇到了躲在屋子内避雨的约克守军的猛烈阻击。守军从窗户向外射出长弓，依托建筑物将弓弦已经湿透的对手赶出了镇子。兰开斯特军队马上调转方向，利用镇上守军全部调往北面的机会，绕到无人防御的小镇南面，再次杀入圣阿尔班斯。之后兰开斯特军队与躲在建筑物中的约克守军逐屋争夺，他们花了整整一晚上的时间，才在早上10点成功占领了这个小镇。更为重要的战果是，亨利六世在一间屋子内被人发现，兰开斯特军队再次夺回了他们的国王！士气大振的他们又从南面攻击了约克军队的后卫部队。约克后卫部队的指挥官约翰·内维尔匆忙重组了他的防线，将原本防御西北方向的部队全部调往罗马大道。由于大雨带来的潮湿，让约克军队手里的火药严重受潮，他们赖以防御阵线的火器已经无法正常使用了。接二连三的挫折让内维尔的部队备受打击，面对兰开斯特人的猛攻，后卫部队在临时的简易阵地上坚守了一个下午，接着肯特郡来的部队在亨利爵士带领下叛逃至兰开斯特一方，约克人的后卫部队顿时土崩瓦解。

17日的傍晚，天又下起了雨，同时还伴随着强劲的大风。兰开斯特军队从南面杀来，直取沃里克和诺福克的部队。损兵折将的约克军队依然无法使用他们手头的大炮和火枪，士气已经跌到了谷底。沃里克伯爵意识到，如果继续在圣阿尔班斯死守下去，他的部队将会全军覆没，他和他的兄弟以及诺福克公爵都将沦为兰开斯特人的刀下亡魂，他们的头颅将一起挂上约克城墙，陪伴老公爵。天黑后，他和自己的兄弟约翰，以及诺福克公爵一起收拢残存的4000人马，趁着夜色向西奔逃，现在唯一的希望就是去和爱德华会合了。他们在第二次圣阿尔班斯战役中的惨败，再次将约克家族逼到了悬崖边上。玛格丽特头一次指挥战斗，就表现出了超出兰开斯特家族所有男性贵族的能力。她的军队虽然也在混战中死伤2000多人，却让4000敌军付出了代价。作为一个外来的媳妇，玛格丽特已经成为了兰开斯特家族无可争议的领袖。约克家族一边，现在只能寄希望于同样刚刚成为领袖人物的爱德华了。

九、陶顿大决战

幸运的是沃里克伯爵和他的4000残军很快就与从西面急行军而来的爱德华成功会师了，而玛格丽特却没有停留在圣阿尔班斯镇或者直接南下。由于在第二次战役中兰开斯特军队也损失不小，圣阿尔班斯也因为战斗和事后的抢劫中元气大伤，玛格丽特索性带着部队北上返回了之前打下的邓斯泰。在邓斯泰期间，她一方面下令收拢四处洗劫周遭农村的部队，一方面向伦敦派出使节，要求议会和当地的指挥官打开城门迎接她和国王的到来。不久，兰开斯特军队再次南下，不过玛格丽特并不想太刺激伦敦城里一贯反对兰开斯特家族的派系，因而整支军队在没有遭遇任何抵抗的情况下，在9天里只走了20英里。她希望以此威慑约克家族在伦敦的残余力量，又不至于逼得太紧迫，留出足够的时间给他们选择投降或者逃跑。结果出乎她的意料，在很多人逃出伦敦之后，议会与地方官依然抵制兰开斯特家族的军队，拒绝为国王和王后开门。玛格丽特上次挤走约克党后对议会和不少贵族的报复让人记忆犹新，她手里这支军队的斑斑劣迹更让伦敦人不敢开门。

利用这段宝贵的时间，约克军队飞快地从威尔士方向赶来，并且在第二次阿尔班斯战役失败后的第12天抵达伦敦。对于新任约克公爵和他的部队的到来，伦敦的议会与贵族们纷纷表示欢迎，爱德华与沃里克伯爵随即带军进入伦敦，从而拥有了这个全国最重要的据点和基地。玛格丽特得到消息之后后悔莫及，兰开斯特军队尝试进攻伦敦，但当看到守军防御严密后选择了放弃。玛格丽特只能带着军队再次北上，她决定召集一支有史以来最大规模的兰开斯特家族军队，来彻底摧毁约克党和议会的势力。

伦敦城内的约克党自然也没有闲着，过去对于老公爵理查德提出王位要求反应冷淡的沃里克伯爵此时正在议会中奔走，以期望更多人能够支持年轻的公爵爱德华成为新的国王。为了安抚那些自觉良心不安的人，爱德华表示将会对亨利六世进行特赦。于是在3月4日，这位才继承公爵爵位一个月的年轻人就又在议会支持下举行了一个简短的临时登基仪式，成为了新的国王爱德华四世。英国历史上的约克王朝也在这样的混局中开始了。当然，所有人都清楚，北方的兰开斯特家族绝不会轻易屈服，大战很快就要来临。爱德华四

西敏寺大教堂。这里是历代英王加冕的圣地，也是一些达官贵人在战乱时期的庇护所

世和沃里克伯爵在之后的十多天里，尽可能地补充军备与粮秣。伦敦的国库、议会的财政支持、城内的储备物资、富庶的英格兰南部支持以及繁荣的对欧洲大陆贸易，都让约克军队在后勤补给方面超越了凶狠的对手。这个优势在之后的战役中将会成为决定成败的关键因素之一。那些被派驻在伦敦的盔甲制造商和他们的代理人也因为战争的持续不断而闷声发大财。玫瑰战争自爆发以来一直断断续续打个不停，战役规模在日渐扩大。这让骑士甚至普通士兵对于盔甲的需求都远远大于和平年代，而质量最好、最时髦的米兰式板甲已经供不应求了。机智的意大利商人于是在海对岸的弗兰德斯地区开设了大量新的甲胄制造厂，将更多高质量板甲，更快地倾销至英格兰。这些新式板甲因为在形制上与早先的米兰式板甲有明显的不同，因而被称为“哥特式板甲”。现在无论是约克军队还是兰开斯特人都在尽全力添置哥特式板甲，相比之下，坐拥伦敦的约克家族因为商人阶层的支持，比对手更容易得到更多的此类盔甲。

3月19日，完成休整的约克军队在他们的新国王爱德华四世以及得力干将沃里克伯爵的率领下，离开伦敦，北上追击玛格丽特的军队。临行前，新的国王再次下令特赦部分兰开斯特家族的追随者，以此来瓦解对手的阵营。情报显示，这位前王后正在逃往约克郡的路上，沿途不断征召兵员加入她的部队，此外更有数目庞大的兰开斯特家族军队从西面和北面向她的位置集中。爱德华一面带领军队火速追击，一面也向约克家族一方的各个势力下达了“动员令”，要求他们集中手里的军队来与他汇合。之后的日子里，约克军队兵分三路前进。主力部队由爱德华四世自己亲自率领，沿着去往约克郡的大道，快速前进。由沃里克伯爵的叔叔富康伯格带领的一支部队，在半路上加入了他们的队伍，他是一位参加过英法百年战争的老兵，经验丰富。沃里克伯爵则率领一支部队在爱德华主力部队的西面，穿越整个英格兰中部，顺便也搜罗他们的支持者加入军队。诺福克公爵则在主力部队的东面，公爵本人也在沿途征集支持者加入军队。28日，约克的先头部队抵达了亚耳河，他们发现渡口的桥梁已经被兰开斯特军队破坏。当约克士兵动手修复这座桥梁时，由克利福德率领的500名兰开斯特后卫部队突然从附近杀出，将大吃一惊的对手成功赶回了河对岸。随后赶到的爱德华下令约克主力部队发起渡河攻击，他明白玛格丽特的主力部队一定就在附近。无奈的是对面的兰开斯特人数虽然很少，却占据着依然可以使用的桥梁，在这个狭窄的空间内，数目再多的约克人也只能分批过来，结果遭到克利福德部队的迎头痛击。爱德华于是下令让富康伯格带着自己的部队和爱德华的骑兵一起绕道进攻。富康伯格很快就找到了一个可以涉水渡河的浅滩，他的部队与骑兵一起发起突袭，虽然兰开斯特军已经在此派驻了防御兵力，但他们没有料到约克军队那么快就从这里打来了。在守军还没有开始还击之前，约克人的包抄部队就冲过了河，随后连同在桥梁附近的友军一起，夹击克利福德的部队。混战中一支箭射中了克利福德的喉咙，失去指挥官的兰开斯特守军四处奔逃，最后被渡河追击的约克军队全部杀死。于是爱德华率军渡过了亚耳河，在舍尔本村边上建立了营地。兰开斯特军队则在 2 英里之外的陶顿村北部扎营，虽然约克郡已经近在咫尺，但他们再也跑不动了。

⊙ 15 世纪后期的下马骑士装备，除了各式佩剑和双手斧之外，盔甲的样式也发生了一些变化。这些来自弗兰德斯的新式产品，与过去的意大利款式有比较大的差别。这些专门为了应对玫瑰战争引发的盔甲购买狂潮而制造的新款后来被人们称为“哥特式板甲”

⊙ 作为英国历史上最大规模的内战，陶顿战役的双方都集中了其他战役中不能筹集的大规模军队。因而，来自平民阶层的士兵数量尤其多。他们除了弓箭手外，还有不少人担任近战步兵。只是“寒酸”的装备让他们难以向骑士老爷和富裕家庭的子弟一样站在最前排。而在征兵的花名册上，他们也一律被称为“弓箭手”

第二天，也就是1461年3月29日，是基督教习俗中的神圣的圣枝主日。作为复活节前为期一周的狂欢庆典的开始，原则上，这一天是不提倡进行战争的。作为两大阵营之间最关心此事的人，虔诚的亨利六世同时给双方送去了自己的口信，希望在这个宗教节日里，双方能够暂时休战。之所以需要这样大费周章，除了信仰，还因为他虽然贵为国王和军队的统帅，却身在附近的约克城里，而不是陶顿附近的兰开斯特军营中。这些年来饱受间歇性精神病困扰的他早已无法担当领袖的职责，兰开斯特家族上到将领下到士兵无不将他视为一个彻头彻尾的傀儡，所以当他偶尔清醒的时候，他也只能以这种微弱的声音来展示自己的存在感了。然而现在已经到了两大家族，甚至两个王朝之间的生死决战的时刻了。亨利六世所面对的爱德华四世，除了更年轻而富有朝气，同样在领导力和军事水平上让他望尘莫及。爱德华那1米90以上的高大身材，在平均身高只有1.60～1.70米之间的中世纪，可谓鹤立鸡群。他也敢于站在战斗的队伍中间，鼓舞手下奋勇作战。亨利六世能做的，仅仅是出于安全考虑而躲在后方了。亨利的王后玛格丽特表现出了完全凌驾于他的能力，她此时也在约克，陪伴在他身边。这位野心勃勃的女贵族有时候总是过于凶险和精明，现在也为自己挑选了一个最安全的地方，静观战斗变化。

所以，在兰开斯特王朝一方真正站在第一线指挥的是年轻的萨默塞特公爵亨利·贝德福德。他的部队经过了沿途的搜罗和四处的征集，已经达到了前所未有的规模。中世纪的编年史作者曾经认为兰开斯特家族一方有着超过20万人以上的军队规模，当代的学者则告诉我们，贝德福德公爵的军队最多只有3.5万人。不过这个数目已经足够他们对约克军队取得数量上的优势了，虽然中世纪学者也一度相信约克军队在陶顿附近有20万人的军队，当代学则早已将这个数字不停地缩水到了3万人。尽管被后世研究者们不断大幅缩水，双方总共将近7万人的兵力依然让这次战役成为了英国历史上最大规模的内战，全英格兰的贵族中有五分之三在当天出现在了陶顿的战场上。这样的规模和架势即便是200年后的英国资产阶级革命内战中的马斯顿荒原战役和纳斯比战役，都无法在规模上与之相提并论。经过几年的较量，两个阵营早就想一决高下，彻底把问题解决。两边的主要将领们，没有人不在玫瑰战争中失去了自己的至亲，仇恨的怒火在陶顿村附近一经点燃，就立刻化为了燎原大火。亨利六世的呼吁如同螳臂当车，被两边磨刀霍霍的指挥官抛在脑后。双方在当天黎明到来之前就开始拔营，接着全军列队，向着对方所在的方向前进，并最终在北面的陶顿村和南面的萨克斯顿村之间的一块山间谷地上遭遇了。因为战场的位置离陶顿村更近一些，所以这场关键性的大决战就以陶顿战役来命名。这时候仅仅是早上9点，英国本土诡异多变的天气再次发作，漫天大雪伴随着强风肆虐整个战场，飞扬的雪花、厚厚的积雪很快使得对阵双方的视线都变得模糊不清，白色的天与地之间密密麻麻地站着直打哆嗦的士兵。

萨默塞特公爵作为兰开斯特一方的总指挥官，率领主力部队站在队伍的中央阵线，他在韦克菲尔德战役中的出色表现，足以说明他是一个优秀的指挥官。当初在卢德福德桥战役之后，从约克家族阵营叛逃而来的指挥官安德鲁·特洛普已经成为了他优秀的参谋人员，并随他一起指挥这中路大军。在萨默塞特的右路，兰开斯特大军的右翼由诺森伯兰郡亨利·珀西指挥，他同样和约克家族有着杀父之仇。在左翼，指挥官是埃塞克斯公爵亨利·霍兰德，他的家族一直是兰开斯特阵营的死忠。整个兰开斯特大军背靠着身后的山坡，同时利用两侧隆起的山地作为自己侧翼的屏障。除了这三个分队，萨默塞特公爵还派出了一支骑兵部队，埋伏在了兰开斯特军队右翼远方的山地树林间。这支骑兵将作为预备队配合右翼的珀西一起对约克军队的左翼发起夹击。指挥这支骑兵部队的是鲁斯领主，他曾经在杀死老约克公爵的韦克菲尔德战役中指挥骑兵预备队。这样的布阵格局和 1381 年发生在俄罗斯地区的库沃克利战役颇有类似，那场俄罗斯人大胜蒙古征服者的战役中，正是骑兵预备队奠定了胜局。兰开斯特人对面的约克军队则处于缺兵少将的状态，不仅因为他们可以动员的力量少于兰开斯特军队，还因为在东部征兵的诺福克公爵至今仍在赶来参战的路上，他手里 5000 左右的军队爱德华现在是用不上了。2.5 万约克军队只能背靠南面的山地，拉长阵线，与对面的敌军保持一致，但在部队的纵深上显然不如兰开斯特人。如果发生肉搏战，这样是比较吃亏的。爱德华亲自指挥着中路的主力部队，他这是第一次以国王的身份出战，意义重大。足智多谋的沃里克伯爵指挥着约克军队的左路，预感对手会在右翼下足了功夫的约克人，找不到比他更适合的人选来控制这里的部队了。沃里克伯爵那身经百战见得多的猛将叔叔富康伯格指挥约克军队的右翼，进攻将首先由他指挥的分队进行。两支军队在大雪中逐渐靠近，没有一方有停下来构筑工事的意思。

天气依然不给两军一点面子，大风暴雪下的战场，能见度显得更差。形势对于约克一方来说，稍稍有利，强风主要从南面吹向北方，他们处于顺风位置上。约克军右翼的富康伯格首先展开了试探性攻击。他下令弓箭手上前，拉满手里的长弓，借着劲风射出了第一轮箭。此时两军依然相距 300 码，尽管长弓的最大射程可以达到 400 码，但在实战中弓箭手们则总是在 280 码的距离才开始射击。因为是顺风且风力非常大，约克人射出的这一排箭矢成功地落入了兰开斯特人的阵线，而且他们此次射击使用的箭矢装的也是专门用于对付重装部队的重型箭头。一时间，兰开斯特人的战线上传来不少中箭的惨叫声。被大风暴雪吹打得睁不开眼睛的兰开斯特部队知道约克人动手了，左翼埃塞克斯公爵的部队首先发

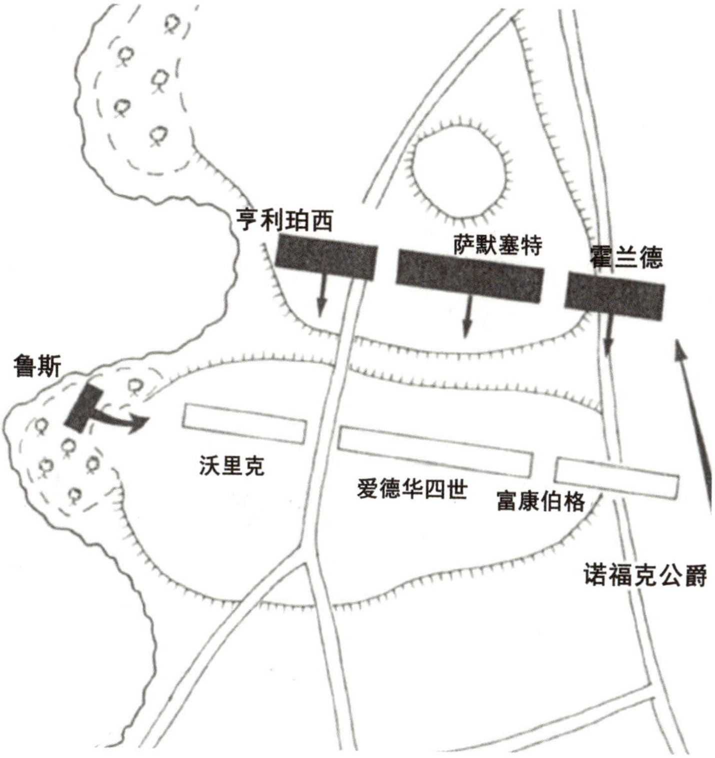

⊙ 陶顿战役中的双方布阵，白色为约克军队，黑色为兰开斯特军队。作为一次决战性质的大战役，陶顿之战中的双方都动足了脑筋去算计对手。不过最后的胜利者往往是更加“幸运”的一方。天时地利人和的集合，才能确保胜利的万无一失

起还击，在一片杂乱无序中射出了自己手里的箭。接着恐惧感从左翼蔓延到了全军，看不清情况又不明就里的其他分队也跟着开始射击。然而和约克人的重型箭相比，财力不足却又要在短期内大力扩军的兰开斯特人，给弓箭手装备的都是轻型箭矢，在逆风的情况下，由于自身重量不足，射程大受影响，大部分都落在了50码之内的地上。富康伯格已经让自己的弓箭手马上退回原先的位置，约克全军都没有射击，他们静静地目睹对手的箭矢白白浪费在雪地上。随着时间的持续，暴风大雪天气有所缓和，兰开斯特弓箭手手中的箭矢却也消耗殆尽。每个长弓射手手里的箭矢往往只有24到30支，在快速的乱射中根本持续不了多长时间。富康伯格看准时机，下令约克右翼部队再次展开攻击，整个步兵方阵稳步上前，弓箭手在进入射程后张弓射击。从他的分队开始，约克军队整条战线从右到左依次前进，他们对面的兰开斯特部队无论是哪个部分的都已经因为没有箭矢而成为了站着的活靶子。当约克人的箭矢耗尽之后，他们已经前进到了距离兰开斯特战线50码的位置，弓

⊙ 陶顿战役的复原图。双方在大雪纷飞的环境下相互射击

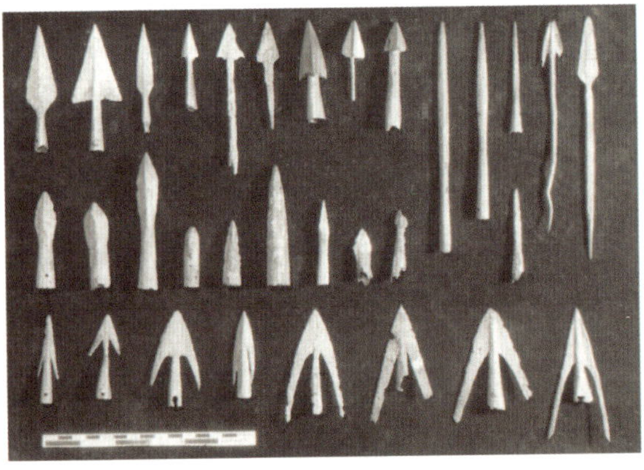

⊙ 图为出土的各式长弓箭矢使用的箭头。根据不同距离和不同防护水平的敌人，弓箭手会选择不同的箭头来达到更好的杀伤效果。但在陶顿战役这样的大乱战中，双方早已顾不上这些了

箭手们纷纷捡起对手之前射出落在地上的箭矢，再次射击，返还给对手。不甘心坐以待毙的兰开斯特军队于是发起了全军的猛烈冲锋。

埃塞克斯的兰开斯特左翼首先冲上去和富康伯格的约克右翼扭打成一片。带头的重装部队基本以贵族血统的战士为主，他们因为被约克人的弓箭骚扰，早就憋了一肚子的火，阻挡他们的约克军重甲部队也丝毫不让，两伙人用剑、双柄斧和戟你来我往，不少人被直接砍中掀翻在地。萨默塞特公爵指挥的中路部队接着杀来，他们在近距离内又遭遇了对面长弓箭矢的一次近距离射击，不少人尤其是缺少优质护甲的弓箭手和平民步兵损失很大。其他人顾不得帮助他们，义无反顾地踏了过去，和爱德华分队的士兵混战成一团。兰开斯特一方虽然损

失已经远远大于约克军队，但因为人数上的优势，依然给约克人的阵线造成了巨大的冲击。要不是约克军队在之前的弓箭射击战中占到太多便宜，队伍中装备较好盔甲的士卒更多，他们的战线可能已经被猛攻的兰开斯特人撕破了。但最为糟糕的还是沃里克的左翼部队。由于之前的持续前进，他的分队已经离开了原先的位置。当珀西的兰开斯特右翼部队冲上来与他们肉搏时，埋伏了很久的鲁斯，率领兰开斯特骑兵顺利地从侧后方杀了过来。在兰开斯特右翼的步骑配合打击下，沃里克的左翼部队节节败退，一些丧气的士兵甚至已经丢掉武器逃跑，整个分队危在旦夕。

关键时刻，爱德华从中路的血腥肉搏战中脱身，迅速赶往就要崩溃的左翼。国王的突然出现让渐渐不支的士卒们士气大振，他们都愿意为这位勇武而富有魅力的强力领袖而战。爱德华就这样在左翼的军旗所在处，稳住了局面。这一路的士兵重新向着西面组成了防御队列。双方的三个分队，彼此之间继续这种残酷而血腥的推搡与刺砍。3 小时内，又有大批有着贵族血统的战士与他们的平民同僚一起血洒战场，很多人跌倒后再也没能站起来。血水与汗水的味道混在了一起，在这个人数众多而“空间狭小”的地方“发酵”出令人作呕的战争气息。咒骂与吼叫拼凑而成的沙场进行曲也已经不知道演奏到了第几章。双方的体能都已经过了极限，唯有依靠意志力在咬牙坚持。

终于，胜利女神的天平在中午再次倾向了爱德华和约克家族一边。姗姗来迟的诺福克公爵和他的 5000 东部援军，突然出现在了战场上。他们沿着伦敦去往北方的罗马大道而来，进入战场后猛烈地攻击埃塞克斯公爵的兰开斯特左翼部队。这一重击让后者的意志力彻底崩溃，接着，连环效应从左到右影响了全军。兰开斯特军队在一瞬间被击垮了，他们丢盔弃甲地向后方奔逃，结果又纷纷被追兵从后面射来的箭矢击倒。侥幸逃到北面的兰开斯特残兵，还需要涉水渡过库克河，他们的阵线已经被约克人从右至左，一路碾压到了这条河边。结果是下水的逃兵再次被约克士兵从河岸高处射下的箭矢打得血流成河，在河面上形成了一座可怕的尸体浮桥。约克军队接着又马不停蹄地一路向北，将留守在塔德卡斯特营地和约克城的兰开斯特人也一并杀死。42 名在战场上被俘或者投降的兰开斯特家族的骑士被约克人处以极刑，其中也包括了诺森伯兰郡亨利 · 珀西。夺回约克城的爱德华终于见到了自己父亲和弟弟已经开始腐烂的头颅，现在这些悬挂首级的位置全部被兰开斯特家族的战死者替代。在这一天里，两军共有 2.8 万人被杀，3 月 29 日也成为了英国本土历史上，单日死亡人数最高的一天。

10 个小时后，陶顿战役的全部战斗才宣告结束。约克家族在他们的新国王爱德华四世的率领下，完成了自玫瑰战争开始以来最大的胜利。约克王朝的建立已经是无人能够阻

⊙ 一幅现代画，表现的是陶顿战役的后半阶段，约克的重骑兵部队冲散了兰开斯特人的步兵队伍

止的事了。萨默塞特公爵和埃塞克斯公爵侥幸从乱军中逃脱出来，他们追上了由约克郡向北逃跑的亨利六世和玛格丽特，一行人直接逃往苏格兰避难。其余的残存势力也都纷纷退回了自己在北部边境和威尔士地区的老巢，无力再战了。

十、反目成仇

在陶顿战役大获全胜的 3 个月后，爱德华终于在西敏寺大教堂完成了自己正式的加冕典礼，约克王朝已经是板上钉钉的事了，爱德华依靠自己的个人魅力赢得了英格兰的支持。但是约克家族的敌人依然在国内外盘踞，时刻准备进行反扑。玛格丽特一行人已经抵达苏格兰首都爱丁堡，并得到了苏格兰国王詹姆斯三世的庇护。出于对任何强大而统一的英格兰王朝的警惕，苏格兰人很乐意收留兰开斯特王朝的残余力量。玛格丽特战死的姘夫欧文·都铎的儿子加斯普已经退回了他在威尔士的领地；在陶顿战役中被杀的珀西的儿子拉尔夫则依然和萨默塞特公爵一起占据了英格兰西北部地区。玛格丽特履行了之前的承诺，将贝里克镇割让给了苏格兰人，并在 1461 年年底就组织了一次反扑。无奈，已经山穷水尽的兰开斯特家族早就凑不出足够的军费继续战争。这次软绵无力的反扑很快就被北上的约克军队驱散。

新生的约克王朝也需要时间来恢复国力，百年战争至今，虽然对于普通民力的使用并不十分严重，但连年战争的支出却让国王和大贵族们都财力消耗严重。所以约克王朝的军队只能逐步进行重点进攻，而不是全面扫荡。他们首先包围了位于威尔士的哈莱克城堡，加斯普为首的兰开斯特威尔士贵族们在此负隅顽抗。兰开斯特一方的下一次反击来自牛津伯爵，他在1462年突然从东部登陆英格兰，结果也很快被约克家族的势力抓住后处决。双方僵持到了1464年，兰开斯特人从威尔士迂回抽调出部分兵力，与北方的萨默塞特公爵、拉尔夫·珀西、鲁斯三人兵合一处，准备南下攻击约克郡。几伙人加在一起也只凑出了5000军队。约克一边现在的主要将领是沃里克伯爵的弟弟约翰·内维尔，他的哥哥此时已经成为议会领袖，在伦敦忙得抽不出身。约克军队一次就来了6000多人，以确保对那些前朝余孽的压制。4月25日，两军在赫克瑟姆荒原遭遇，约克军队占据了高处的位置，依靠数量和地形优势在长弓对射中取得了先机。随后约翰·内维尔下令全军居高临下地发起冲锋，以包抄的形式突击了兰开斯特军的左右两翼，将对手一举击溃。兰开斯特军

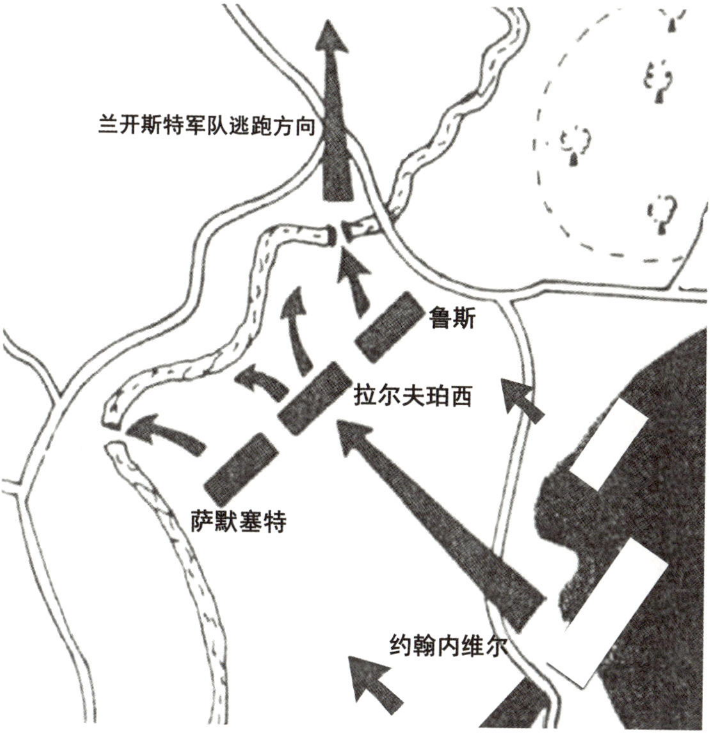

赫克瑟姆荒原战役中约克军队（图中右下方）采用了经典的两翼包抄战术一举击溃了对面的兰开斯特军队（图中左上方）。这种相对复杂的步兵分队战术，需要步兵部队具备一定的战术机动水平和指挥官的协调能力。同时代很多地方的步兵根本做不到

两翼的主要指挥官萨默塞特和鲁斯都随着溃兵逃出了战场，只有中央战线的拉尔夫·珀西爵士拒绝离开，他和他的部队被包围后，战斗到最后一刻。为了护送一支去往伦敦的苏格兰外交使团，约翰暂时放弃了追击，这让萨默塞特等人借机逃跑。从赫克瑟姆荒原战役就可以看出，兰开斯特家族虽然坚持抵抗，但已经是强弩之末了。

一个月后，双方再次遭遇。约翰·内维尔追逐着逃跑的兰开斯特军队一路抵达了黑客森镇附近，他的对手正在这个镇子 2 英里之外扎营。5 月 15 日凌晨，悄悄接近了敌方营地的约克军队发起了突然袭击。在这场名为黑客森战役的战斗中数量不足、防备疏忽的守军被突袭者在营地内大量屠杀。他们的得力干将鲁斯都被约克军队抓住后当即处决，使得这次小规模突袭战让兰开斯特一方极为痛心疾首。消息传到爱丁堡，不仅苏格兰人感到绝望，连一贯斗志昂扬的玛格丽特也觉得心灰意冷了。由于感到自己在苏格兰已经不安全，她带着自己最后的希望——爱德华王子，离开了苏格兰，去往法国寻求法国国王路易十一的保护。到 1464 年为止，兰开斯特家族主要的抵抗力量基本都被消灭了。他们的国王亨利六世在 1465 年被约克人抓住，随后送往伦敦。不过爱德华遵守了当初对议会的特赦承诺，并没有将这位可怜的精神病国王砍头，只是将他关押在伦敦塔内。现在，只剩下加斯普·都铎还在哈莱克城堡困守，他在这里一共坚守了整整 7 年，终于在 1468 年投降。玫瑰战争看样子已经结束了，但是新的冲突很快又在约克阵营的内部产生了。

也是在 1464 年的 11 月，爱德华四世突然宣布结婚，对象是此前名不见经传的伊丽莎白·伍德维尔。原本默默无闻的伍德维尔家族的成员们一下子鸡犬升天，成为英格兰上流社会的新宠。王后的父亲受封伯爵，她的几个兄弟都成为了地方领主，她前一次婚姻的儿子也得到了爵位。这个变故让爱德华最亲密的伙伴沃里克伯爵感到措手不及。他一直在四处打通关系，希望新任国王能够迎娶一位法国贵族作为王后，也借此与致力于维护对外和平的法国国王路易十一结成同盟。爱德华的突然结婚不仅让沃里克伯爵的计划泡汤，原本与国王的家族最为亲近的内维尔家族现在也需要和新崛起的伍德维尔家族分享约克王朝的宫廷了。爱德华继位后，在外交上也一直疏远法国国王，亲近勃垦第公国的公爵查理，这在以务实为主的沃里克伯爵看来也非常不明智。为了弥补这层隔阂，沃里克伯爵在 1467 年提出了让自己的两个女儿伊莎贝拉和安妮分别嫁给爱德华的两个弟弟，克拉伦斯公爵乔治和格罗斯特公爵理查德。结果这个提亲又被爱德华给否决了，他非常担心沃里克家族的势力过度膨胀，尤其是后者准备与自己身后潜在的王位继承人有瓜葛时。兰开斯特余党并没有因为玫瑰战争的暂时停歇而彻底消停，爱德华深知兰开斯特家族和自己的约克家族取得天下的前因后果，自然不愿意重蹈覆辙。结果在无形中，爱德华将一直以来嫉妒自己的弟弟乔治推向了沃里克一边，1469年双方在私底下已经结成了同盟。爱德华终于要和他一直以来的良师益友沃里克伯爵发生冲突了。

⊙ 伊丽莎白·伍德维尔。她的突然介入，从某种意义上而言是将已经趋于缓和的玫瑰战争再次点燃。她后来在丈夫爱德华逝世后也无力保护自己两个年幼的儿子

自从索尔兹伯里伯爵在韦克菲尔德战役中被兰开斯特家族处死后，沃里克伯爵就继承了他的地产，从而超越约克公爵，成为了英格兰最大的土地所有者。当年要不是他的加盟和支持，老约克公爵理查德可能已经被萨默塞特公爵和玛格丽特等人联手整死。自玫瑰战争爆发至今，沃里克伯爵不仅为约克家族赢得了英格兰南部富庶地区的支持，也多次从加来出兵帮助约克人打江山。如此劳苦功高而今只是换来爱德华四世的戒备之心，这让沃里克伯爵感到心寒与愤怒。爱德华的弟弟乔治则长期受到母亲的宠爱，却总是自觉比不上爱德华这个英雄哥哥，他的父亲最喜爱的也是小儿子埃德蒙德。卢德福德桥战役失败后，老公爵只带着小儿子就逃跑了，哥哥爱德华也跟着沃里克伯爵溜走了，留下乔治和另一个弟弟理查德，陪着母亲在兰开斯特人手里当了俘虏。这也一直让他怀恨在心。有关哥哥爱德华不是父亲亲生，而是母亲与某个法国弓箭手私通的杂种传言也让他逐渐有了谋逆之心。1469年，沃里克秘密赞助了英格兰北部的兰开斯特残余势力，发动了一场由一个叫罗宾的人领导的反约克王朝起义。当轻敌的爱德华四世和他的岳父里弗斯·伍德维尔一起带着小队王室军队离开伦敦北上平叛后，沃里克的军队从加来出发，在英格兰东南部的肯特郡登陆。结果，登陆部队还没有来得及赶到战场，王室军队就在7月6日被叛军击败在北安普顿。沃里克伯爵北上与叛军会合后立即大开杀戒，将王后的父亲里弗斯·伍德维尔伯爵连同两个兄弟——新任的彭布罗克伯爵和德文郡伯爵一同处死。这等于是对整个伍德维尔家族的一次重创。

爱德华本人被沃里克伯爵关进了附近的米德海姆城堡。年轻的国王被曾经的盟友逼迫召集新的国会，并且将自己的王位继承权授予自己的弟弟克拉伦斯公爵乔治。沃里克伯

⊙ 克拉伦斯公爵乔治。他的一生都活在对于包括兄长爱德华在内的强者的嫉妒与不满中，叛变与改换门面对他而言是家常便饭

⊙ 法国国王路易十一，绰号“万能蜘蛛”。正是他的资金支持与牵线搭桥，让内维尔一派与兰开斯特余党联手。这只是他一生中众多阴谋中的一个，最后因为沃里克伯爵和玛格丽特的先后战败而宣告破产。不过他随后通过金钱笼络了约克王朝，保持了英法两国的和平局面

爵和乔治本以为自己胜券在握，不料约克家的另一个儿子，爱德华的三弟理查德此时坚决地站在了大哥爱德华一边，短短几周内，理查德以爱德华国王的名义召集了大量勤王军北上。爱德华因此逃过一劫，损兵折将的他保住了国王位子。1470 年 3 月，在英格兰中部的林肯郡再次爆发了兰开斯特家族起义。无人可用的爱德华四世和格罗斯特公爵理查德一起率军北上，这次他们在卢斯科特草地击败了叛军，并且活捉了起义领袖罗伯特 · 威尔斯爵士。威尔斯坦白这次起义的资助者是沃里克伯爵。阴谋败露后，沃里克伯爵和乔治只能坐船出逃到法国，寻求法王路易十一的庇护。愤怒的爱德华宣布将他们二人判处叛国罪。

所谓塞翁失马焉知非福。逃往法国宫廷的沃里克伯爵和乔治在巴黎遇到流落当地的玛格丽特以及一干兰开斯特家族的遗老遗少，不过光是昔日的成见与对立就足够让他们彼此老死不相往来，更别说联合起来反对现在的约克王朝。不过在工于心计、绰号“万能蜘蛛”的路易十一国王看来，这两拨人有着非凡的利用价值。1470 年的欧洲大地上，致力于削藩和加强中央王权的法王与该国最大的封臣勃垦第公爵查理的矛盾已经不可调和。路易十一数次挫败了查理公爵的造反逼宫，却无法一劳永逸地解决这个强大的对手，后者是欧洲中世纪晚期出类拔萃的军事改革家和优秀将领，一直以来与敌视法国的约克王朝眉来眼去。为了使查理失去一个与法国有着世仇的重要盟友，擅长外交纵横捭阖和阴谋诡计的路易十一亲自牵线搭桥，让沃里克伯爵与玛格丽特一伙人达成联合协议。于是本来水火不容的两帮人，如今为了对抗爱德华四世这个共同的敌人和

联合在了一起。双方还因此订立了姻亲，沃里克的女儿安妮·内维尔嫁给了玛格丽特的儿子——过去的威尔士亲王爱德华，他的另一个女儿伊莎贝拉则嫁给了一起流亡法国的乔治。这个临时联盟在很多方具有挖掘的潜力，兰开斯特家族在英格兰的西部和北部依然有很多潜在的支持者，沃里克则在英格兰南部有着很大的影响力。总是愿意为策反敌国而一掷千金的路易十一给予了他们最需要的资金援助。此时，在伦敦的爱德华已经损兵折将，势单力薄。

1470 年 9 月，沃里克伯爵利用法国国王的资金，秘密潜逃回了英格兰，并在北部的约克家族大本营约克郡煽动起了一次叛乱。爱德华与理查德一起率军北上。趁着爱德华的注意力被吸引到了北方，乔治带着一支雇佣军部队渡海登陆在英格兰南部的达特茅斯港。爱德华现在面临着南北夹击的危险，这种利用外线位置，同时在两头发起攻势的战略正是过去约克家族用来对付兰开斯特王朝的基本战略。不过这次，作为战略设计者和执行者的是沃里克伯爵，他的声望早就超过昔日那个站在约克家族身边的金牌副手。爱德华即位以来，历次叛乱导致的额外军事开销和高昂税率让很多地方的支持者开始对新的国王不满。因为在沃里克伯爵的挑唆下，北方的兰开斯特余党纷纷出来起义，过去支持约克家族的德文郡和肯特郡也先后宣布支持南北两支叛军。不久之后，沃里克伯爵的兄弟约翰也宣布站在了兄长一边，伦敦为乔治的部队打开了大门。爱德华四世现在进退维谷，他急于南下对付亲弟弟乔治，但是在他的背后，沃里克伯爵领导的北方叛军如燎原之火迅速膨胀。知道自己大势已去的国王宣布解散他的部队，带着弟弟理查德和少数随从去到东部的港口城市林恩，在那里登船逃往海对岸的弗兰德斯，那里是他的盟友勃垦第公爵查理的地盘。如此仓皇的逃窜，连已经怀有身孕的王后伊丽莎白都顾不上了。王后只能和家眷一起躲入了西敏寺大教堂寻求庇护。

十一、爱德华再夺江山

1469 年 10 月，已经在伦敦塔里被囚禁了 4 年的亨利六世被沃里克伯爵释放，并且在伦敦街头高调亮相，这是他第二次在被俘后又被释放，只不过这次的被俘时间很长，释放他的也不是兰开斯特家族的人。沃里克伯爵为他举行了一次盛大的恢复王位游行，不过从黑压压的观摩群众中骑马而过的他根本不知道发生了什么。原本的间歇性精神病现在已经发展成了长期症状，这也让沃里克伯爵非常放心地将他再次推向前台。沃里克伯爵自 1455 年以来，先后支持理查德成为摄政王，接着帮助爱德华四世问鼎江山，现今又一手扶持亨利六世复位，“国王制造者”的绰号从此被安在了他的头上，一直到此时，他才达到了他人生的巅峰。

不过兰开斯特家族并没有因此买账。双方的联合本来就是处于被迫性质的联合，同床异梦是彼此间最好的形容词。沃里克伯爵搬出亨利六世来，希望他成为一个听话的傀儡，但这是权力欲望极重的玛格丽特所不能接受的。因此身在法国的她和儿子爱德华迟迟不肯返回英格兰，生怕回国后也被沃里克伯爵架空，只有萨默塞特公爵独自回国。更加尴尬的人则是乔治，他做了约克家族的叛徒，却不能被兰开斯特家族所接受，在新的权力场中，他的地位根本无法保证。这让他再次感到无比的失落，偷偷地开始与爱德华联络，寻求兄弟间的和解。沉浸在胜利喜悦中的沃里克伯爵显然已经忽略了这些，“国王制造者”此时正进一步强化自己同法国国王的同盟关系。路易十一正筹划着依靠武力打击勃垦第公爵，但是多年来将金钱用于外交运作的他多少有些忽视了军队的建设。为了对付军力强大的查理，他计划将英格兰拉入反勃垦第同盟，投桃报李的沃里克立即同意加入军事同盟。这让得到消息的勃垦第公爵坐不住了。这位公爵坐拥法国东部的勃垦第到北部弗兰德斯的大片富庶领地，财力丝毫不输于欧洲的任何一位国王。面对英法两国的联盟压力，他立即着手帮助爱德华夺回英国王位。

勃垦第公爵，绰号莽夫的查理。他与法王路易十一的针锋相对，使他帮助爱德华回国夺回了王位。不过，在老谋深算的路易十一运作下，他最后还是身陷东面的瑞士山区，在勃垦第——瑞士战争中兵败被杀。他联合爱德华入侵法国的计谋也告吹

1471 年的 3 月，爱德华和理查德从尼德兰出发。勃垦第公爵出钱为他组建了一支 1500 人的小规模雇佣军，主要由来自弗兰德斯和德意志地区的长枪方阵步兵、长弓射手、火枪手以及炮兵组成。当时的查理已经开始他的新式军队改革，这些革命性的新式雇佣军部队第一个练兵场就是英格兰。公爵手下还有一支规模不大的海军舰队，用 12 艘装备着火炮的卡拉克帆船将爱德华一行人在 3 月 15 日运送到了英格兰东北部诺森伯兰郡登陆。这一登陆出乎了所有人的预料，他的小部队行动迅速，很快就穿过了曾经属于兰开斯特家族死党珀西

的领地。他本人还对外宣称自己此次回国只是要求恢复父亲理查德传给自己的公爵头衔，而不是来夺取英格兰王位的。这一宣传非常奏效。沃里克伯爵的弟弟约翰已经带着一支部队北上阻止他前进，但他的士兵都不愿意同在军队中依然保有威信的爱德华作战。

深感意外的沃里克伯爵立即北上，在昔日兰开斯特家族的大本营考文垂建立了基地，并从各地招募部队，留下新的萨默塞特公爵埃德蒙德和亨利六世防御伦敦。兰开斯特家族一方的牛津伯爵则到达了诺丁汉附近的纽瓦克召集部队，准备在当地拦截南下的爱德华。

⊙ 爱德华四世从弗兰德斯招募的雇佣军部队。他们是查理的新式军队中的重要组成部分，包括近代化的炮兵、火枪手和长枪方阵部队。只是在这个时代，这些新式军种的时代还没有到来，下一个世纪才是他们真正的舞台

爱德华一路上遇到不少前来投奔的支持者，其中就有弟弟乔治。当乔治收到爱德华和理查德的消息，请求他回到约克家族的怀抱时，他毫不犹豫地带着一大支部队北上约克郡，同两位兄弟会合。爱德华现在的兵力已经大大加强，不过依然少于沃里克伯爵等人的兵力，所以在经过诺丁汉时他并不想立刻与牛津伯爵的部队交手，就继续快速前进，很快就从纽瓦克的牛津部队和考文垂的沃里克主力部队之间通过。他的弟弟乔治现在以女婿的身份写信劝说沃里克伯爵与爱德华达成和解，结果遭到暴怒的沃里克伯爵的痛斥，他要同爱德华三兄弟死战到底！当沃里克发现爱德华的约克军队已经在向南方的伦敦进军时，就迅速拔营，向着南面追去，并且让人传信给牛津伯爵和弟弟约翰，让他们也同样带兵南下与自己会师，于是就出现了沃里克伯爵的军队追着爱德华三兄弟向南跑的有趣情形。结果，爱德华还是在 4 月 11 日抢先抵达伦敦。伦敦的市民一贯更倾向于爱德华四世而不是亨利六世，约克军队再次兵不血刃地进入伦敦。负责守城的萨默塞特弃城而去，傻乎乎的亨利六世便乐呵呵地向爱德华投降了。

沃里克的部队此时也逼近伦敦，他的队伍中又加入了兰开斯特一方的埃克塞特公爵的部队。沃里克伯爵兄弟与牛津、埃克塞特的军队加在一起足足有 3 万人。爱德华三兄弟仅有 7000 人的部队，幸好这时候，忠于约克家族一方的黑斯廷斯领主威廉带着 3000 人的部队从南部海滨赶来，约克一方这才凑出了 1 万人的部队。爱德华随即决定与沃里克伯爵一伙人展开决战，他的部队离开伦敦，沿着通往北方的主干道前进。4 月 13 日，约克军队在伦敦以北 12 英里的巴内特镇遭遇了一支沃里克的前卫部队。经过短促的交战，约克人击败对手，夺取了巴内特镇，并将这个小镇变成了自己的军营。沃里克和兰开斯特的大部队也已经沿着大道从北面赶来，他们抵达后便占据巴内特以北的一片高地，建立了营地。双方都在进行大战前的最后休整。第二天，也就是 1471 年 4 月 14 日的凌晨 4 点，再也按捺不住的两军开始离开自己的营地，向对手的方向列队前进。巴内特战役终于打响了。这一战不仅仅是约克家族和继续抵抗的兰开斯特家族的战斗，更是爱德华与沃里克伯爵新仇旧恨地算总账。

两军沿着伦敦通向北方的主干道前进。兰开斯特一方的军队依靠较高的山地优势，并利用两边高出的地形来保护自己的侧翼。约翰 · 内维尔的部队成为中央战线的主力，牛津伯爵担任了右翼指挥，埃克赛特公爵则负责了左翼指挥。沃里克伯爵亲自指挥总预备队，位于全军的二线位置。他在战前，主动下马，以此向士兵们表示自己不会因为战局的不利而逃跑，必将血战到底。整个兰开斯特军队战线的背后就是一大片树林，南北大道在此分为两条分别去往东方和西方的支路。这样，万一战局不利，他们可以从容地利用树林掩护撤退。约克军队一边，爱德华四世亲自坐镇中央，指挥中部的主力部队，他的弟弟理查德负责右翼，新加入的黑斯廷斯领主则是左翼指挥官。因为总兵力仅有对方的三分之一，爱德华只能在第一线堆砌足够数量的部队，让这一阵线在长度上不输于对手。他的预备队力量薄弱很多，仅仅是一支为数不多的重骑兵部队，唯一比兰开斯特人的预备队强的地方也就是约克重骑兵的机动能力了。相比沃里克部队的地利优势，爱德华的军队大部分都部署在了地势较低的开阔地带，只有右翼的理查德分队占据了一小块高地。不过两翼的理查德和黑斯廷斯还是尽可能地靠近两侧的山林，防止兰开斯特军队从他们的侧翼进行迂回。双方的布阵依然大体相当，作战计划也如出一辙，两军右翼的理查德和牛津都是各自军中的主攻部队，其余分队会在之后跟进加入战斗。这种习惯于从敌人的左边下手的战斗方式自从古希腊时代就被欧洲人不断磨炼了两千多年，在中世纪的战役中却往往被后来的读者所忽视。在巴内特，爱德华和沃里克伯爵都计划以这种右翼迂回的战术来打击敌人侧翼，做到一击而胜。此外，两军还都带来了一定数量的大炮，不过英国本土恶劣的天气再次影响了这些当时的高科技武器的发挥，也直接左右了战局的进程。

4 月 14 日，日出的来临并没有让战场上的两支军队能够更清晰地看见对手，厚重的雾气一直布满战场，以至于双方的视线都被这突如其来的坏天气降到了最低点。当年陶顿战役时的大雪尚能让大家彼此瞥见对方，这次的浓雾却足以让实力超群的神箭手们都成为摸不着头脑的睁眼瞎。所以在凌晨就开始的行军中，最能影响所有人情绪的就是各种嘈杂而熟悉的声音了。前进的号角、口号，指挥官们声嘶力竭的怒吼，老兵们喜闻乐见的咒骂与挑衅，还有盔甲与武器伴随着士兵们移动时发出的响声，贵族军官们胯下战马的几声嘶鸣。当然，最多的依然是沉重而稳健的脚步声，不仅是来自自己身边和身后，更多的动静渐渐来自对面。爱德华原本还期望能进行一次突袭，结果等到约克军队接近目标之时，他们才发现兰开斯特军队一样也已经准备就绪。碰巧此时，浓雾也稍稍退去，这给了双方远射武器发挥的机会。双方的后装大炮首先在薄雾中互相问候，但是这样的能见度依然不能保证精准度，野战炮兵在这个时代依然需要摸索很多新的技术和规范来加强自己的射击准确度，更多时候他们的作用也只是锦上添花的大火铳和烟火弹幕。没有阵地，没有工事，大炮就好像失去了自己的支点，能发挥多大效能全凭上帝保佑了。接着就是传统保留项目，长弓对射。只是在雾气弥漫的战场上，即便是整队弓箭手进行的整齐抛射，也不能保证箭头就真的直奔主题而去。双方的将领和士兵都尽可能地将自己的周身用头盔、护甲、盾牌等护具保护周全，这也让极限射程内飞来的箭矢威力再打折扣。爱德华的雇佣兵带来了不少欧洲大陆最新式的火绳枪，发射速率和精准度都不是沃里克阵中的火门枪能比拟

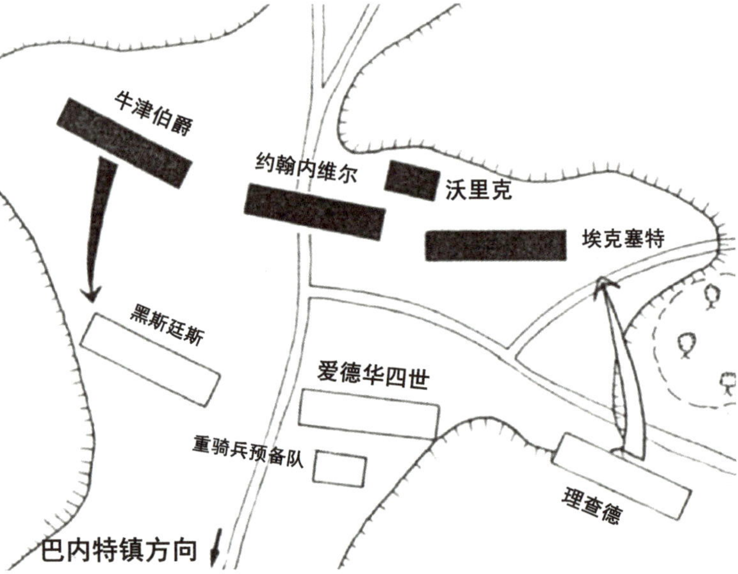

⊙ 巴内特战役。巴内特战役再次暴露了古代军队在面对复杂天气时是多么“脆弱”，而缺乏近现代军事纪律熏陶的中世纪军队在关键时刻容易掉链子，无法有效执行战前的部署计划。名将在这个年代里的重要作用就是成功地控制和指挥自己的军队，做最正确的事情

的。这些外国人就像弩手一样站成散兵线，时不时地发射手里的烧火棍，让穿着米兰或者哥特板甲的贵族老爷们都要忌惮三分。还好，挥散不去的迷雾让很多人都躲过了这些远射武器的致命献礼，但是好运只能是一时的，更残酷的近距离搏杀还在等着他们。

迷雾中对射的两支军队很快就认识到这样的战斗毫无意义，不仅不能发挥手里各种远射武器的最佳威力，也无法弄清楚对面的敌人究竟如何。于是，不约而同地，两支军队的右翼分队率先开始发起了攻击。理查德和牛津的部队分别发起冲锋，杀向了与他们打照面的埃克塞特和黑斯廷斯的部队。身披板甲的贵族武士们一马当先地冲在最前头，透过自己的封闭式头盔的面罩缝隙，望见正在飘扬的敌方旗帜。尔后，敌人的影子逐渐浮现，最后近在咫尺。两边的战士们还来不及有时间思考和欣赏敌人那一身同样亮丽而雄壮的盔甲，就已经使出了千锤百炼的姿势，怒吼着，挥舞起长柄斧向对面砍去，后面的部下与同僚们纷纷大喊着冲了上来。原本较为整齐的队伍逐渐失去了秩序，随后转化成了很多组骑士对决、乡间械斗。晚来的家伙们往往会从前排人的两侧绕过去，然后撞上对面迎来的敌方迂回者，彼此总算是找到对手，就地开打。一时间，两军的战线一头都传出了骇人的打斗声，尤其是锐器敲击钢铁板甲或盾牌发出的可怕响声，往往还伴随着此起彼伏的惨叫和一连串的恶语相向。两群人都很早就进入了战斗状态，忘记了除了杀戮之外的任何事情。在

这种勇者方能幸存的环境下，处于被动防御的一方往往较为吃亏。在经过初期的相持之后，黑斯廷斯与埃克塞特的部队都被从对面雾气中冲出来的强敌打得乱了阵脚。埃克塞特的部队被一点点地向后逼退，完全失去了原先的阵地位置。黑斯廷斯的部队更是羸弱，被牛津的部队杀得丢盔弃甲。

两军的中路主力跟随着右翼分队前进，在晚些时候遭遇到了对面中路力量的堵截，爱德华和约翰·内维尔的血战随即上演。和右翼的情况大体相当，两军的贵族战士们带头冲入敌阵，不过在这里，双方都以同样的速度匀速接近，队伍和整个战线都显得完整得多。与众不同的是那些爱德华从海对岸带来的弗兰德斯长枪手，他们的长枪方阵让对面的下马骑士们着实有些难受。当兰开斯特家族的骑士们用手里的武器拨开第一排弗兰德斯人的长枪后，第二排枪手的长枪又从第一排敌人的肩上位置刺来。若不是这些骑士都有非常精良的盔甲保护，早就死伤一片了。好在爱德华的雇佣军数量有限，否则约克军队会很快在中路打开一个缺口。尽管如此，约翰的部队依然还是被逼得向后逐渐退去。由于双方在机动时都跟随迂回攻击的右翼部队，所以中路的部队也跟着一起偏向右前方。最后整条战线从右至左都发生了一个近乎 90 度的逆时针旋转。沃里克的一线部队，此时背靠着南北大道，拼死抵抗着疯狂进攻的约克人，手握预备队的沃里克伯爵暂时无法得知自己右翼的牛津伯爵战况，坏消息则从左翼的埃克塞特那不断传来。为了让自己的左翼不至于崩盘，他不断抽调预备队去往左翼，接替那些已经被理查德分队杀得魂飞魄散的逃兵。爱德华本人则在军队的中央指挥战斗，他也不知道自己左翼的黑斯廷斯的部队情况如何，在整个战役中他会不时脱离械斗，与几个来回跑动传递消息的亲信粗略地交流各支部队的情况，下达相应的部署指令，然后返回战线，高喊必胜的口号，鼓舞众人不要松懈、不要放弃。

实际上，当两军大部分部队还在主干道附近厮杀的时候，牛津部队与黑斯廷斯部队之间的战斗早就胜负已分。约克人一方的新军完全不是兰开斯特家族悍将的对手，稍作抵抗就作鸟兽散了。但是贪心的牛津伯爵并没有收拢他的兵力，及时迂回攻击爱德华的本部，由于雾气造成的混乱让牛津的兰开斯特军一路追着黑斯廷斯的部队向南杀去。好在，同样是因为雾气的原因，约克人的中路军队也没有发现他们左翼的黑斯廷斯部队已经被彻底击溃了。结果在几小时的时间里，牛津伯爵的部队一直从战场追击败退的敌人，一直追到了约克军队的后方营地巴内特镇。小镇的防御部队虽然人数很少，也对敌军的到来备感意外，但还是拖住了牛津的部队相当长时间。最后，当兰开斯特一方的不少士兵可以放心地进行劫掠时，牛津伯爵才想到应该进行迂回攻击，于是在混乱中，他留下了不少兵力打理战利品，仅仅率领 800 精锐沿着大道返回北面的战场。如果他的这些部队能够成功地从后方攻击约克军队，势必让他们在惊慌失措中全面败退，可惜，在雾气的干扰下，牛津伯爵和他的部队直接走到了已经转向东面的约翰·内维尔部背后。受到惊吓的内维尔部士兵在雾气中根本看不清来者盔甲外所佩戴的家族标志，误以为这是一支约克人的军队，毫不留情地向他们射箭。遭到莫名其妙的射击，牛津伯爵非常震怒，作为一个兰开斯特阵营的铁杆，他很自然地认为，不可靠的沃里克已经叛变，因而，他和他的士兵一边还击，一边退出了战场。他如此冒失地来去匆匆彻底葬送了整支沃里克和兰开斯特人的大军，尤其是约翰指挥的中路部队，大家纷纷谣传牛津伯爵已经叛变投敌，不少人在愤愤不平中开始撤退，以免被包围后遭到屠杀。

此时，已经接近正午，雾气逐渐散去，阳光自南面的天空投照在整个战场上。爱德华突然觉得远处的视线变得清晰而开阔，他在队伍中远远望见兰开斯特军队一方已经乱作一团，他知道反击的机会终于到了。随着信号旗与号角响起，一直部署在约克军队第二线的100名重装骑兵终于杀向了战场。虽然数量不多，这些骑兵却用重型骑枪、板甲武装到了牙齿，连胯下的座驾都装备了精良的马甲，非常适合于冲击敌阵的战斗。已经乱作一团的兰开斯特军队被这些重骑兵从背后发起了致命一击。在约克重骑兵的猛击下，约翰的部队首先溃不成军，约翰·内维尔本人在乱军中被击中后背的铠甲最薄弱处，当场丧命。接着是埃克塞特的部队，理查德和他缠斗了那么久，终于可以扬眉吐气地发起追击。

⊙ 人马皆披板甲的中世纪后期重装骑兵部队。正是依靠这样的部队，爱德华先后打赢了两场至关重要的战役

位于兰开斯特军队第二线的沃里克伯爵依然在指挥残存的部队有序撤退。作为英格兰当时最好的将领之一，轻易地接受输给了曾经的晚辈爱德华，并不是一件容易的事情。然而望着洪水般溃退的兰开斯特部队，和对面枪矛林立的约克部队逐渐压来，他终于感到绝望了。尽管爱德华四世下令将沃里克伯爵活捉，但是在命令抵达之前，沃里克伯爵就被一名懒得识别家族纹章的约克士兵用钩镰结束了生命。在这一天里，和

⊙ 沃里克伯爵之死。这位伯爵在混战中被懒得辨识家族徽章的士兵所杀死，不得不说是一种讽刺。但在武器、战术风格、盔甲、语言都一模一样的军队间，这是很容易发生的情况

内维尔兄弟一起在巴内特战役倒下的还有1000名兰开斯特阵营的士兵和500名约克军队的战士。多亏了优质盔甲护具的普及，如此激烈的战役中才会出现如此之低的阵亡率。爱德华终于用一场大胜夺回了自己曾经失去的江山。

1471年的4月14日，不仅让兰开斯特和沃里克的联盟丧失了自己的大部分军队，也让在这一天终于登陆英格兰的王后玛格丽特身处险境。之前迟迟不肯回到英格兰的玛格丽特现在追悔莫及，她随身带来的部队数量太少，无法同爱德华的部队较量，而仍旧会支持自己的一些地方诸侯，比如威尔士的加斯普·都铎，出于对沃里克伯爵的不信任而拒绝派兵参加巴内特战役。现在，沃里克伯爵兄弟战死后，内维尔家族已经无法帮助兰开斯特人，王后只有依靠兰开斯特家族残存的力量来应对爱德华兄弟了。她和儿子——过去的威

尔士亲王爱德华，一起带着部众直接向威尔士进军。沿途赶来的只有萨默塞特的残部和诸如德文郡伯爵、文洛克领主约翰这些兰开斯特家族最后的依靠。加斯普·都铎在威尔士重新召集了军队，正在赶来与他们会合。爱德华在巴内特取胜后，保留了自己的大部分军队，也向威尔士进军，希望在两伙敌人会师之前能够追上玛格丽特的队伍。

这场追逐游戏一直到5月才见分晓。玛格丽特的部队沿途遭到了不少城市的敌视和反抗，依然拥有6000军队的他们不得不绕远路，去往图克斯伯里，利用那里的桥梁和渡口渡过塞文河，进入威尔士。已经追赶到附近的爱德华在3日得到了侦察兵的消息，只率领3500人的精锐部队展开了急行军，终于在第二天追上了兰开斯特部队。后者在一百个不愿意中，被迫进行会战，很多人都明白，这可能会是他们最后一次为兰开斯特家族尽忠了。此战只有获胜，兰开斯特家族的阵营才能够有所保全，如果战败，则意味着这个曾经辉煌一时的家族的彻底沦陷。

兰开斯特军队在一块背靠塞文河的高地上列阵，布置了简易的阵地和火炮后，他们的约克敌人也在400码外列队完毕。兰开斯特一方，实力较强的萨默塞特公爵指挥右翼，兵力较为齐整的德文郡伯爵指挥左翼，实力最弱的文洛克领主约翰则被安排在了部队的最中央。兰开斯特人知道爱德华习惯于将自己的主力部队安排在战线的最中央，所以握有兵力优势的他们也做出了这个针对性很强的部署。中央的文洛克即便被爱德华击破，两翼的萨默塞特和德文郡部队也可以及时向内回旋，夹击对手。看到兰开斯特军队的部署后，爱德华马上知道兰开斯特部队将主要从右翼发起攻击，他依然将自己的主力部队放置在战线的中央，而勇猛的弟弟理查德负责指挥左翼部队，这样理查德将直面对面最强的萨默塞特部队。黑斯廷斯领主指挥战线的右翼，他的压力比较小。有了巴内特战役的甜头，爱德华这次将骑兵预备队的数量扩增到200人，埋伏在了战线左侧的一片树林里。这些骑兵将在关键时刻从树林里冲出，帮助理查德夹击对手的右翼。

图克斯伯里战役依然在两支英格兰军队的远射武器对射中展开。这一次，约克军队明显占据了上风。尽管因为士兵人数只相当于对手的一半，约克军队的长弓数量明显落后兰开斯特人的一大截，但约克军队此时距离对手足足400码，已经超出了长弓的有效射击距离，而且约克军队手里拥有更多的大炮，在天气状况良好的情况下，少得可怜的兰开斯特炮兵几乎起不了什么作用，他们的弓箭手也被约克炮兵所压制。火枪手在这个年代的战役中经常不够显眼，不过约克人的大陆火绳枪手依然让还在使用旧式火门枪的兰开斯特对手更加无地自容。眼看在远距离交锋中吃尽苦头，兰开斯特右翼的萨默塞特决心反击。但他明白，以现在的部队士气，贸然攻击，必然没有什么胜算。所以，公爵期望通过一次侧翼

⊙ 骑马行军的英格兰长弓手。这让他们可以跟上骑士部队快速机动，行军速度大大加快

迂回来击破他面前的理查德。不过如果像过去的欧文·都铎在莫蒂默十字路口战役中那样，被约克军队在己方部队迂回机动时发起突袭，他也一样毫无胜算。于是公爵派人联络了部队中央的文洛克领主，希望他在自己进行右翼迂回机动时能够攻击约克军队左翼的理查德，拖住对手。于是，当理查德发现自己对面的萨默塞特部队开始向自己的左侧机动时，他还遭到了文洛克的部队的攻击。虽然文洛克的部队在善战的理查德面前有些弱不禁风，但毕竟为萨默塞特的部队争取到了些许时间，只是这些时间远远不够萨默塞特的部队在完成机动后重新整队，再次发起攻击。对于由不同的近战和远射兵种混编而成的中世纪混合方阵来说，尤其是大规模部队作战时期，这样的机动速度，要求还是太高了一些。理查德很轻松地指挥他的士兵向自己的左手边发起猛烈冲锋，而部署在附近树林里的约克重骑兵也同时杀出，如同巴内特战役中所发挥的那样，击破了兵力占据巨大优势的兰开斯特战线。

看到左翼的大获全胜，中路的爱德华也忍不住发起攻击。兰开斯特左翼的德文郡伯爵分队正巧已随着整条战线的右倾，已经移动到了约克军战线的中央位置，在战斗准备不充

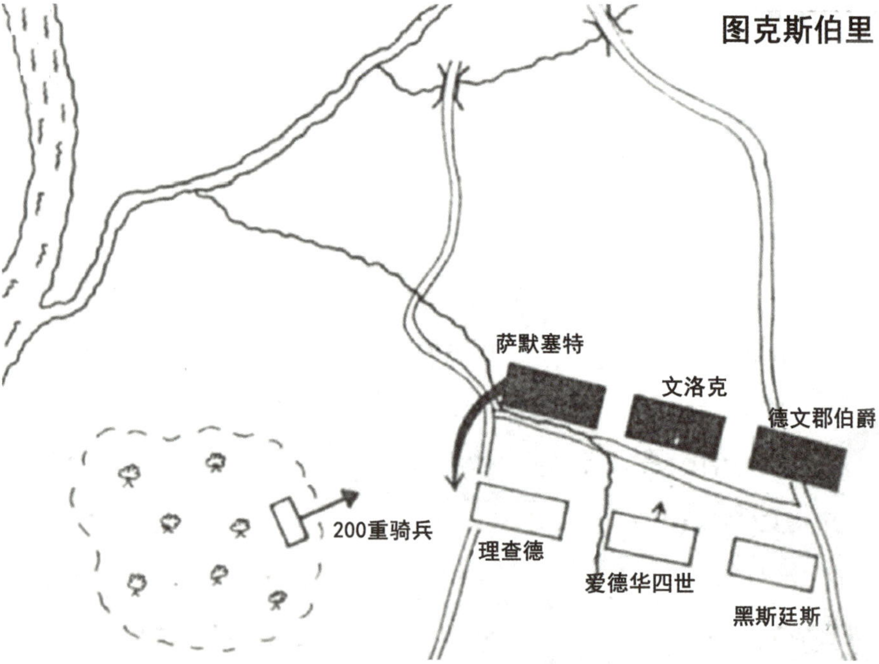

⊙ 图克斯伯里战役。在图克斯伯里，爱德华继续使用骑兵预备队的战术成功化险为夷，兰开斯特人则想继续采用侧翼包抄的方式夹击对手，只可惜对面的约克军队始终没有给他们多少机会

⊙ 图为约克军队向对手发起全面进攻

分的情况下，就遭到了爱德华的主力部队的直接猛突。图克斯伯里战役也就基本结束了。乱军中兰开斯特的不少将领和骑士都向约克一方投降，结果包括威尔士亲王爱德华和萨默塞特公爵埃德蒙德在内的大批贵族被爱德华宣布就地处决。又一场对兰开斯特人的大屠杀在塞文河畔展开，更多的扈从和士兵在慌乱中向后方跑去，在约克追兵的赶尽杀绝中惨遭毒手。6000 人的兰开斯特部队中有三分之一死于图克斯伯里，约克军队的伤亡则轻微得可以忽略不计。玛格丽特，这位令很多男性都感到害怕的女中豪杰，在得知自己儿子的死讯后也万念俱灰，不过因为她的外国背景，被爱德华宣布免于一死，随着军队押回伦敦。图克斯伯里战役的大获全胜也宣告了兰开斯特家族和他们的王朝彻底失败，约克王朝对英格兰的统治已经是他们无法撼动的了。班师回朝的爱德华在几个月后就将囚禁于伦敦塔内的亨利六世秘密处死，这位国王终于结束了他充满坎坷而曲折的一生，兰开斯特王室的直系血脉彻底断绝。玛格丽特则在伦敦塔内做了五年囚犯，之后才被自己的父亲以重金赎回了那不勒斯。

只有躲过了这场屠杀的加斯普·都铎活了下来，但他也被迫逃亡法国，随身还带着一个名叫亨利的小男孩。只是在当时，几乎已经没有人注意到这个小男孩究竟有何等的意义……

⊙ 克斯伯里战役复原图。约克重骑兵再一次在关键时刻拯救了整支军队

十二、和平依然充满杀戮

1471 年，年轻的爱德华四世达到了他军事生涯的顶峰，兰开斯特家族的抵抗力量被他几乎以一己之力消灭，约克王朝和整个英格兰王国也进入了一个相对和平的时期。这样的和平对于这个已经饱受战争摧残的国家来说，真是难能可贵，自从爱德华三世发动百年战争至今，断断续续的和平就很少有超过十年的。如今，同样具备一流军事天赋和战功的爱德华四世终于为国家带来了又一次和平的喘息。他的儿子已经诞生，继承人问题不会再困扰他的新王朝。对于各地的大小领主和他们的佃农而言这意味着往后几年，不必担忧随时可能被征召而影响农时，虽然他们总能得到补偿的工资，却依然不希望这样的不稳定持续太久。对于城市里的手工业者和商人而言，贸易路线将会因为战争的结束而得到畅通和拓展，这是一个对他们而言再好不过的消息了。

不过约克王朝的和平繁荣依旧不能让阴谋和战争威胁远离英格兰。由于在玫瑰战争中，约克家族和兰开斯特家族分别受到了海峡对岸的勃垦第公爵和法国国王的支持，这让约克王朝很自然地成为了勃垦第公国的天然盟友，并且将与法国人的仇恨延续了下来。当英格兰的烽火逐渐消散的时候，海对岸的矛盾已经进一步激化。已经将自己的新式军队编练得炉火纯青的勃垦第公爵查理向爱德华四世抛出了橄榄枝，邀请他一起参加对法国的远征。于是，在 1475 年，爱德华四世重披战甲，招募军队。按照他与查理的计划，英军将在诺曼底地区登陆，随后与从东面进军的勃垦第军队在法国的兰斯会师，勃垦第公爵甚至承诺将法国的王冠给予年轻的英国国王，帮助他完成祖先们没有能够完成的英法王权合一的设想。然而，爱德华并非那种一头栽入战争就深陷其中不可自拔的好战者。当路易十一国王“慷慨”地贡献出大量金币来买去和平，并用啤酒和美食将他的整支军队喂饱后，爱德华选择了妥协，带着金币凯旋。这位年轻的国王一定不会忘记勃垦第人和弗兰德斯人在百年战争中是多么的不可靠，他也看到了法国作为西欧第一大国的强大国力，不想步之前的几位爱德华与亨利的后尘，陷入长期消耗战，他失去的仅仅是勃垦第公爵查理这个临时盟友，而查理在一年后开始的勃垦第——瑞士战争中被击毙，整个公国被法国国王和神圣罗马帝国皇帝所瓜分。

之后的几年，英格兰再无战事，唯一的隐患来自国内的阴谋家以及爱德华自己的身体。曾经背叛过爱德华的克拉伦斯公爵乔治，再度铤而走险，他永远不安于自己作为一个公爵的身份，总是期望能将爱德华取而代之。这种毫无胜算可言的阴谋在 1478 年被爱德华发现，爱德华此时早就不是当年的热血情义青年，审判的法庭很快将乔治判处叛国罪。

随之而来的秘密处决却充满了戏剧性，据说克拉伦斯公爵选择在装满了甜酒的酒桶内溺毙。爱德华自己的身体也开始出现问题，沉迷酒色是年轻国王的新爱好，一个和平的英格兰，作为继承人的大儿子爱德华的茁壮成长都让他多少有些百无聊赖。一直到 1482 年，北方的苏格兰内陆引起了爱德华的注意。这次，爱德华四世不再是一个带兵打仗的急先锋，他资助了苏格兰贵族奥尔巴尼公爵夺取原本属于詹姆斯三世的王位。后者曾经支持兰开斯特家族，割走英格兰的领土，并且对他父亲理查德的死负有责任。奥尔巴尼公爵的篡位最后虽然没有成功，但是动荡的苏格兰已经无法威胁到英格兰的北部边境了。如果他活得更加长久，势必会有更大的作为，然而他的时间已经到了。1483 年，爱德华四世一病不起，并在当年去世。他 12 岁的儿子爱德华五世的继位让很多人隐约觉得，一个时代已经过去了。

现在，约克三兄弟中硕果仅存的只有格罗斯特公爵理查德了，他在图克斯伯里战役后娶了沃里克伯爵的遗孀安妮为妻，继承了大片领地。作为爱德华在玫瑰战争后期的得力助手，理查德以他的忠心和能干赢得了长兄的信赖，并在爱德华四世临终前被授予了摄政头衔。这位公爵已经饱受脊椎疾病的困扰多年，纵然他还能在战场上奋力厮杀，但却不能减缓背部逐渐弯曲变形所带来的丑陋和痛苦。但是没有人会怀疑他对于约克家族的忠心，事实也确实如此。此时，来自王太后伊丽莎白 · 伍德维尔的家族的另一个兄弟——安东尼 · 伍德维尔，已经权倾一时，这个外戚家族已经招致了越来越多其他贵族的厌恶，理查德自然成为了需要竖起大旗、打倒伍德维尔家族的所有人中意的领袖。格罗斯特公爵由此完成了他人生中的一次蜕变，从忠臣变为了谋逆枭雄。他非常迅速地将 12 岁的小国王爱德华五世关入了伦敦塔中，随后又将国王 9 岁的弟弟约克公爵理查德一起抓来。随后的议会博弈中，爱德华四世与伊丽莎白的婚姻被否决了，这等于是剥夺了爱德华与理查德的继承权。1483 年 6 月，格罗斯特公爵以自己的约克家族身份自居，加冕成为了理查德三世，以他自己的方式捍卫了约克王朝的延续。这年的 8 月后，两位王子就再也没有出现在人们的视野中，传说理查德让人在晚上悄悄潜入了他们的房间，用枕头将两人闷死在床上，尸体就藏在伦敦塔内。一直到 200 年后的斯图亚特王朝时期，装有疑似两位王子骸骨的盒子被人在伦敦塔内发现，重新安葬于西敏寺内。1933 年的重新开棺验尸，也只能证明其中一具骸骨比另外一具稍微大些，究竟是不是两位王子本人，早已无从考证了。两个年轻的生命在权力的斗争中过早地消失了，这正是那个血腥而暴力的年代的最好写照。

坐拥英格兰江山的理查德三世还来不及梳理和解决国内贵族间的矛盾，就在两年后遭遇了一个强大的统治者。他没有哥哥爱德华的人格魅力，更没有兄长的赫赫战功，仅仅是

⊙ 理查德三世，在哥哥爱德华死后终于走上了谋求权欲的道路。他的才华和能力都确保他能够及时抓住机遇，让自己成为国王。然而这些胜利也让他不免有些大意，更让他在之后的几百年里拥有一个臭名声

⊙ 亨利七世。他是三十多年玫瑰战争的最终获胜者，并建立了著名的都铎王朝。他的对外政策偏向软弱，但在内政建设方面颇有建树。不过相比他的儿子亨利八世和两个先后成为英国女王的公主——玛丽和伊丽莎白，他的名气的确是小了不少

因为贵族们不乐意看到伍德维尔家族壮大而被临时选中的代理人，所以理查德三世的统治注定会在遭遇“更好的选择”时，摇摇欲坠。他唯一的儿子在1484年夭折，更是断送了他的继承人血统；大贵族对他表面上的毕恭毕敬，在他眼里也仅仅是一种权宜之计；王后安妮·内维尔也已经失去了生育能力，所有的迹象都在预示着一场更大的风暴即将来临。这场风暴的源头就是当年跟随加斯普·都铎一起出逃法兰西的亨利·都铎，现在他已经长大成人。他的父亲为他带来了亨利六世的血统，他的母亲则来自萨默塞特公爵的家族，向上可以追溯到兰开斯特王朝的鼻祖亨利四世，乃至更古老的爱德华三世。现在，这个男孩成为了兰开斯特家族在法国的残余力量手里，血统使他成为了最强有力的王位竞争者。虽然善于制造阴谋与混乱的法国国王路易十一已经和爱德华四世一样死于1483年，而新的法国国王查理八世还只是一个13岁的孩子，远远不是日后威震意大利的“大灾星”。但掌握实权的法国摄政——波旁公爵皮埃尔，决定支持亨利·都铎去颠覆约克王朝已经开始不稳的江山。法国人永远不希望有一个敌对而强大的英格兰王国悬挂在自己头顶。1485年

8 月，亨利 · 都铎在一群流亡法国的贵族、骑士的簇拥下，率领 2000 法国人支援的雇佣军，绕道英格兰西南部的威尔士登陆。原本还围绕在理查德三世周围的大贵族们，有一半立即和亨利达成了协议。这时才意识到局势严峻的理查德终于召集部队，前往迎战。

这场原本会异常激烈的博斯沃思战役，最终因为理查德阵营和盟友中大部分贵族的叛变和袖手旁观，而变成了一场约克王朝的谢幕演出。理查德像岳父沃里克伯爵和哥哥爱德华那样下马督战，然后失望地发现已经没有部队需要他的督促了。不愿意束手就擒的他选择像骑士一样战死。拖动着背部严重弯曲的身体，他重新上马，在少数随从的陪伴下发起了最后一次冲锋。约克家族特有的战斗精神和幼年时期就开始的武艺训练，让驼背国王在众人惊讶的眼神中连斩 4 名敌人，直到他背部中了一箭，然后被身边突然宣布反戈的随从一把拉下战马，在一阵血腥的暴击和猛砍中被活活打死。理查德三世头上仅仅戴了两年的王冠被送到了亨利 · 都铎面前，后者已经无可争议地成为亨利七世。理查德三世的尸体被人在战场附近匆匆掩埋，他的生平则成为了所有人发泄心中不满的对象，一个残暴不仁的小心眼怪物形象，在他死后将近 600 年里被不断深化。一直到 2012 年，人们才在返修已经成为了停车场的旧战场时重新发现了他的尸首。DNA 检测结果在 2014 年才见分晓，但尸骸上扭曲的脊柱早就向所有人道出了他的真实身份。

⊙ 理查德三世的遗骨。弯曲严重的脊椎让考古学家很快就推测出尸体的主人

⊙ 理查德三世的葬礼。2015 年 3 月 22 日，英国人终于为理查德三世补办了葬礼。期间，一顶王冠被放置在他的棺椁上，这是对这位死者所能给予的最高敬意了

崭新的王朝也在 1485 年 8 月 22 日的博斯沃思战役后被建立，不再是约克，更不会是兰开斯特，这个全新的都铎王朝比之前的两个充满传奇色彩的时代更加光怪陆离，亨利 · 都铎和他的那些著名子孙们都将在之后的历史上留下浓墨重彩的篇章。只是代表着权力和欲望顶峰的王冠，依然需要有更加新鲜的血液来滋养，才能绽放出让人欲罢不能的死亡玫瑰。亨利 · 都铎成为国王的第三年，理查德三世生前指定的继承人林肯伯爵发起了玫瑰战争中的最后一次战役——斯托克战役。亨利的王室军队轻松地击败了由勃垦第公爵查理的女儿玛格丽特支持的约克家族军队，后者的主力已经不是英格兰人，而是从爱尔兰领地内征召来的轻步兵。自此之后，围绕英格兰王冠而发生的战争与杀戮都已经和约克家族无关了。

也是在斯托克战役中，一支来自大陆的德意志长枪雇佣军方阵被英国人用长弓无情地屠杀。长弓和英格兰人赖以成名的英格兰战术体系依然在用自己的方式告诉世界，我们还没有过时！经历了百年战争的起起伏伏，英格兰人的作战方式在玫瑰战争中所表现出来的战术素养让人感到惊叹。原本更加依赖预设阵地和防御工事才能发挥强大战斗力的英格兰

战术，在百年战争的后期已经开始发生了剧变，不同分队之间的战术机动能力和执行力都有了明显提升。虽然英格兰战术不是后来影响世界历史进程的近代军队前身，但这套体系在很多方面已经有了近代军队的影子，包括步兵不再被固定在狭小的范围内进行站桩式的静态防御，而是可以在不断前进和队形变化中与敌人直接交战，甚至在交战中让自己的战线反复后退，再进行第二次和第三次攻势。当形势需要他们进行防御时，原本最擅长的防御阵地也有了升级。在爱德华三世的时代他们仅仅靠的是挖掘壕沟，到了亨利五世的时代拒马开始被普遍采用，在百年战争结束前就已经常态化的车营防御，在玫瑰战争中被加入了火炮与火枪，这是英格兰人在卡斯蒂永用血换来的教训。

相比而言，火绳枪、新式板甲、新式火炮这些高科技武器对于战局本身的发展，所起的作用就比较有限了。在英国人从欧洲大陆撤退、回国内战的同时，原本只是英国人所特有的民族武器长弓却在西欧风靡起来。法国人组建了自己的民兵弓箭手，勃垦第公爵最喜

⊙ 15 世纪的英格兰长弓手。经历了 14 世纪的辉煌，他们在 15 世纪依然保持了精良的战斗力。他们将会作为英格兰的名片，一直战斗到 16 世纪结束为止

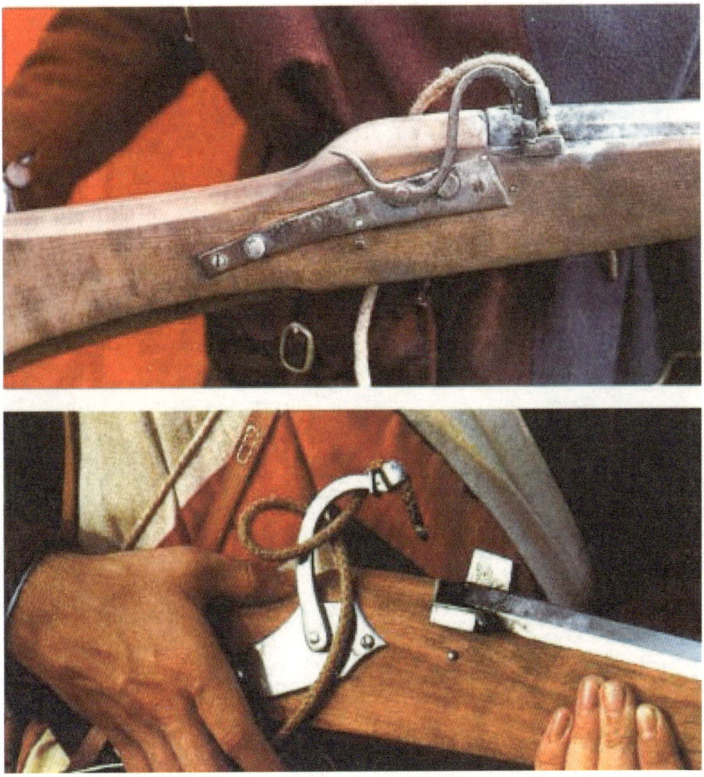

⊙ 火绳钩枪。玫瑰战争的时代，革命性的单兵火器火绳枪已经被研发出来。在玫瑰战争的后期，一些火绳枪手渡海来到英格兰参加了玫瑰战争。不过在长弓射手与下马骑士的世界里，这些先进兵种并不吃香。火绳枪后来在英格兰军队中的普及过程远远长于西欧其他国家军队

欢雇用弗兰德斯低地的弓箭手，意大利人的雇佣军也招募长弓射手，新式火枪、火炮的风头几乎被这种“原始”的武器所盖过，哪怕一日千里的盔甲技术进步已经在很大程度上可以保证穿戴不必对长弓有过多的担心。终结这阵“长弓风潮”的恰恰是以长枪方阵为主要作战方式的瑞士人。1470 年代的勃垦第战争后，就是在长弓射手的策源地英格兰本土，各支军队也越来越多地从大陆雇用长枪雇佣军来为自己打仗。特别是当两支都装备着长弓的军队遭遇时，冲上去彻底干掉对方，才是最稳妥的办法。

玫瑰战争的年代恰巧处于近代欧洲军事革命的前夜，很多后来在近代军事革命中发挥了极其重要作用的武器在这个时代纷纷被发明和运用于战争。但是最终造成近代军事革命勃发的原因却很难直接归结于武器本身的发展，更多时候是战争所带来的战术手段和组织方式的进步，给了很多新式武器以发挥自身优势的机会，亦如当年爱德华三世的军事改革，成就了在威尔士山区蛰伏多年的长弓一样。这也同样可以很好地解释为什么在玫瑰战

1476年的格拉松战役。以长枪方阵为主的瑞士联邦军队大胜了以长弓作为主要步兵火力的勃垦第军队。正是瑞士人一次次的大胜让西欧的长弓热潮迅速降温，他们所推崇的长枪方阵、训练制度随即成为了近代军队的最初模板

争结束 50 年后，这些象征着欧洲近代军事革命爆发的“进步武器”在欧亚大陆的另一头虽然引起轰动，却迟迟无法复制它们在自己家乡的成功一样。战争中人的因素永远不应该被忽视。

从 1455 年开始，一直到 1487 年才结束，三十年时间里玫瑰战争几乎波及了英格兰境内的大部分区域。但是令人称奇的是，这三十年间，兵祸不断，却很少有普通百姓被波及遭殃。军队的抢劫暴行和屠杀行径仅仅发生在兰开斯特军队身上，他们也早早地失去了自己的江山。历次战役中的战死者不乏平民阶层，但贵族血统的亦不在少数。两个阵营为了争取国内民众的支持，或多或少地都会克制自己军队的暴行，这和后来的资产阶级革命内战以及其他国家的大量内战又是截然不同。正是这种自我克制的“有限战争”，伴随着民权等下层阶级的力量增长，催生了英国后来的近代政治制度。

当然对于我们更多的普通人而言，玫瑰战争本身就是一段活生生的史诗和神话。两个家族，两个阵营，两个国王，两批蠢蠢欲动的武士……没有人能因为自身的强大而无所顾忌，没有人能因为自身的血统而幸免于难，没有人能因为自身的胜利而笑到最后，没有人可以宣称自己是无辜的……这些只有在小说中才会出现的剧情，曾经在你我生活的世界上真实上演过，我们用只赠给最亲密对象的玫瑰来喟叹它。